아두이노와 블루투스를 활용한

스크래치 제어

조영호/이진우/조도현 공저

D.B.Info

PREFACE

머리말

이 책은 앞서 출간된 "스크래치로 제어하는 아두이노"의 내용을 수정 보완하고, 블루투스 기반의 무선제어가 가능하도록 내용을 추가하여 확대한 것이다. S4A는 아두이노 보드가 USB케이블로 연결된 상태로 사용하는 환경적 제약이 있다. 그래서 블루투스 통신을 활용하여 무선으로 S4A와 아두이노 보드를 연결함으로써 더 다양한 응용을 해볼 수 있도록 구성하였다. 특히 로봇과 같이 이동하는 제어 대상을 구현하는데 큰 장점이 있다.

스크래치(Scratch)는 미국 MIT에서 초보자들의 알고리즘 교육을 위하여 개발된 것으로 다양한 아이디어를 애니메이션, 게임, 음악과 춤, 스토리 등으로 쉽게 제작하고 공유할 수 있게 되어 있으며, 프로그램을 창의력을 기반으로 레고블록의 조립처럼 쉽고 직관적으로 할 수 있도록 만들어져 있다.

S4A는 "아두이노를 위한 스크래치(Scratch for Arduino)"라는 의미로 스크래치에서 아두이노를 간단하게 제어할 수 있는 도구로, 스크래치만으로는 다룰 수 없는 LED, 스위치, 센서와 모터 등을 PC 밖에서 실제적인 하드웨어적 동작을 쉽게 구현할 수 있는 아두이노를 결합하여 사용할 수 있도록 한 것이다. 스크래치의 기능과 하드웨어 구성이 쉬운 아두이노의 장점을 결합한 것이다.

이 책에서는 스크래치에서 아두이노 보드를 통하여 LED의 불을 켜거나 끄고, 모터를 제어하며, 스위치나 가변저항, 센서 등의 입력을 받아 다양한 기능의 제어가 가능하도록 예제를 중심으로 구성하였다. 특히 8장에서는 스크래치의 장점인 플래시 기능과 아두이노의 기능을 결합하여 활용할 수 있도록 하였다.

또한 S4A를 사용한 아두이노 제어에서 좀 더 많은 하드웨어 기능을 다루기 원하는 사람들을 위하여 S4A와 같이 아두이노 보드를 블록명령으로 제어하면서 다양한 기능을 사용할 수 있는 아두블록(ArduBlock)을 소개하고 S4A에서의 확장이 쉽도록 소개하였다.

아두블록은 스크래치와 같이 블록명령으로 아두이노를 프로그래밍 할 수 있는 도구로 S4A가 스크래치에서 아두이노 보드를 통신을 통하여 제어하는 방식이라면, 아두블록은 아두이노 개발환경에서 아두블록 툴(tool)을 설치하고 그 기능을 활용하여 프로그래밍 하는 방식이다.

아두이노 보드를 처음 다루어 보는 사용자나 8장에서처럼 스크래치의 플래시 기능 등과 연동하여 사용하는 경우에는 S4A가 유용하지만 아두이노 보드를 사용하여 좀 더 다양한 제어를 원한다면 아두블록을 활용하는데 도움이 되길 바란다.

이 책의 모든 내용은 선덕고등학교 아두이노동아리(AIS)에서 S4A로 여러 가지 프로젝트를 수행하며 다룬 예제를 바탕으로 제작되었다. 아울러 (주)글로벌이링크 이진우 사장님의 적극적인 배려로 기존의 아두이노 쉴드나 모듈들을 S4A에서 활용 가능하도록 제작하여 주신 것에 감사한다.

이 책의 모든 예제는 네이버 카페인 '공돌이월드(http://cafe.naver.com/gongdoriworld)'의 자료실에서 제공받을 수 있다.

FGOG

CONTENTS

이 책의 구성

Chapter 5 아날로그 센서 입력

Chapter 6 아날로그 신호 출력

Chapter 7 스크래치로 모터 제어

Chapter 8 스크래치 게임 만들기 응용

Chapter 9 스크래치 블루투스 무선 제어

Chapter 10 블루투스를 이용한 로봇 제어

Chapter 11 S4A와 아두블록(ArduBlock)

Chapter 12 S4A 예제 vs 아두블록 예제

Appendix A 아두이노 개발환경 설치하기

Appendix B 블루투스 모듈 연결

Chapter

01

스크래치 사용법과 아두이노

Scratch for Arduino

스크래치와 아두이노 개념을 이해하고 S4A 관련 소프트웨어를 설치하여 S4A 개발환경을 구축한다. 아두이노 보드를 이용하여 간단한 S4A의 예제를 통하여 기본 활용 방법을 익힌다.

1 스크래치(Scratch)

미국 매사추세츠 공과대학(MIT) 미디어랩에서 개발한 스크래치(Scratch)는 알고리즘 교육을 레고블록의 조립처럼 쉽고 직관적으로 할 수 있도록 한 것으로 초보자도 쉽게 사용할 수 있게 만들어져 있다.

예를 들면 그림 1.1과 같이 다양한 레고의 블록을 조립하여 전문적인 지식이 없어도 원하는 형태를 만들어 볼 수 있는 것 같이 스크래치에서 제공하는 명령블록을 조립하여 프로그램을 만들 수 있다.

그림 1.1 **레고와 스크래치 프로그램**

스크래치의 공식 사이트(http://scratch.mit.edu/)는 그림 1.2와 같이 한국어로도 서비스되고 있으며, 웹상에서 온라인으로 접속하여 사용할 수도 있고 PC에 설치하여 사용할 수 있도록 되어 있다.

그림 1.2 **스크래치 공식 사이트**

스크래치는 다양한 아이디어를 실현하기 위하여 애니메이션, 게임, 음악과 춤, 스토리 등으로 쉽게 제작하고 공유할 수 있게 되어 있다. 또한 그림 1.3과 같이 다양한 예제들을 제공하고 있어서 활용이 쉽다.

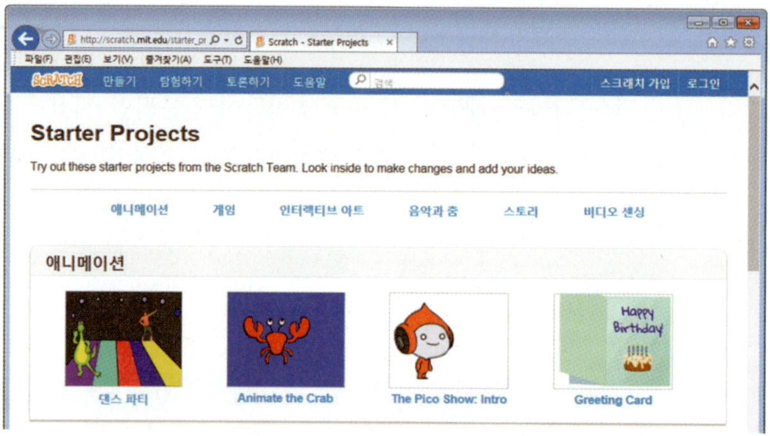

그림 1.3 스크래치 프로젝트 예제

기존에는 프로그램을 만들기 위해서는 전문적이고 문법적인 지식을 가지고 있어야 했다. 그러나 스크래치는 전문적인 훈련 없이도 창의력을 기반으로 직관적으로 알고리즘 구현이 가능하도록 해준다.

2 아두이노(Arduino)

아두이노는 마이크로프로세서나 컴퓨터 하드웨어 등에 대한 전문적인 지식이 없는 사람들이 여러 가지 마이크로프로세서를 기반으로 하는 제어장치를 쉽게 구현할 수 있도록 만들어져 있는 시스템 구현 도구이다.

아두이노 프로그래밍은 스크래치처럼 초보자도 쉽게 사용할 수 있는 환경을 제공하면서 전문적인 수준의 기능도 구현할 수 있도록 다양한 확장성을 제공한다. 더욱이 관련된 하드웨어와 소프트웨어 자료들을 공유하고 있으며, 아두이노 보드를 사용한 많은 활용 예제 코드들이 공개되어 있어서 초보자라 하더라도 원하는 기능을 구현하기 쉽다.

그림 1.4 아두이노 공식 사이트

아두이노의 공식 홈페이지는 http://www.arduino.cc/인데, 다양한 아두이노 보드와 shields 및 accessories의 하드웨어와 소프트웨어 정보를 다운 받을 수 있다.

현재 아두이노 개발환경(IDE)인 Arduino 1.6.7을 다운 받을 수 있다.

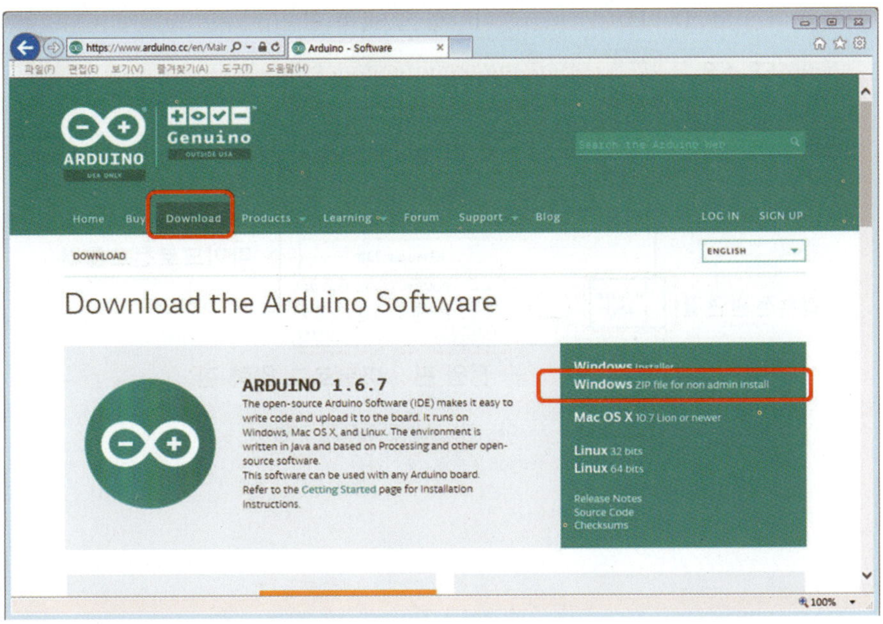

그림 1.5 아두이노 개발환경 다운로드

아두이노 보드는 그림 1.6의 아두이노 우노 리비전3(Arduino Uno Revision3, UNO R3) 보드를 일반적으로 사용하고 있지만 다양한 시리즈를 제공하고 있어서 사용목적이나 용도에 맞게 적절히 선택할 수 있도록 되어 있다.

그림 1.6 아두이노 UNO 보드

아두이노 UNO 보드는 14개의 디지털 입/출력 핀을 통하여 디지털 정보를 출력하거나 입력 받을 수 있고, 6개의 아날로그 입력 핀을 통하여 센서 등의 다양한 정보를 받아들여 제어에 활용할 있으며, PWM 출력과 시리얼 통신 등 가능하여 모터제어나 다양한 통신제어가 가능하다.

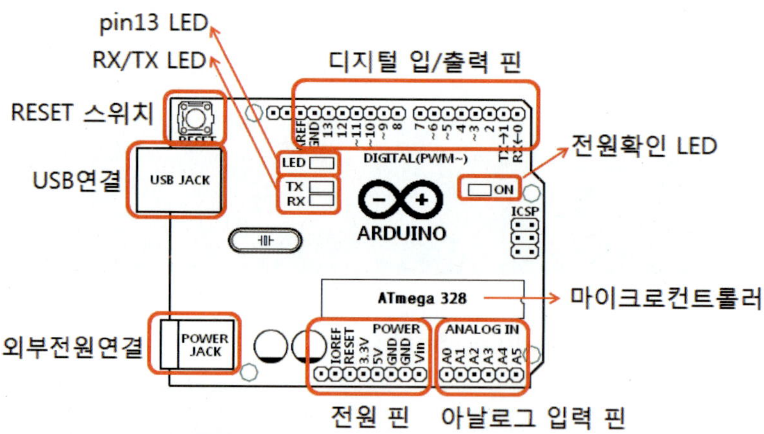

그림 1.7 아두이노 UNO 보드의 기능
(※출처 : 스마트폰으로 제어하는 아두이노)

3 스크래치로 아두이노 제어하기 (S4A : Scratch for Arduino)

S4A는 "아두이노를 위한 스크래치(Scratch for Arduino)" 라는 의미로 스크래치에서 아두이노를 간단하게 제어할 수 있도록 한 것이다. S4A는 아두이노에 연결된 LED, 스위치, 센서와 모터 등을 사용하기 위한 스크래치의 프로그래밍 블록을 제공한다.

S4A의 주요 목표는 복잡하고 전문적인 지식을 가지고 프로그램 작성하지 않고 창의력을 기반으로 직관적으로 프로그램을 작성할 수 있는 스크래치의 기능과 PC밖에서 실제적인 하드웨어적 동작을 쉽게 구현할 수 있는 아두이노를 결합하여 사용할 수 있도록 한 것이다. 즉, 스크래치에서 쉽게 아두이노의 기능을 제어할 수 있도록 해준다.

그림 1.8 스크래치에서 아두이노 보드를 제어하는 개념

4 아두이노를 위한 스크래치(S4A)의 설치

스크래치로 아두이노 보드를 제어하기 위하여 S4A 공식 홈페이지 http://s4a.cat에 접속한다. 그림 1.9는 S4A 홈페이지이다.

홈페이지 상단의 다운로드 탭을 선택하면, 스크래치에서 아두이노 보드를 제어하기 위한 절차와 방법이 자세히 설명되어 있다.

그림 1.9 S4A 홈페이지

S4A를 이용하여 아두이노 보드를 제어하기 위해서는 다음의 그림 1.10과 같이 3가지 단계를 수행하여야 한다.

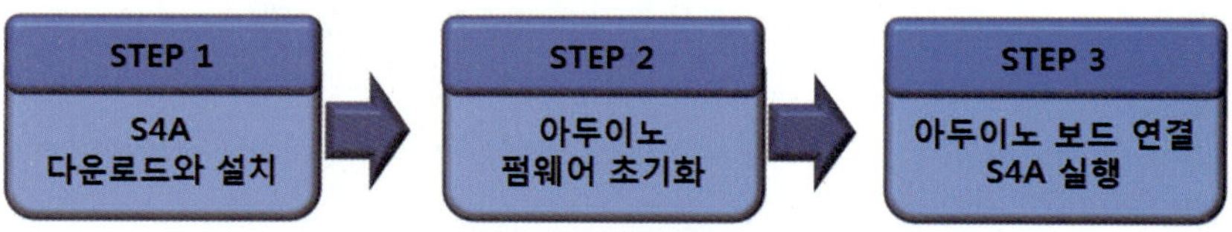

그림 1.10 스크래치로 아두이노 보드를 제어하기 위한 3가지 절차

[STEP 1] S4A의 다운로드와 설치

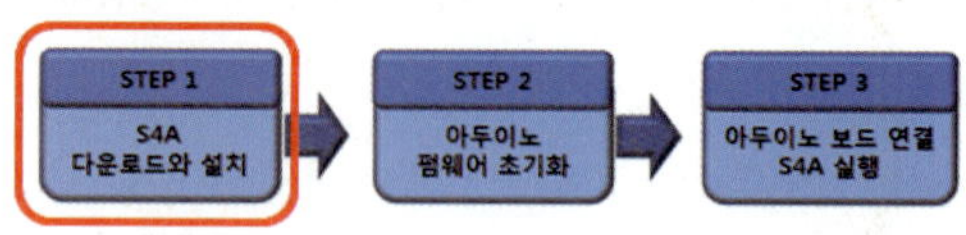

S4A의 홈페이지 다운로드 페이지에서 PC에 스크래치에서 아두이노 보드를 제어하기 위한 프로그램인 S4Axx.exe를 다운 받아 설치한다.

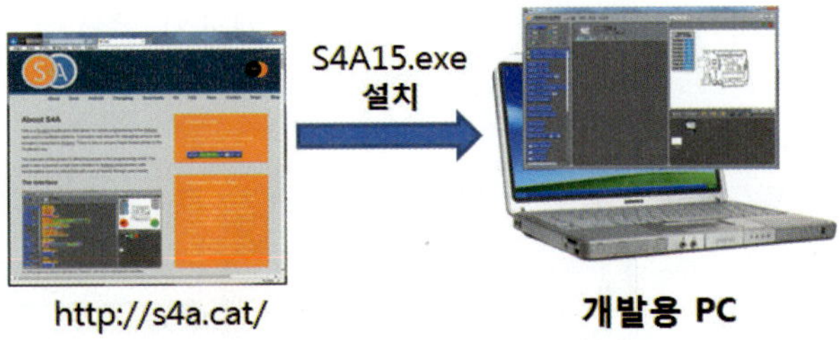

그림 1.11 S4A의 다운로드와 설치

① S4A 공식 홈페이지인 http://s4a.cat에 접속하여 다운로드 탭을 선택한다.

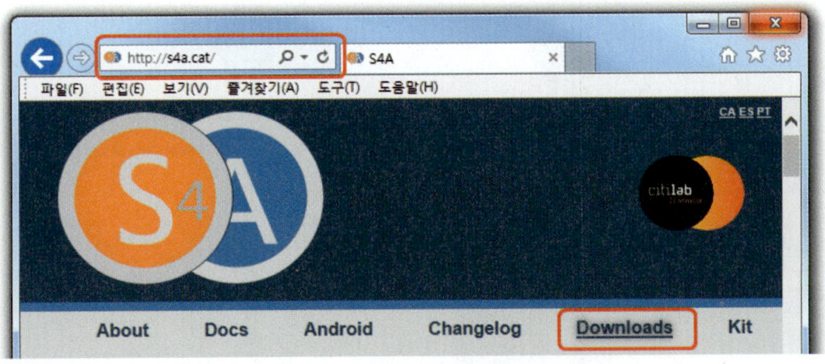

그림 1.12 S4A 공식 홈페이지 첫 화면

② "Installing S4A into your computer" 에서 "windows" 를 클릭하여 "S4A1xx.zip" 파일을 다운로드 받아 압축을 풀면, S4A설치를 위한 프로그램인 "S4Axx.exe" 파일이 생성된다.

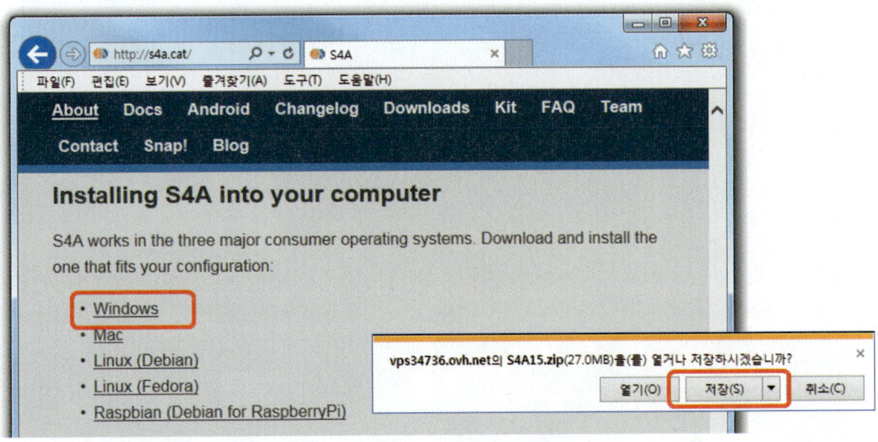

그림 1.13 S4A 개발환경 다운로드

③ "S4Axx.exe"를 실행시키고, 설치가 종료(Finish)될 때까지 원하는 환경을 선택하며 계속 NEXT를 클릭한다.

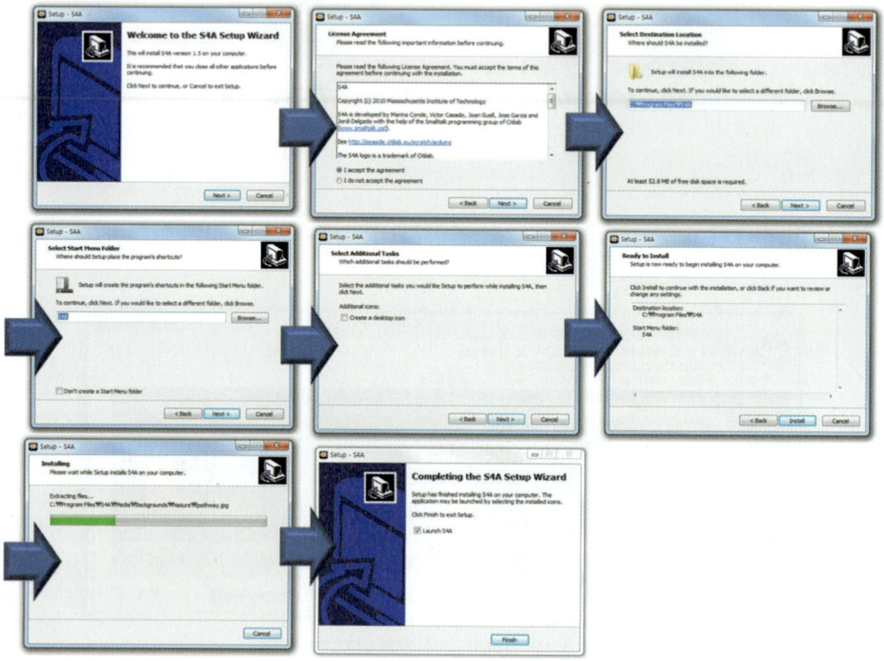

그림 1.14 S4A 설치 과정

④ 모든 설치가 완료되면 S4A가 실행되어 다음과 같은 화면이 나타난다.

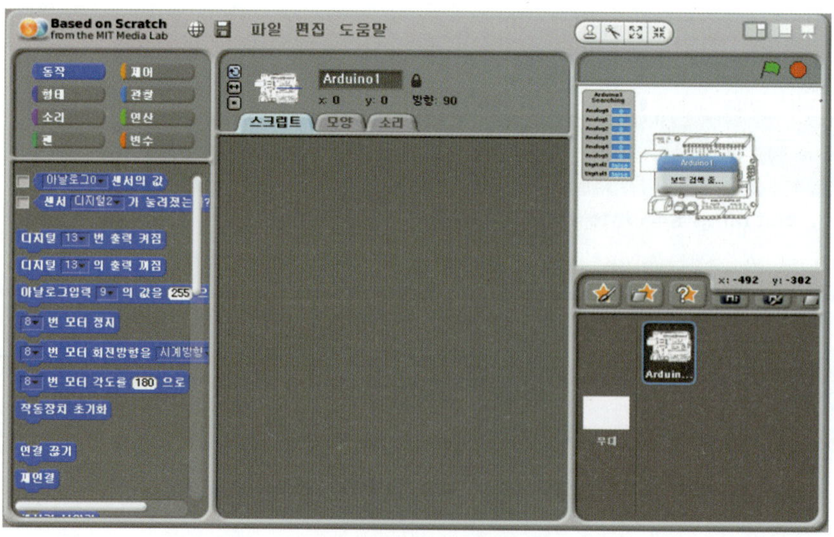

그림 1.15 설치된 S4A 개발환경 화면

만일 S4A가 실행되지 않으면 바탕화면에 있는  바로 가기 아이콘을 더블 클릭해서 실행시킨다.

[STEP 2] 아두이노 펌웨어 초기화

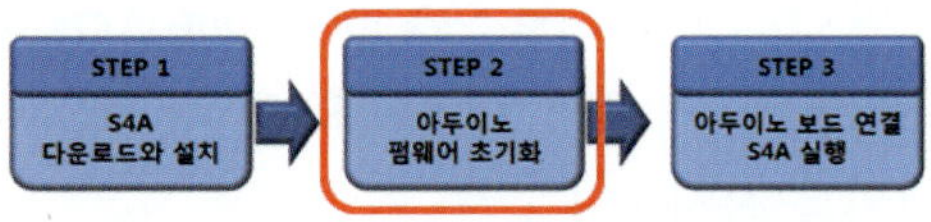

S4A 개발환경은 스크래치에서 아두이노 보드를 시리얼 통신을 통하여 제어하게 되므로 사용할 아두이노 보드에 S4A 개발환경과 연결될 수 있도록 펌웨어를 설치해 주어야 한다.

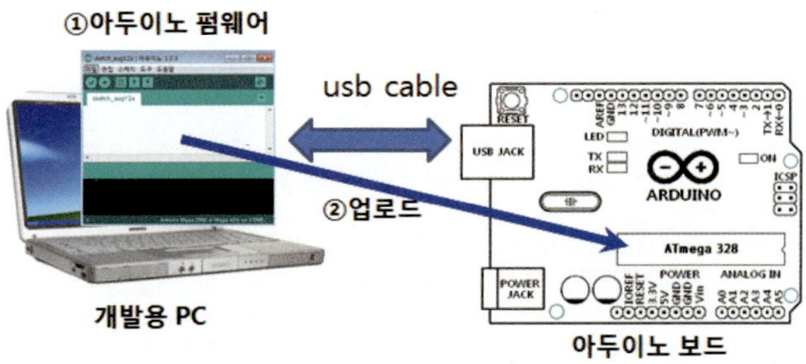

그림 1.16 아두이노 펌웨어 초기화 설치

S4A를 처음 설치하여 실행시키고 PC에 아두이노 보드를 연결하면 S4A가 아두이노 보드를 인식하지 못하고 프로그램 창 오른쪽에 다음과 같이 "Searching board..." 이라는 메시지가 나타나며 아두이노 보드를 인식하지 못한다.

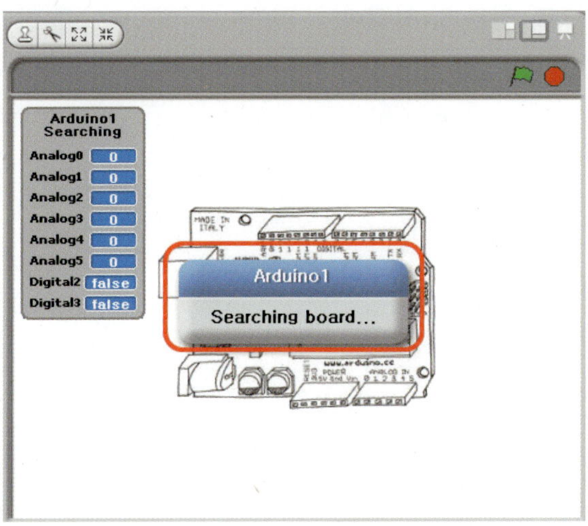

그림 1.17 아두이노 연결 상태 화면

이것은 아두이노 보드에 S4A와 연결할 수 있는 일종의 통신 프로그램이 설치되지 않았기 때문이다.

S4A에서 인식할 수 있도록 아두이노 보드에 펌웨어(firmware)를 설치한다.

⑤ [STEP 1]의 ② "Installing S4A into your computer" 아래에 있는 "Installing the Firmware into your Arduino" 에서 "Download our firmware from here" 를 클릭하여 아두이노의 펌웨어 스케치를 복사한다.

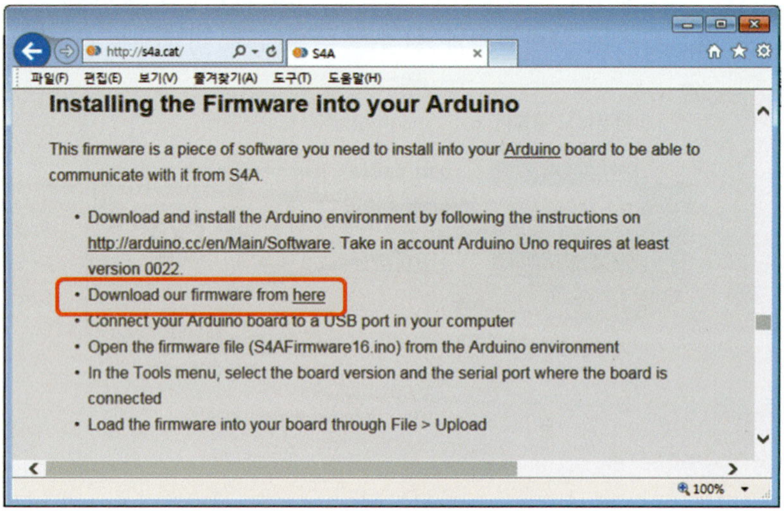

그림 1.18 S4A 아두이노의 펌웨어 스케치 다운로드

부록 A를 참고하여 아두이노 보드를 PC에 연결하고 아두이노 IDE를 열어 복사한 펌웨어 스케치를 아두이노 보드로 업로드 시킨다.

⑥ 아두이노 IDE의 스케치 창에 펌웨어 스케치 복사

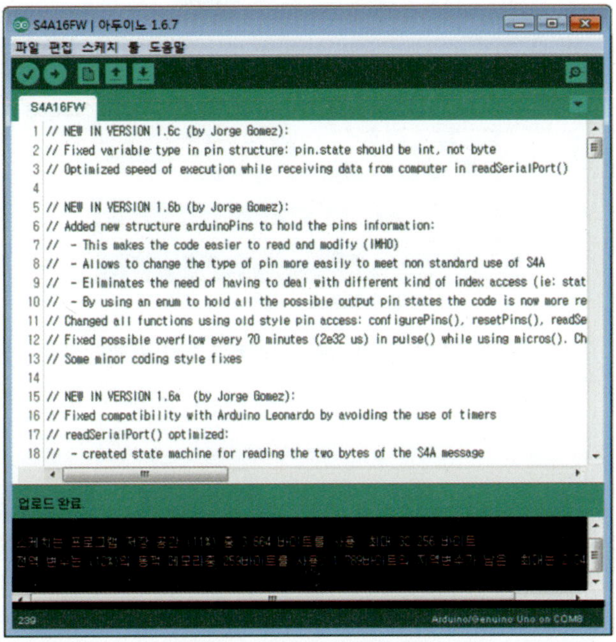

그림 1.19 **아두이노 IDE**

⑦ 아두이노 IDE의 스케치 창의 툴바에서 펌웨어 업로드를 위하여 "툴 → 보드 → Arduino Uno" 와 "툴 → 시리얼 포트 → COM8(아두이노 보드가 연결된 시리얼 포트 지정)" 선택하고 아두이노 보드에 업로드 한다.

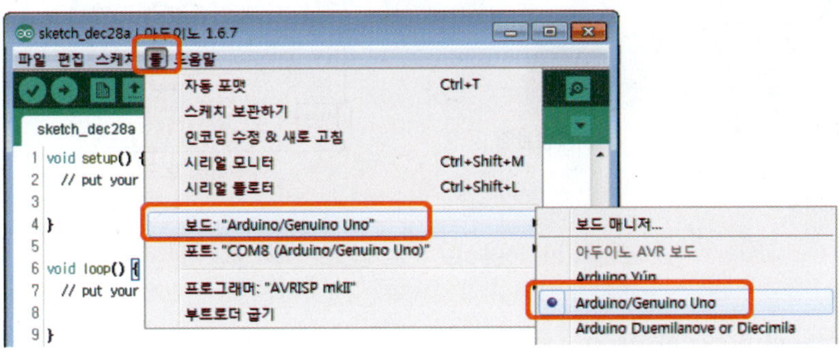

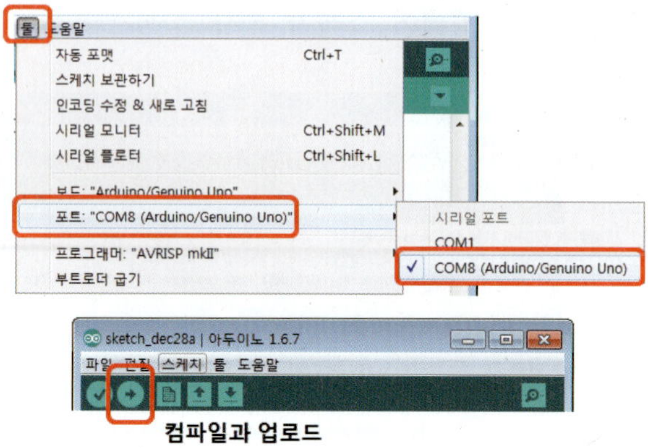

그림 1.20 아두이노 보드에 스크래치를 위한 펌웨어 설치

[STEP 3] 아두이노 보드 연결과 S4A 실행

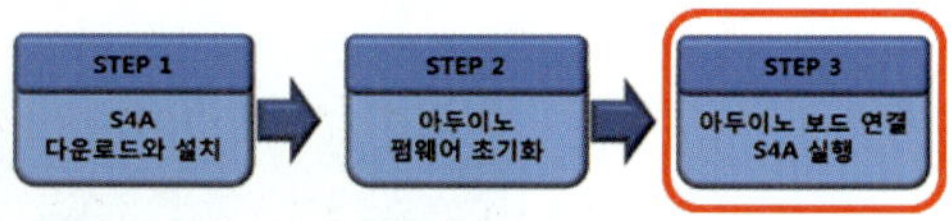

S4A 개발환경 프로그램과 아두이노 보드에 S4A에 연결될 수 있는 프로그램이 설치되면 USB 게이블로 S4A 개발환경 프로그램이 설치된 PC와 아두이노 보드를 연결한다.

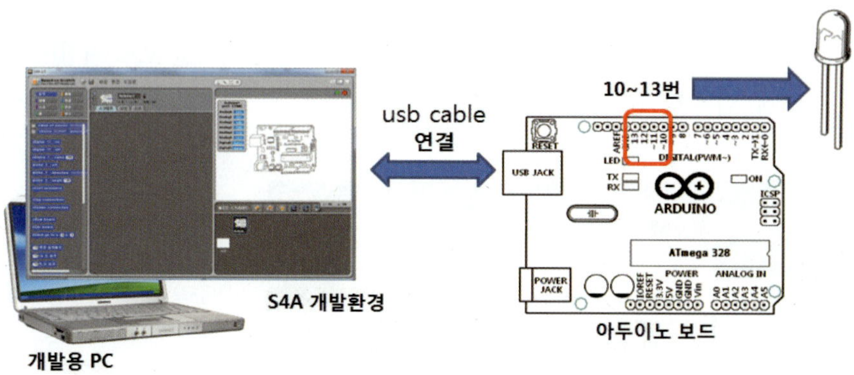

그림 1.21 아두이노 보드 연결과 S4A 실행

업로드가 완료되면 S4A의 창 오른 쪽에 다음과 같이 아두이노 보드의 포트 상태를 나타내는 숫자들이 변하며 아두이노 보드를 인식한 상태가 된다.

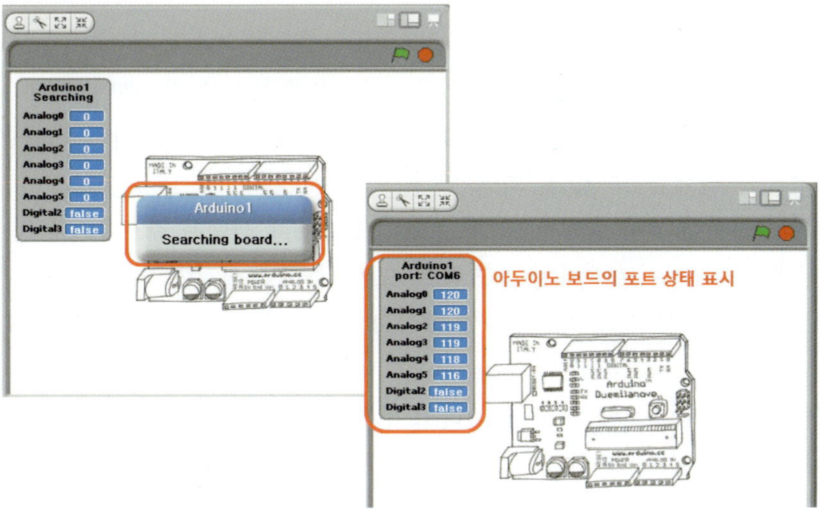

그림 1.22 S4A와 어두이노 보드가 정상적으로 연결된 상태

5 S4A 개발환경과 아두이노 보드

S4A의 개발환경(IDE)의 화면 구성을 살펴보면 그림 1.23과 같다.

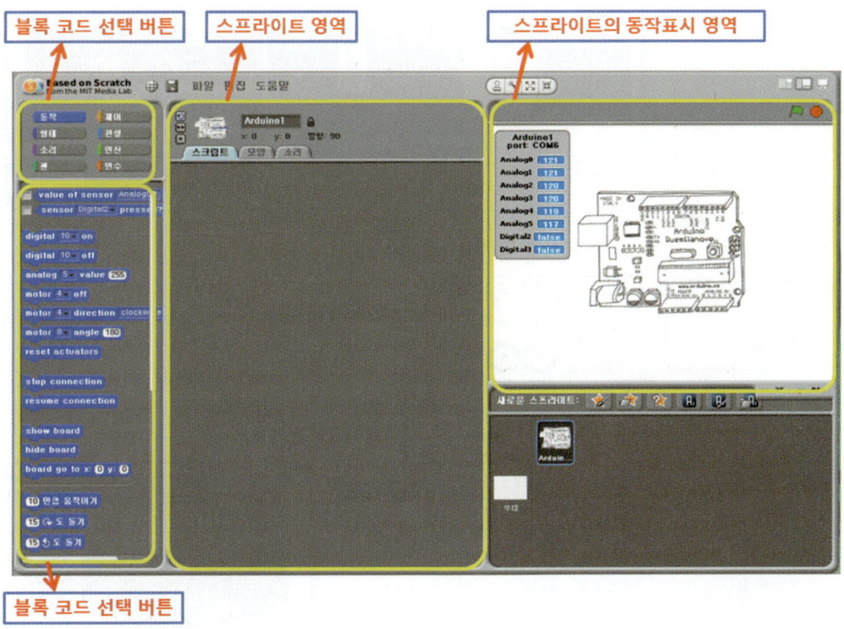

그림 1.23 S4A의 개발환경의 화면 구성

5-1 화면 기본 구성

S4A 개발환경 왼쪽 윗쪽에는 블록 코드들을 기능 별로 묶어 동작, 제어, 형태, 관찰, 소리, 연산, 팬과 변수로 8개의 그룹으로 묶어 놓은 블록 팔레트가 있고, 각각 그룹을 선택하여 세부 블록 코드를 선택할 수 있게 되어 있다.

S4A 개발환경 가운데 부분에는 스프라이트 영역으로 현재 선택된 스프라이트 정보를 보여주는 부분과 선택된 스프라이트에 대한 스크립트, 모양, 소리로 설정할 수 있는 영역으로 구성되어 있다. 스프라이트 부분의 스크립트 창에 블록코드들을 조합하여 스크래치 프로그램을 작성하게 된다.

S4A 개발환경 가운데 부분에는 "무대" 라고 부를 수 있는 영역으로 스프라이트에서 구현된 동작들이 나타나는 공간이다.

5-2 동작블록과 아두이노 UNO 보드의 관계

아두이노 UNO 보드의 디지털 입출력 핀과 아날로그 핀들은 [STEP 2]에서 아두이노 보드에 업로드하여 설치한 펌웨어에 의하여 S4A 개발환경에서 동작블록을 사용한 아두이노 보드의 입출력 핀들을 사용할 수 있도록 지정되어 있다.

아두이노 UNO보드와 S4A 개발환경의 동작블록의 기능은 다음 표와 같으며, 구체적인 동작 블록과의 관계는 그림과 같다.

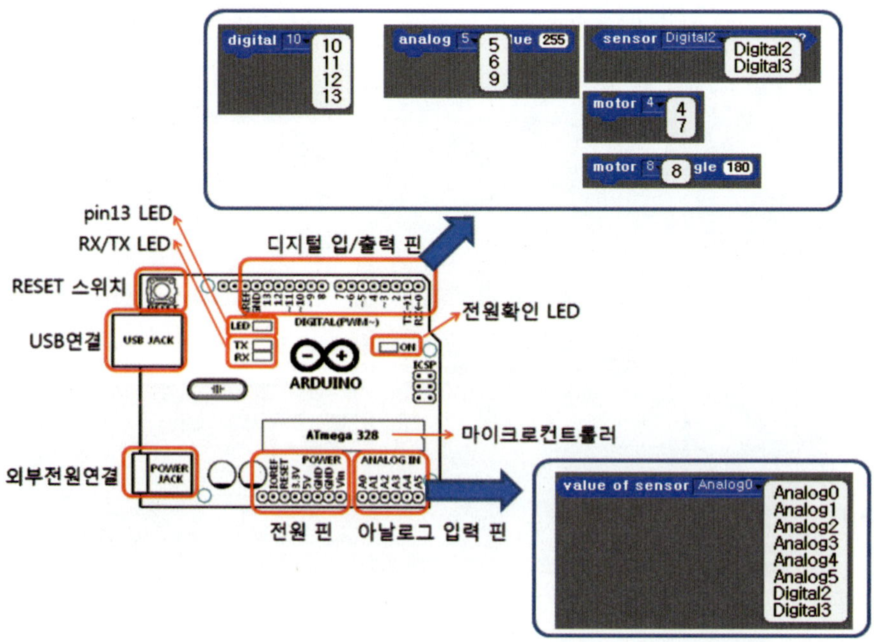

그림 1.24 S4A의 동작블록 명령에 의한 아두이노 UNO보드의 입출력 핀 사용

표 1.1 S4A의 동작블록 명령에 의한 아두이노 UNO보드의 입출력 핀 사용

UNO 보드	핀번호	S4A 관련 기능	용도
디지털 입출력 핀	0	시리얼 통신용(RX)	PC의 S4A와 통신
	1	시리얼 통신용(TX)	PC의 S4A와 통신
	2	디지털 입력	스위치, 디지털 센서 연결
	3	디지털 입력	스위치, 디지털 센서 연결
	4	디지털 출력(모터용)	모터의 회전 방향 지정
	5	PWM 출력	아날로그 신호 출력
	6	PWM 출력	아날로그 신호 출력
	7	디지털 출력(모터용)	모터의 회전 방향 지정
	8	모터 각도 조절용	모터의 회전 각도 지정
	9	PWM 출력	아날로그 신호 출력
	10	디지털 출력	LED, 피에조 등 연결
	11	디지털 출력	LED, 피에조 등 연결
	12	디지털 출력	LED, 피에조 등 연결
	13	디지털 출력	LED, 피에조 등 연결
아날로그 입력 핀	A0~A5	아날로그 신호 입력	아날로그 센서 연결

6 S4A에서 아두이노 보드 동작 확인

실습 1-1 S4A를 사용한 아두이노 보드 동작 확인 시험

S4A에 아두이노 보드가 연결된 상태를 확인하기 위하여 간단한 스크래치를 작성하여 동작시켜 본다.

스크래치에서 아두이노 보드의 디지털입출력 핀 13번을 이용하여 LED에 불을 깜박여 보자.

1) USB 케이블을 이용하여 PC와 아두이노 보드를 연결한다.

2) S4A를 실행시킨다. S4A의 바로 가기 아이콘  을 더블 클릭하여 다음과 같이 개발환경 창을 연다.
아두이노 보드가 정상적으로 연결되었다면 S4A 개발환경 창의 오른쪽에 보이는 아두이노 보드 그림의 "Arduino1 port" 의 값이 계속하여 변화되는 상태로 나타난다.

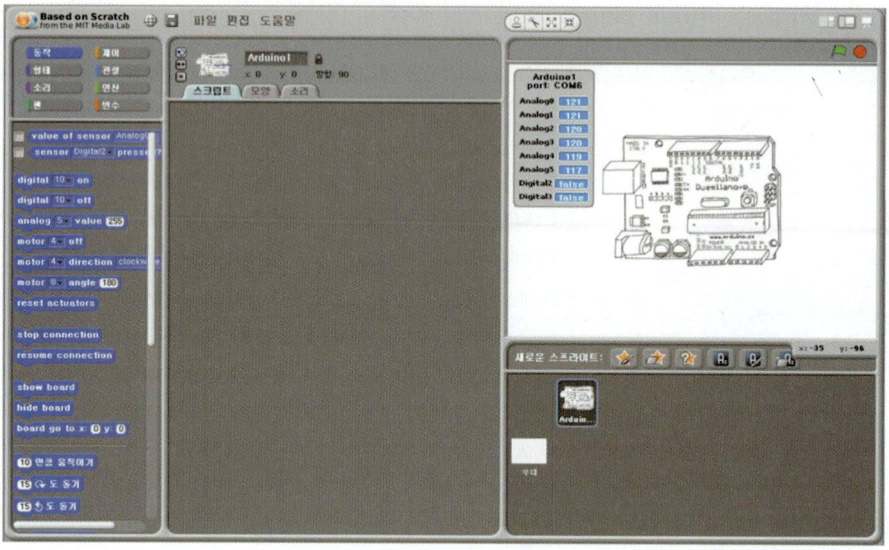

그림 1.25 설치된 S4A 개발환경 화면

3) 블록명령을 사용하여 스크래치 프로그램을 작성하여 보자.

블록그룹에서 동작을 선택하여 클릭하고 동작 블록그룹에서 digital 10 on 을 선택하여 그림과 같이 스크립트 창에 마우스로 끌어다 놓는다(drag).

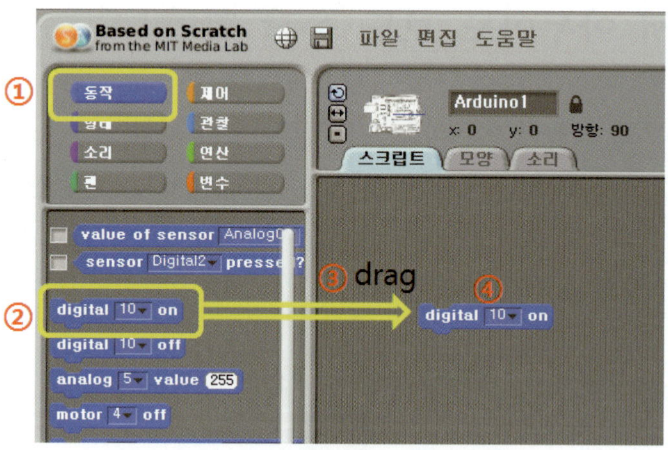

그림 1.26 스크래치의 블록명령 배치

스크립트 창에 배치한 digital 10 on 에서 숫자 10 오른쪽 옆에 있는 작은 역삼각형▼을 눌러서 다음과 같이 10~13의 숫자 창에서 13을 선택하여 값을 변경한다.

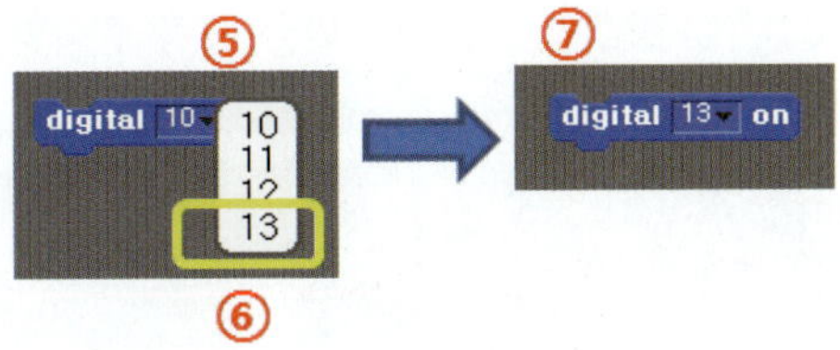

여기에서 digital 13 on 은 아두이노 디지털입출력 핀 13번에 5V의 값을 출력하라는 블록명령이다. 만일 아두이노 보드의 디지털입출력 핀 13번에 LED가 연결되어 있다면, LED의 불이 켜지게 된다.

4) 제어 블록그룹에서 1 초 기다리기 를 선택하여 스크립트 창에 드래그한 후 먼저 배치되어 있는 digital 13 on 에 아래에 그림과 같이 끼워 넣는다.

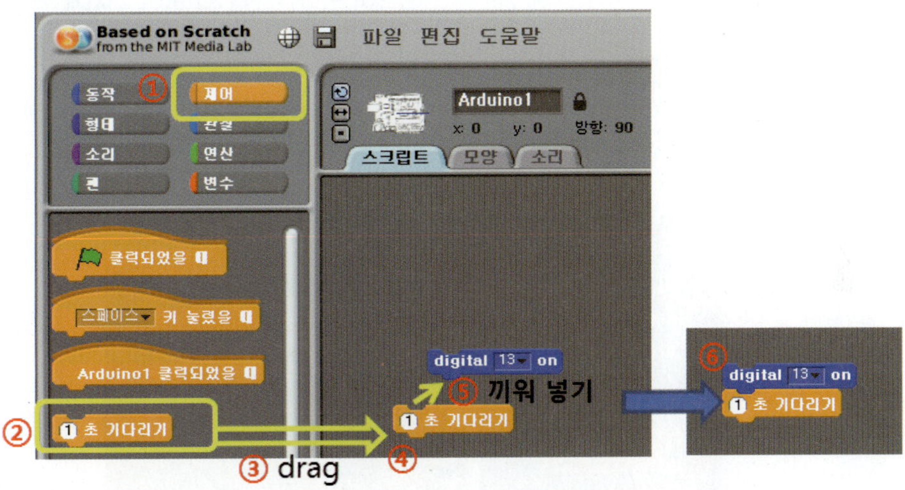

그림 1.27 **스크래치의 블록명령 조합**

여기에서 1 초 기다리기 은 위에 결합된 블록명령을 1초간 유지하라는 블록명령이다. 만일 아두이노 보드의 디지털입출력 핀 13번에 LED가 연결되어 있다면, LED의 불은 1초간 켜지게 된다.

5) 블록그룹에서 동작을 선택하여 클릭하고 동작 블록그룹에서 digital 13 off 를 선택하여 스크립트 창에 드래그한 후 다음 그림과 같이 결합한다.

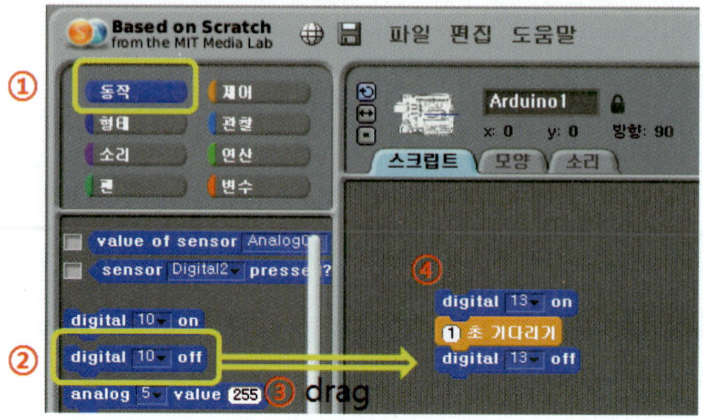

그림 1.28 스크래치의 블록명령 구성

여기에서 digital 13 off 은 아두이노 디지털입출력 핀 13번에 0V의 값을 출력하라는 블록명령이다. 만일 아두이노 보드의 디지털입출력 핀 13번에 LED가 연결되어 있다면, LED의 불이 꺼지게 된다.

6) 제어 블록그룹에서 스페이스 키 눌렸을 때 를 선택하여 스크립트 창에 드래그한 후 먼저 배치되어 있는 블록 명령어들 위에 그림과 같이 끼워 넣는다.

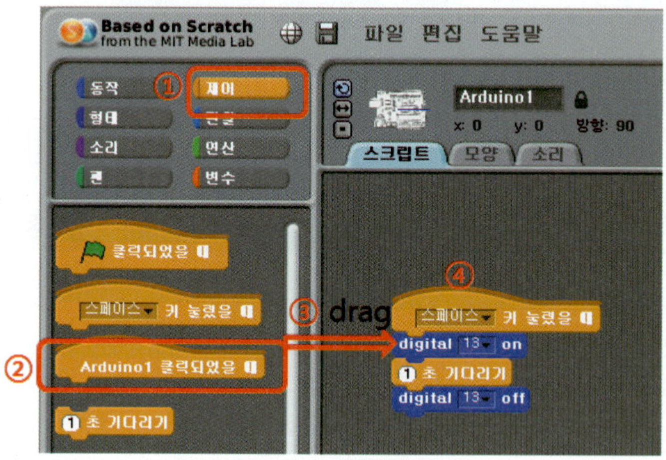

그림 1.29 스크래치의 블록명령 구조

여기에서 스페이스 키 눌렸을 때 는 스페이스 바를 누르면 아래의 명령어 블록들이 실행하게 해준다.

7) 동작 확인을 위하여 아두이노 UNO 보드의 디지털입출력 핀 13번에 다음 그림과 같이 LED를 연결한다. LED의 다리 중 길이가 긴 부분은 13번 핀에 짧은 부분은 접지(GND)에 연결한다.

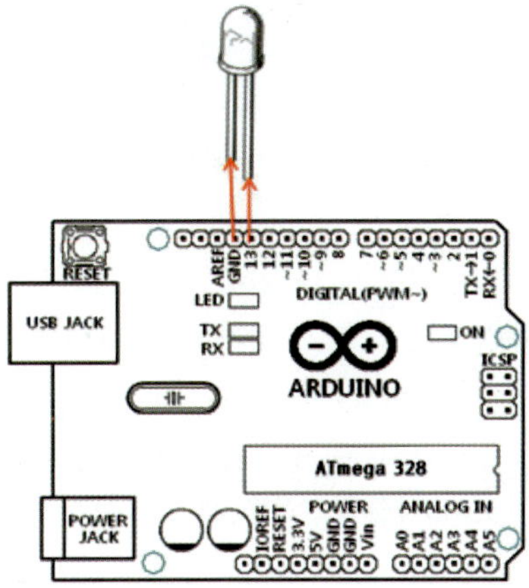

그림 1.30 아두이노 보드에 LED 연결

8) PC에서 스페이스바를 누르면 아두이노 보드의 13번 핀에 연결된 LED가 불이 1초간 켜졌다가 꺼지는 것을 확인할 수 있다.

9) 다음과 같이 작성된 스크래치를 분석하면, PC에서 스페이스 바를 누르면 아두이노 보드의 디지털입출력 핀 13번에 5V를 1초간 출력하고 0V를 출력한다. 즉, 아두이노 보드의 디지털입출력 핀 13번에 연결된 LED는 1초가 불이 켜졌다가 꺼지게 된다.

■

실습 1-2 S4A와 아두이노 보드 활용 연습

1) 블록명령의 이해와 스크래치 프로그램을 연습하기 위하여 1-2의 과정을 다른 예제를 통하여 학습한다. LED의 연결을 아두이노 보드의 디지털입출력 핀을 10~13번 사이의 핀으로 변경하고, 스크래치에서 digital 10 on 의 값을 변하여 LED에 불을 깜박이는 스크래치를 작성하여 본다.

2) 시간지연 블록명령 1 초 기다리기 의 시간을 조정하여 LED의 켜지는 시간을 1초, 2초, 3초 등으로 조정하여 본다.

3) 제어블록 스페이스 키 눌렸을 때 을 다음의 제어블록 등으로 변경하여 LED가 켜지는 방법을 다양하게 제어하여 본다.

학습내용	평가항목	비고
디지털 출력 핀의 변경 digital 10▾ on	10, 11, 12, 13 등으로 변경	변경된 값에 따라 아두이노 보드의 LED 연결을 변경
시간 지연의 변경 1 초 기다리기	– 시간 지연을 크게 하기 1초, 2초, 3초 – 시간 지연을 작게 하기 0.5초, 0.1초	
제어방식의 변견 스페이스▾ 키 눌렸을 때	– 스페이스 바 대신 화살표 키 사용하기 – Arduino1 클릭되었을 때 사용하기	

■

7 아두이노 보드 실습을 위한 베이스보드

아두이노 보드를 활용하여 LED에 불을 켜고 끄거나 소리 나게 하고, 스위치나 가변 저항을 통한 입력, 빛, 온도, 초음파 등과 같은 센서 입력, 모터의 회전 제어를 쉽게 확인하기 위하여 Fritzing 으로 브레드보드에 회로를 구성하는 방법을 자세히 설명하였다.

그러나 전자회로에 대한 전문 지식이 부족하거나 별도의 부품을 관리하고 사용하기가 불편한 학습자들은 실습을 쉽게 할 수 있는 그림 1.31의 실습용 베이스보드를 활용하면 편리하다.

실습용 베이스보드는 아두이노 UNO 보드를 장착할 수 있는 구조로 되어 있으며, 다음 그림과 같이 LED 4개, FND, 버튼 스위치 4개, 가변저항, 피에조, Cds센서, 온도센서, 거리센서와 텍스트 LCD 연결확장 핀과 브레드보드로 구성되어 있다.

특히, 베이스 보드 우측 상단에 Sensor라고 적힌 6핀 소켓은 시중에 판매되는 다양한 센서모듈들을 꽂을 수 있으며, 연결선으로 아두이노 보드와 연결하여 용이하게 센서 테스트 등을 할 수 있게 설계되어 있다.

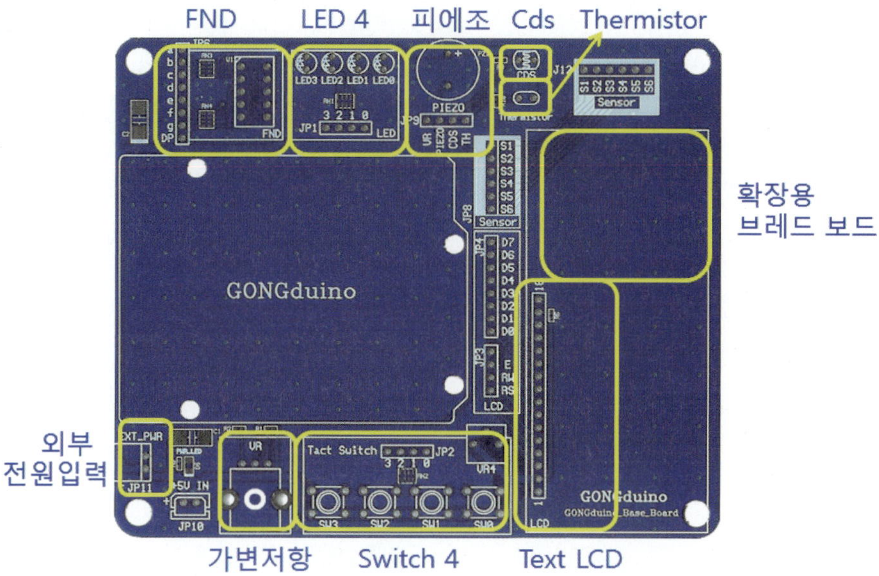

그림 1.31 아두이노 보드 실습을 위한 베이스보드

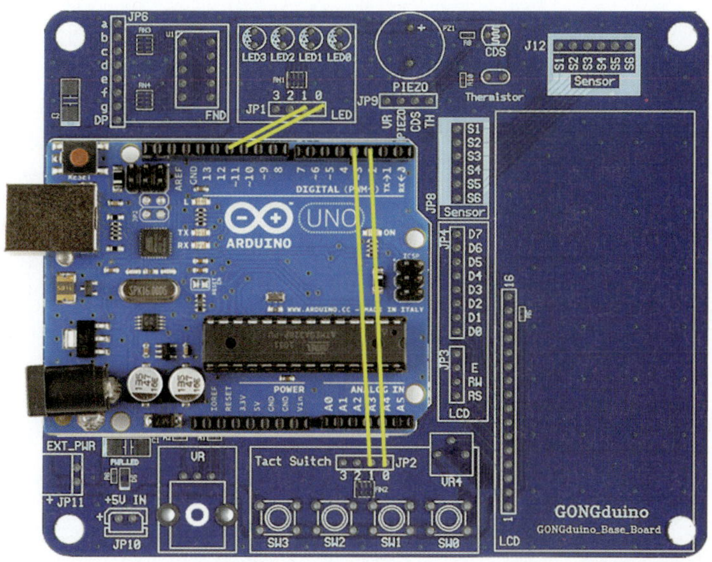

그림 1.32 아두이노 UNO보드와 베이스보드의 연결 예(LED 2개와 스위치 2개)

Chapter

02

스크래치로 LED 제어

Scratch for Arduino

스크래치에서 아두이노 보드로 출력을 내보내는 방법을 통하여 디지털 출력의 개념을 배운다. S4A와 아두이노 보드를 이용하여 디지털 출력 기본실험을 해본다.

1 아두이노 보드에 연결된 LED의 불을 켜고 끄기

S4A는 그림과 같이 S4A가 설치된 PC와 S4A용 펌웨어가 설치된 아두이노 보드를 연결하면, 스크래치에서 지정된 아두이노 보드의 입출력 핀을 사용하여 출력신호를 내보낼 수 있다.

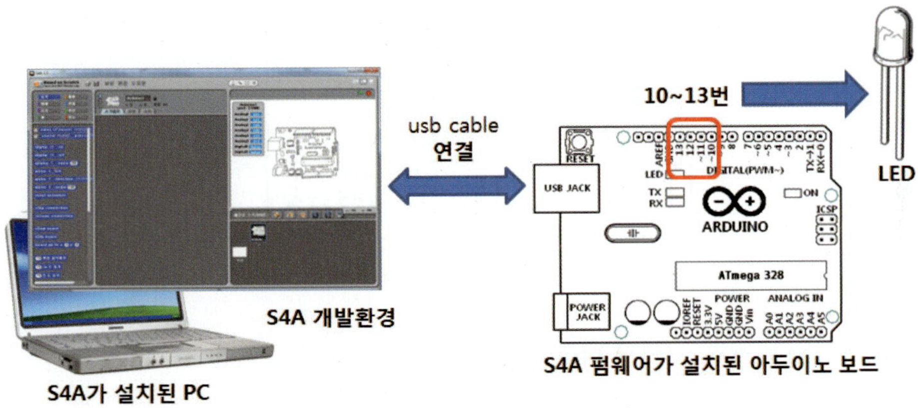

그림 2.1 S4A에서 아두이노 보드를 통한 출력제어

S4A에서 디지털출력으로 사용 가능한 아두이노 보드 디지털입출력 핀은 4개로 10~13번이며, 5V나 0V의 디지털 값을 출력하여 LED의 불을 켜고 끄거나 피에조 부저 등에서 소리가 나도록 할 수 있다.

표 2.1 S4A에서 디지털 출력 가능한 아두이노 보드 출력

UNO 보드	핀번호	S4A 관련 기능	용도
디지털 입출력 핀	10	디지털 출력	LED, 모터 등 연결
	11	디지털 출력	LED, 모터 등 연결
	12	디지털 출력	LED, 모터 등 연결
	13	디지털 출력	LED, 모터 등 연결

스크래치를 사용하여 아두이노 보드에 연결된 1개의 LED의 불을 켜는 예를 들면, 먼저 아두이노 보드의 디지털입출력 핀 10~13번 가운데 10번에 LED의 +단자(2개의 LED 다리 중 길이가 긴 것)를 연결하고 -단자(2개의 LED 다리 중 길이가 짧은 것)은 아두이노 보드의 GND(접지)에 연결한다.

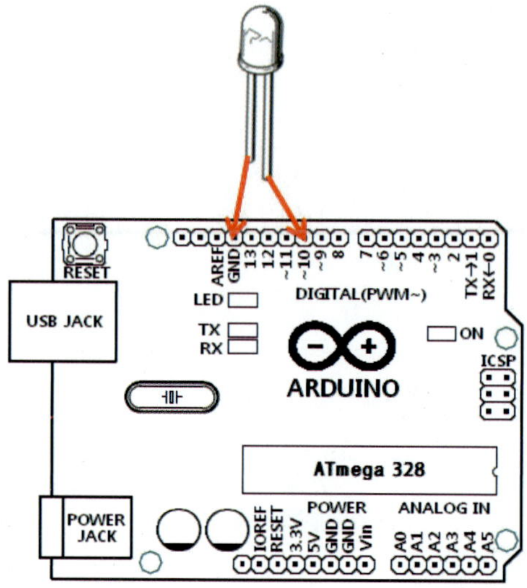

그림 2.2 아두이노 보드에 LED연결

다음으로 S4A의 스크립트 창에서 다음과 같은 블록명령의 조합으로 스크립트를 구성하면 된다.

만일 1초간 LED의 불을 켰다가 끄기를 원한다면 다음과 같이 블록명령의 조합을 사용하여 스크립트를 구성하면 된다.

2 같은 동작을 반복적으로 실행하기

LED의 불이 켜지고 꺼지는 것을 2회 반복하고 싶다면, 앞의 블록명령을 2번 실행하면 된다. 즉, 다음과 같이 구성하면 2번 반복이 가능하다.

그런데 10번 또는 100번 정도 반복을 시킨다면 이러한 방법은 적절하지 않다.

제어블록 그룹에는 이러한 반복을 쉽게 할 수 있는 블록명령이 있다.

다음과 같은 반복블록 

을 사용하여 스크립트를 구성하면 원하는 횟수만큼 반복을 시킬 수 있다.

모든 프로그래밍 과정에서 가장 중요한 개념이 '반복' 이다.

무한 반복을 원한다면 제어블록 중에 무한 반복 블록을 이용하여 다음과 같이 스크립트를 구성하면 된다.

실습 2-1 3번 반복되는 블록명령 만들기

스크래치에서 스페이스 바를 누를 때마다 LED가 1초간 3번 켜지고 꺼지는 스크립트를 작성해 본다.

[실습순서 1] 아두이노 보드의 구성

[브레드보드 사용] 아두이노 보드의 디지털입출력 핀 10번과 LED와 버튼 스위치를 다음과 같이 브레드 보드에 구성하고 연결한다.

그림 2.3 아두이노 보드와 브레드 보드를 사용하여 LED연결

[베이스 보드 사용] 아두이노 보드의 디지털입출력 핀과 베이스 보드의 LED를 연결한다.

	아두이노 보드	베이스 보드
연결선 연결	디지털입출력 핀 10번	JP1 커넥터(LED) 0번

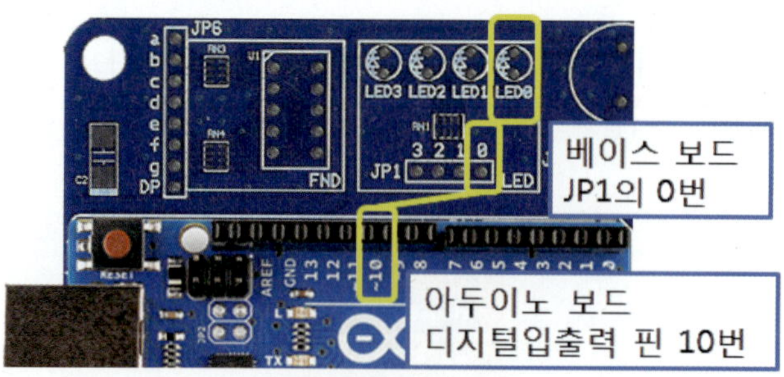

그림 2.4 아두이노 보드와 베이스 보드 연결

[실습순서 2] PC와 아두이노 보드의 연결

USB 케이블을 사용하여 PC와 아두이노 보드로 연결하고 S4A 개발환경에서 연결 상태를 확인한다.

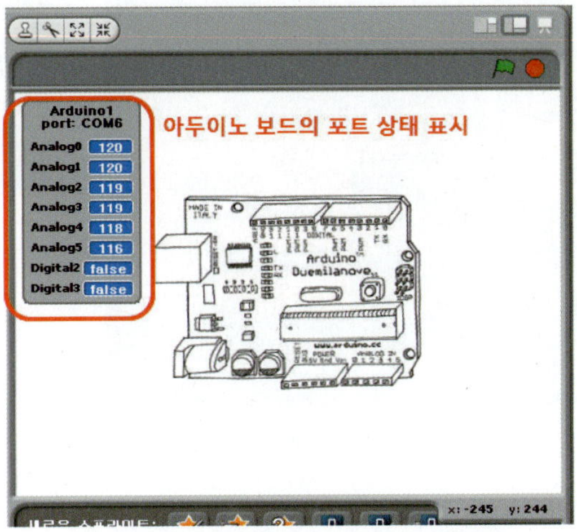

그림 2.5 S4A 개발환경에서 PC와 아두이노 보드 연결 확인

[실습순서 3] 스크래치 구성

S4A 개발환경에서 스크립트를 다음과 같이 구성한다.

① 제어 블록코드 그룹을 선택한다.

② 블록코드 [스페이스▾ 키 눌렀을 때], [1 초 기다리기], [반복 10 회]를 선택하여 스크립트 창에 끌어 놓고 결합한다(drag).

③ 반복 블록코드 [반복 10 회]의 숫자 창의 10을 3으로 변경한다.

④ 동작 블록코드 그룹을 선택한다.

⑤ 블록코드 [digital 10▾ on]과 [digital 10▾ off]를 선택하여 스크립트 창에 끌어 놓고 결합한다(drag).

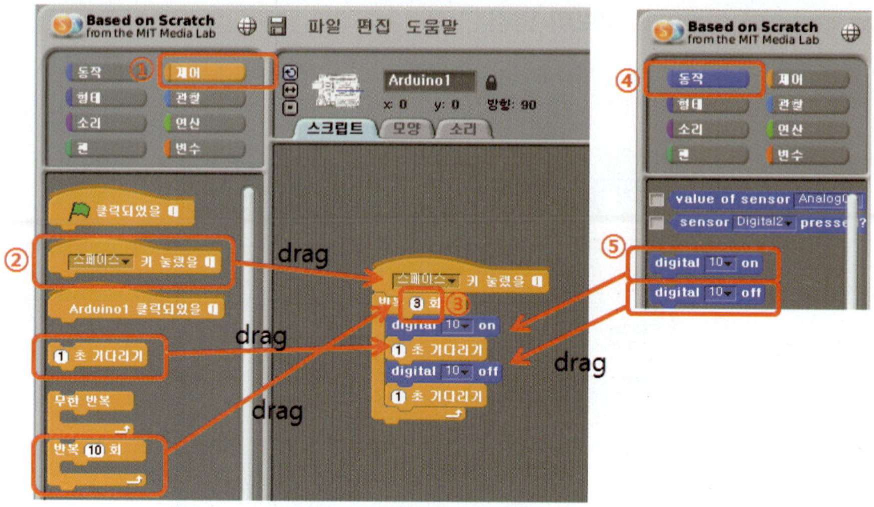

그림 2.6 S4A 개발환경에서 스크립트 구성

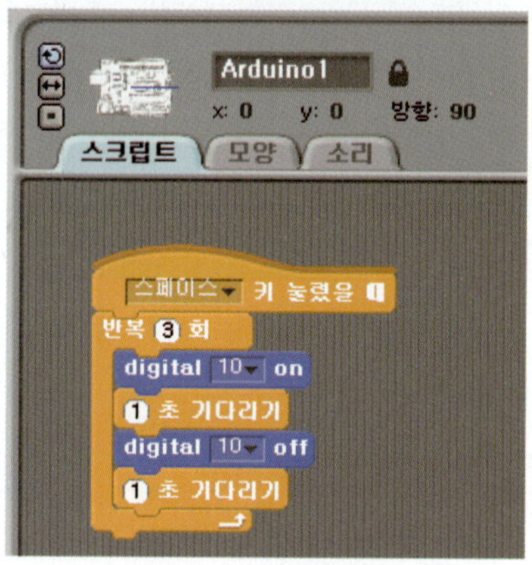

그림 2.7 완성된 스크립트

[실습순서 4] 동작확인

PC의 스페이스 바를 눌러 베이스 보드의 LED 변화를 확인한다.

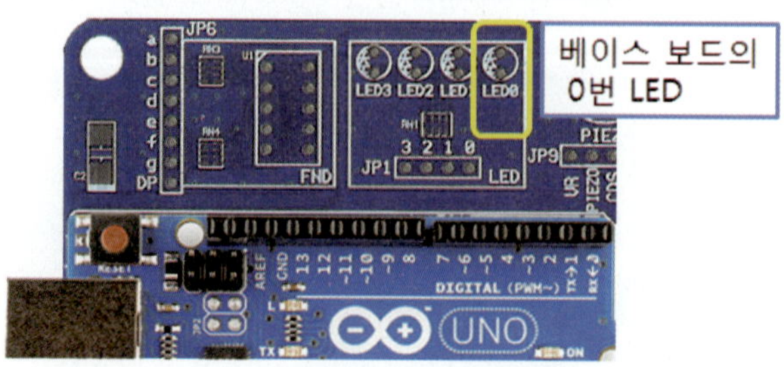

그림 2.8 베이스 보드의 LED 확인

연습과제 2-1

아두이노 보드의 디지털입출력 핀 12번에 연결된 LED가 0.5초 간격으로 5번 깜박이도록 아두이노 보드를 구성하고 스크립트를 작성하라.

3 2개 이상의 디지털 출력을 내보내기

2개 이상의 LED를 동시에 제어하는 방법을 살펴보자.

앞에서 1개의 LED에 1초간 불을 켜고 싶다면, 아두이노 보드의 디지털입출력 핀 10~13번 중에 LED를 연결하고 스크래치를 구성하면 1개의 LED에 불을 켤 수 있었다.

2개의 LED에 1초간 불을 켜고 싶다면, 아두이노 보드의 디지털입출력 핀 10~13번 중 2개에 LED를 연결하고 스크래치를 구성하면 된다.

예를 들어 아두이노 보드의 디지털입출력 핀 10번과 13번에 LED 2개가 각각 연결되어 있다면 스크래치를 다음과 같이 구성하면 된다.

```
digital 10 on
digital 13 on
1 초 기다리기
```

LED 연결 수	아두이노 보드 연결 방법	스크래치 구성
1개	디지털입출력 핀 10번에 연결	digital 10 on 1 초 기다리기
2개	디지털입출력 핀 10과 13번에 연결	digital 10 on digital 13 on 1 초 기다리기
3개	디지털입출력 핀 10, 11, 12번에 연결	digital 10 on digital 11 on digital 12 on 1 초 기다리기
4개	디지털입출력 핀 10, 11, 12, 13번에 연결	digital 10 on digital 11 on digital 12 on digital 13 on 1 초 기다리기

실습 2-2 2개의 LED를 동시에 켜고 끄기

스크래치에서 스페이스 바를 누를 때마다 다음과 같이 2개의 LED가 동시에 1초간 3번 켜지고 꺼지는 스크립트를 작성해 본다.

[실습순서 1] 아두이노 보드의 구성

[브레드보드 사용] 아두이노 보드의 디지털입출력 핀 10번과 13번에 LED를 다음과 같이 브레드 보드에 구성하고 연결한다.

그림 2.9 **아두이노 보드와 브레드 보드를 사용하여 LED연결**

[베이스 보드 사용] 아두이노 보드의 디지털입출력 핀과 베이스 보드의 LED를 연결한다.

	아두이노 보드	베이스 보드
연결선 연결	디지털입출력 핀 10번	JP1 커넥터(LED) 0번
연결선 연결	디지털입출력 핀 13번	JP1 커넥터(LED) 3번

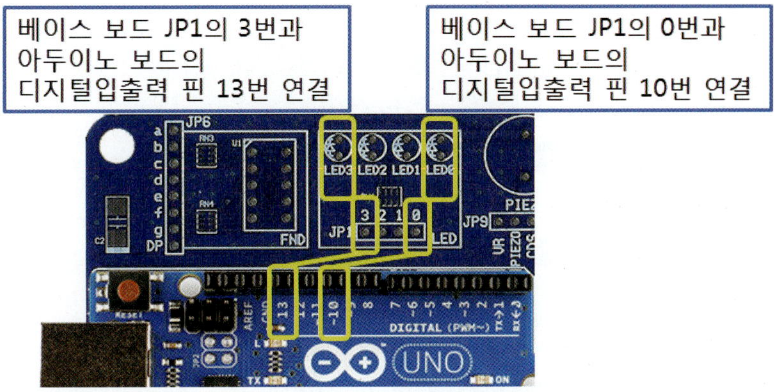

그림 2.10 아두이노 보드와 베이스 보드 연결

[실습순서 2] PC와 아두이노 보드의 연결

USB 케이블을 사용하여 PC와 아두이노 보드로 연결하고 S4A 개발환경에서 연결 상태를 확인한다.

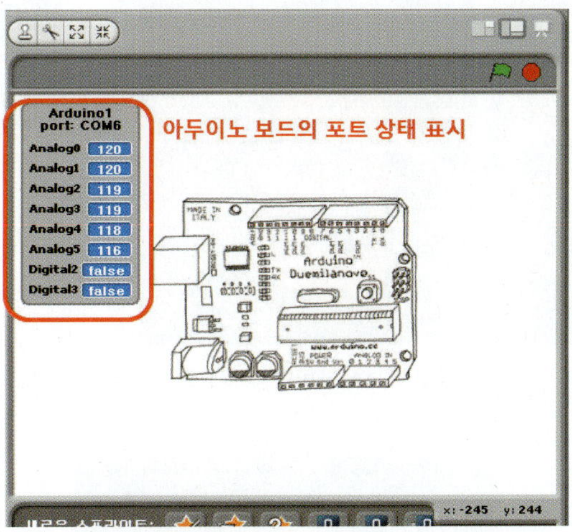

그림 2.11 S4A 개발환경에서 PC와 아두이노 보드 연결 확인

[실습순서 3] 스크래치 구성

S4A 개발환경에서 스크립트를 다음과 같이 구성한다.

① 제어 블록코드 그룹을 선택한다.

② 블록코드 

, 

, 

선택하여 스크립트 창에 끌어 놓고 결합한다(drag).

③ 반복 블록코드 [반복 10 회] 의 숫자 창의 10을 3으로 변경한다.

④ 동작 블록코드 그룹 선택한다.

⑤ 블록코드 [digital 10 on] 과 [digital 10 off] 를 선택하여 각각 2개씩 스크립트 창에 끌어 놓고 다음 그림과 같이 결합한다(drag).

⑥ 2개의 각 블록코드 [digital 10 on] 과 [digital 10 off] 의 중 아래의 블록코드 숫자 창의 10을 13으로 변경한다.

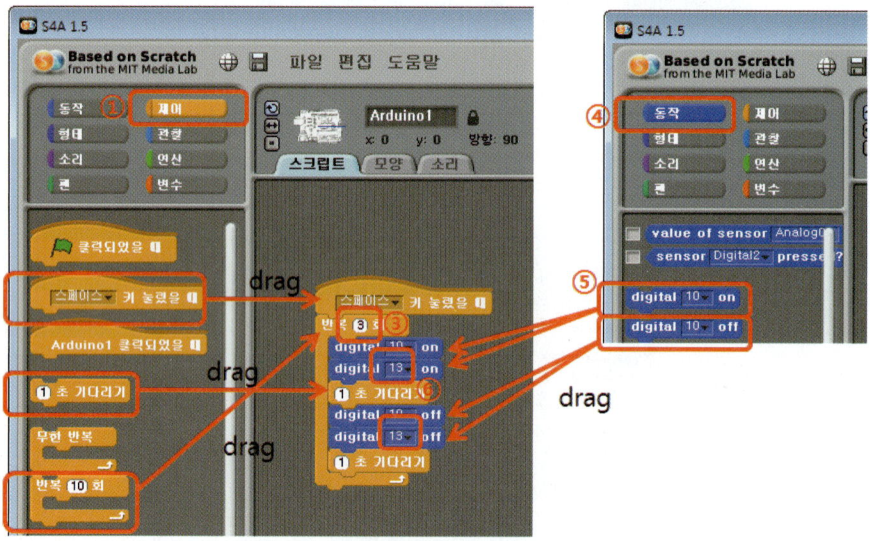

그림 2.12 S4A 개발환경에서 스크립트 구성

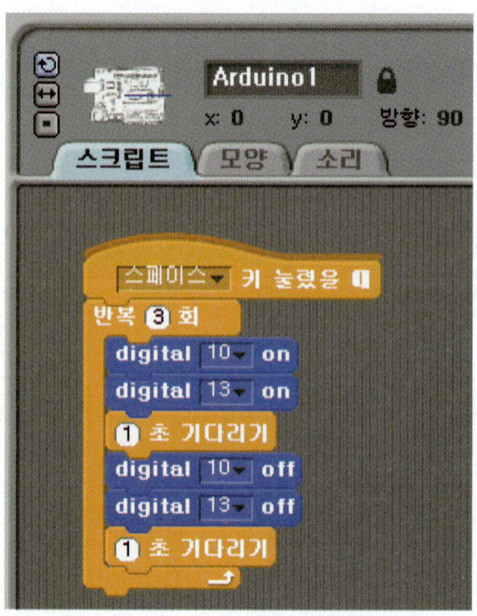

그림 2.13 완성된 스크립트

[실습순서 4] 동작확인

PC의 스페이스 바를 눌러 베이스 보드의 LED 변화 확인한다.
베이스 보드의 0번과 3번 LED가 동시에 1초 간격으로 3번 켜지고 꺼지는 것이 반복된다.

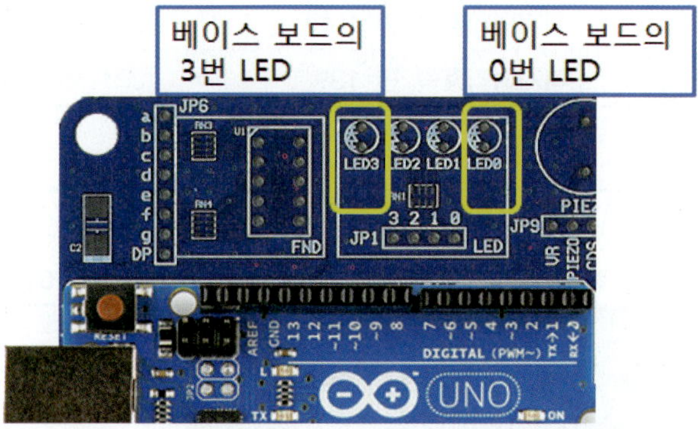

그림 2.14 **베이스 보드의 LED 확인**

■

연습과제 2-2

아두이노 보드의 디지털입출력 핀 11번과 12번에 각각 LED를 연결하고, 2개의 LED가 동시에 0.5초 간격으로 5번 깜박이도록 아두이노 보드를 구성하고 스크립트를 작성하라.

연습과제 2-3

아두이노 보드의 디지털입출력 핀 10번, 11번, 12번, 13번에 각각 LED를 연결하고, 다음과 같이 0.5초 간격으로 4개의 LED가 동시에 5번 깜박이도록 아두이노 보드를 구성하고 스크립트를 작성하라.

실습 2-3 2개의 LED를 번갈아가며 켜고 끄기

스크래치에서 스페이스 바를 누를 때마다 다음과 같이 2개의 LED가 번갈아가며 1초간 3번 켜지고 꺼지는 스크립트를 작성해 본다.

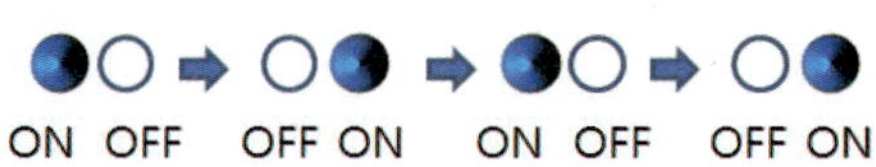

[실습순서 1] 아두이노 보드의 구성

아두이노 보드의 디지털입출력 핀과 베이스 보드의 LED를 연결한다.

	아두이노 보드	베이스 보드
연결선 연결	디지털입출력 핀 10번	JP1 커넥터(LED) 0번
연결선 연결	디지털입출력 핀 13번	JP1 커넥터(LED) 3번

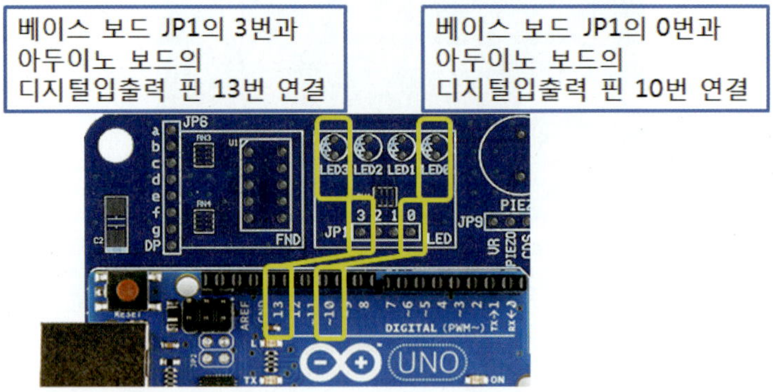

그림 2.15 아두이노 보드와 베이스보드 연결

[실습순서 2] PC와 아두이노 보드의 연결

USB 케이블을 사용하여 PC와 아두이노 보드로 연결하고 S4A 개발환경에서 연결 상태를 확인한다.

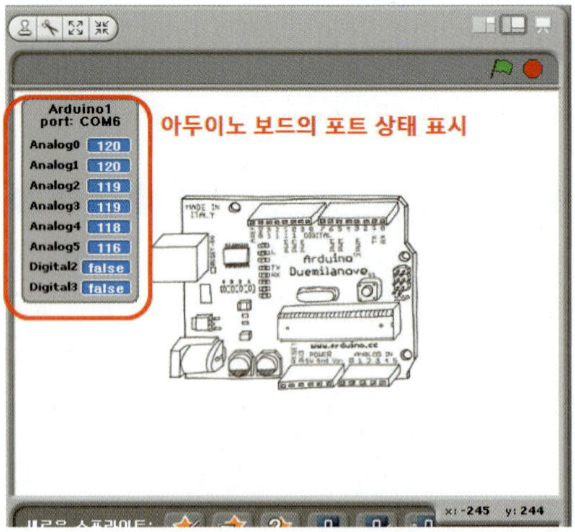

그림 2.16 S4A 개발환경에서 PC와 아두이노 보드 연결 확인

[실습순서 3] 스크래치 구성

S4A 개발환경에서 스크립트를 다음과 같이 구성한다.

① 제어 블록코드 그룹 선택한다.

② 블록코드 스페이스 키 눌렸을 때, 1 초 기다리기, 반복 10 회 선택하여 스크립트 창에 끌어 놓고 결합한다(drag).

③ 반복 블록코드 반복 10 회 의 숫자 창의 10을 3으로 변경한다.

④ 동작 블록코드 그룹 선택한다.

⑤ 블록코드 digital 10 on 아래에 digital 13 off 를 배치하여, 디지털입출력 핀 10번에서 5V가 출력될 때 디지털입출력 핀 13번에서는 0V가 출력되도록 한다.
이렇게 하면, 10번에 연결된 LED는 켜지고 13번에 연결된 LED는 꺼지게 된다.
시간지연 블록명령 1 초 기다리기 을 넣어 1초간 지속되도록 한다.

⑥ 블록코드 digital 10 off 아래에 digital 13 on 를 배치하여, 디지털입출력 핀 10번에서 0V가 출력될 때 디지털입출력 핀 13번에서는 5V가 출력되도록 한다.
이렇게 하면, 10번에 연결된 LED는 꺼지고 13번에 연결된 LED는 켜지게 된다.
시간지연 블록명령 1 초 기다리기 을 넣어 1초간 지속되도록 한다.

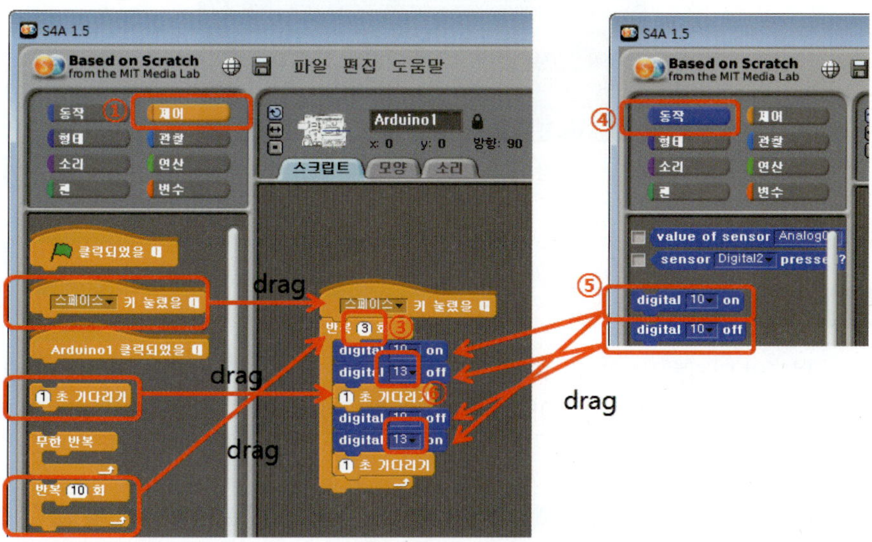

그림 2.17 S4A 개발환경에서 스크립트 구성

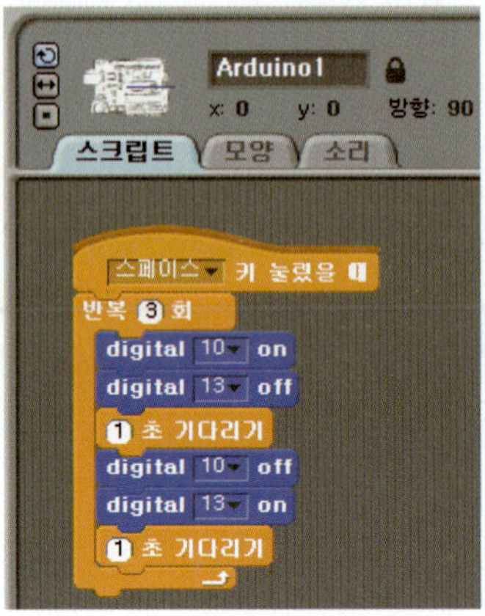

그림 2.18 **완성된 스크립트**

[실습순서 4] 동작확인

PC의 스페이스 바를 눌러 베이스 보드의 LED 변화를 확인한다.
베이스 보드의 0번과 3번 LED가 번갈아 가며 1초 간격으로 3번 켜지고 꺼지는 것이 반복된다.

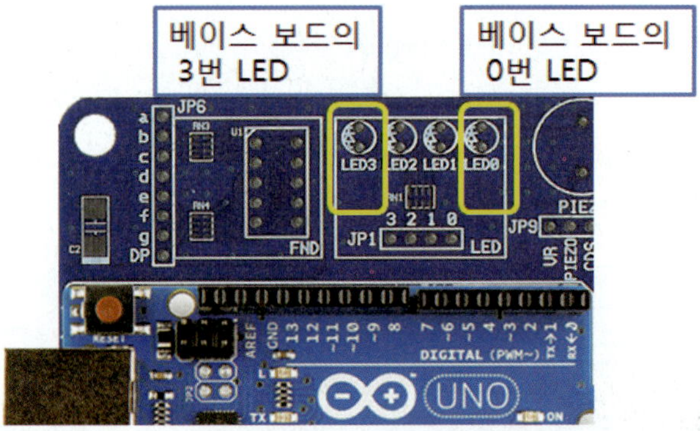

그림 2.19 **베이스 보드의 LED 확인**

■

연습과제 2-4

아두이노 보드의 디지털입출력 핀 10번, 11번, 12번, 13번에 각각 LED를 연결하고, 다음과 같이 0.5초 간격으로 LED가 2개씩 번갈아가며 3번 깜박이도록 아두이노 보드를 구성하고 스크립트를 작성하라.

●●○○ ➡ ○○●● ➡ ●●○○ ➡ ○○●● ➡ ●●○○

연습과제 2-5

아두이노 보드의 디지털입출력 핀 10번, 11번, 12번, 13번에 각각 LED를 연결하고, 0.5초 간격으로 4개의 LED가 다음과 같이 오른쪽에서 왼쪽으로 하나씩 번갈아가며 3번 깜박이도록 아두이노 보드를 구성하고 스크립트를 작성하라.

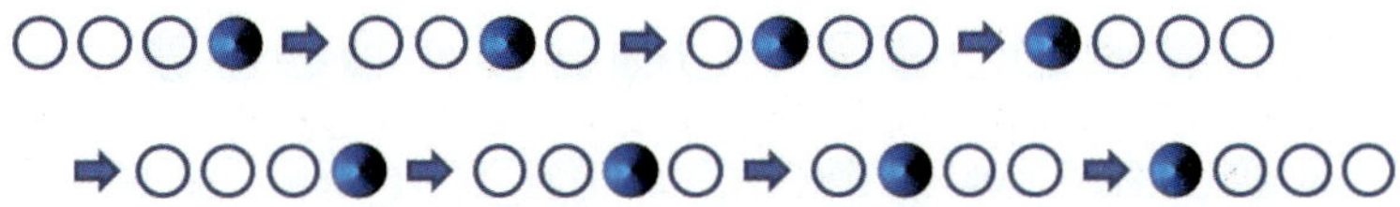

연습과제 2-6

4개의 LED가 [연습과제 5]과 반대로 왼쪽에서 오른쪽으로 하나씩 번갈아가며 3번 깜박이도록 아두이노 보드를 구성하고 스크립트를 작성하라.

연습과제 2-7

아두이노 보드의 디지털입출력 핀 10번, 11번, 12번, 13번에 각각 LED를 연결하고, 0.5초 간격으로 4개의 LED가 다음과 같이 오른쪽에서 왼쪽으로 하나씩 쌓여가며 켜지는 동작이 3번 반복되는 스크립트를 작성하라.

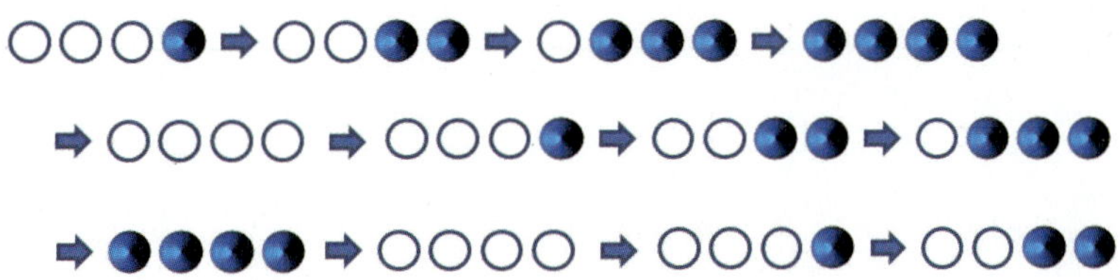

연습과제 2-8

4개의 LED가 [연습과제 7]과 반대로 왼쪽에서 오른쪽으로 하나씩 쌓여가며 켜지는 동작이 3번 반복되는 스크립트를 작성하라.

연습과제 2-9

아두이노 보드의 디지털입출력 핀 10번, 11번, 12번, 13번에 각각 LED를 연결하고, 0.5초 간격으로 4개의 LED가 다음과 같이 오른쪽에서 왼쪽으로 하나씩 쌓이며 켜졌다가 다시 왼쪽에서 오른쪽으로 하나씩 꺼져가는 동작이 3번 반복되는 스크립트를 작성하라.

○○○● → ○○●● → ○●●● → ●●●●

→ ●●●○ → ●●○○ → ●○○○ → ○○○○

→ ○○○● → ○○●● → ○●●● → ●●●●

연습과제 2-10

4개의 LED가 [연습과제 9]과 반대로 왼쪽에서 오른쪽으로 하나씩 쌓여가며 켜졌다가 다시 왼쪽에서 오른쪽으로 하나씩 꺼져가는 동작이 3번 반복되는 스크립트를 작성하라.

연습과제 2-11

앞의 연습과제 4~10의 스크립트들은 동작 블록명령이나 시간지연 블록명령의 위치에 따라 다른 동작을 나타내게 된다.

동작	동작 블록명령과 시간지연 블록명령의 역할
연습과제 4 ●●○○ → ○○●● → ●●○○	
연습과제 5 ○○○● → ○○●○ → ○●○○ → ●○○○ → ○○○● → ○○●○ → ○●○○ → ●○○○	
연습과제 6 (연습과제 5와 반대 동작)	
연습과제 7 ○○○● → ○○●● → ○●●● → ●●●● → ○○○○ → ○○○● → ○○●● → ○●●● → ●●●● → ○○○○ → ○○○● → ○○●●	
연습과제 8 (연습과제 7과 반대 동작)	
연습과제 9 ○○○● → ○○●● → ○●●● → ●●●● → ●●●○ → ●●○○ → ●○○○ → ○○○○ → ○○○● → ○○●● → ○●●● → ●●●●	
연습과제 10 (연습과제 9와 반대 동작)	

Chapter

03

스위치를 사용한 LED 제어

Scratch for Arduino

스크래치에서 아두이노 보드를 통하여 입력을 받아들이는 방법을 통하여 디지털 입력의 개념을 배운다. S4A와 아두이노 보드를 이용하여 디지털 입력을 통한 제어를 해본다.

1 버튼 스위치로 입력 받기

아두이노 보드의 디지털입출력 핀 가운데 S4A펌웨어에 의하여 지정된 핀을 사용하면 2장에서 실습한 것처럼 5V나 0V의 디지털 값으로 LED의 불을 켜고 끄거나 할 수 있고 피에조 부저 등에서 소리가 나도록 할 수 있다.

또한 S4A는 그림과 같이 S4A가 설치된 PC와 S4A용 펌웨어가 설치된 아두이노 보드를 연결하면, 스크래치에서 지정된 아두이노 보드의 입출력 핀을 사용하여 입력신호도 받아들일 수 있다.

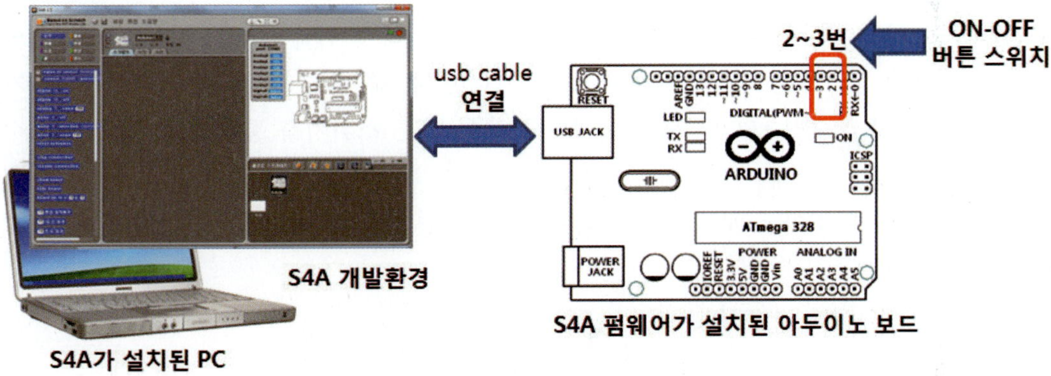

그림 3.1 S4A에서 아두이노 보드를 통한 입력제어

ON-OFF 버튼 스위치는 일반적으로 다음 그림과 같이 구성되어 버튼이 눌려지면 ON 상태로 아두이노 보드에 +5V의 전압이 입력되고, 버튼이 눌려지지 않으면 OFF 상태로 0V의 전압이 입력된다.

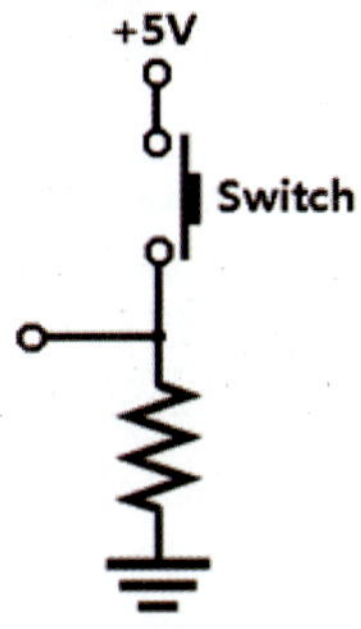

그림 3.2 ON-OFF 버튼 스위치의 구조

S4A에서 디지털입력으로 사용 가능한 아두이노 보드 디지털입출력 핀은 2개로 2~3번이며, ON-OFF 스위치에 의하여 발생되는 "1(참)"과 "0(거짓)"의 디지털 신호를 받아들일 수 있다.

표 3.1 S4A에서 디지털 입력 가능한 아두이노 보드 입력

UNO 보드	핀번호	S4A 관련 기능	용도
디지털 입출력 핀	2	디지털 입력	스위치, 디지털 센서 등 연결
	3	디지털 입력	스위치, 디지털 센서 등 연결

스크래치를 사용하여 아두이노 보드에 연결된 1개의 버튼 스위치에서 입력을 받아들여 LED의 불을 켜는 예를 들어 보자.

연결하는 LED는 버튼 스위치를 통한 신호 입력을 확인하기 위한 용도로 아두이노 보드의 디지털입출력 핀 10~13번 가운데 10번에 LED를 연결한다. 즉 버튼 스위치가 눌려지면 LED가 켜지고, 눌려지지 않으면 LED의 불이 꺼지도록 하여 버튼 스위치를 통한 입력을 확인할 수 있도록 한다.

버튼 스위치는 아두이노 보드의 입출력 핀 2번에 연결한다.

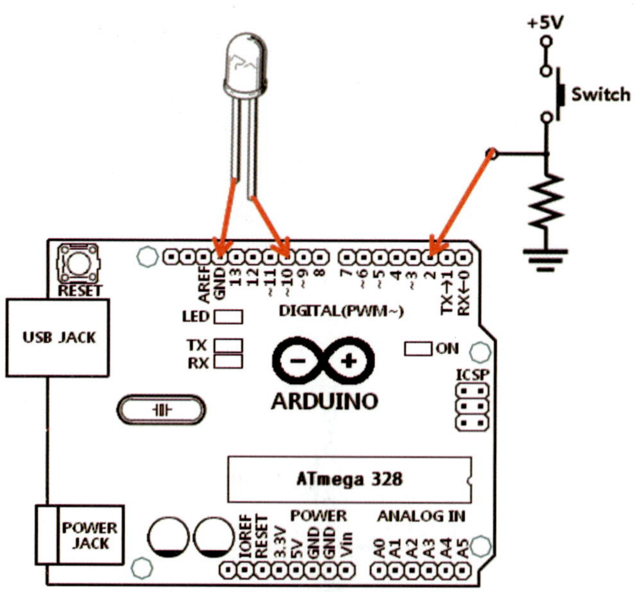

그림 3.3 아두이노 보드에 LED와 버튼 스위치 연결

다음으로 S4A의 스크립트 창에서 다음과 같은 블록명령의 조합으로 스크립트를 구성하면 된다.

먼저 버튼 스위치가 눌려 졌는지를 판단하기 위하여 블록명령 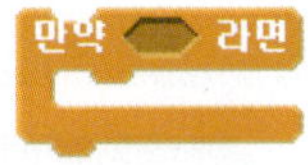 를 사용한다. 이 판단 블록명령 "만약 〈조건〉라면" 의 〈조건〉으로 버튼 스위치가 연결되어 있는 아두이노 보드의 디지털입출력 핀 2번의 상태를 확인하는 블록 명령  을 끼워 넣어 다음과 같이 만든다.

다음으로 〈조건〉이 만족하면 LED의 불을 1초간 켜지게 하는 다음 동작을 끼워 넣는다.

버튼 스위치가 눌려지면 LED에 1초간 불이 켜지게 하는 완성 스크립트는 다음과 같이 된다.

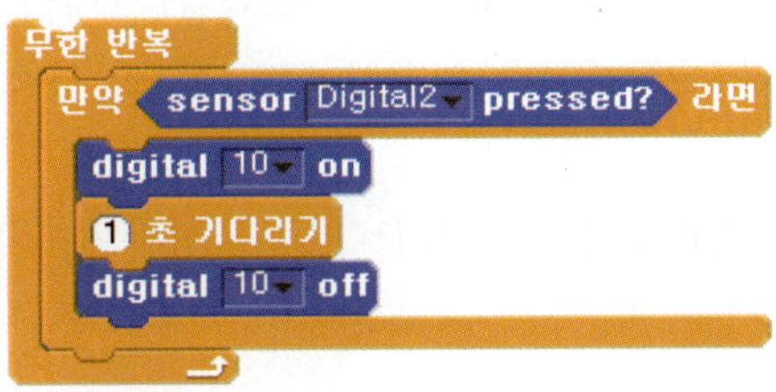

여기서, 무한반복 블록  을 사용하는 이유는 스위치의 상태를 계속적으로 확인하기 위해서이다. 만일 무한 반복블록을 사용하지 않으며, 스크래치가 시작되고 1번만 확인하고 그 이후에는 어떤 동작도 하지 않기 때문이다.

정리하면, 스크립트의 구성은 3가지 영역으로 구성되게 된다.

영역	스크립트	흐름 구조
입력	sensor Digital2 pressed?	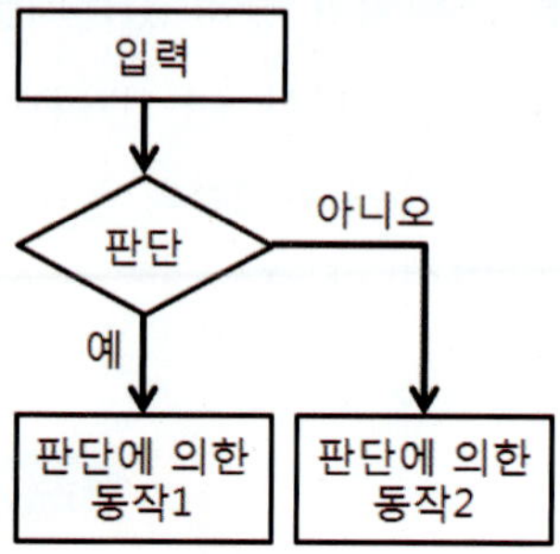
판단	만약 라면	
동작	digital 10 on 1 초 기다리기 digital 10 off	

외부로부터 입력을 받아들인다는 것은 입력에 따라 어떤 동작을 하겠다는 뜻이므로, 입력을 위한 블록명령과 판단블록이 함께 쓰이게 되고, 그 판단에 결과에 따라 수행해야하는 동작으로 구성되게 된다.

2 조건에 따라 동작을 수행하기

조건에 따라 다른 동작을 수행하거나 여러 가지 조건을 가지는 경우를 살펴보자. 앞의 예는 조건에 따라 1개의 동작만 하는 것 같지만 정확하게는 LED의 불을 켜거나 켜지 않도록 동작하는 것이다. 이것을 좀더 명확하게 스크립트로 구성하면, 판단블럭 

에서 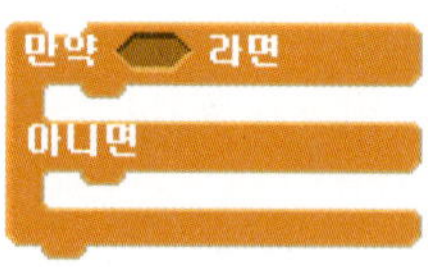

으로 변경하면 된다.

동작부분의 스크립트도 다음과 같이 수정한다.

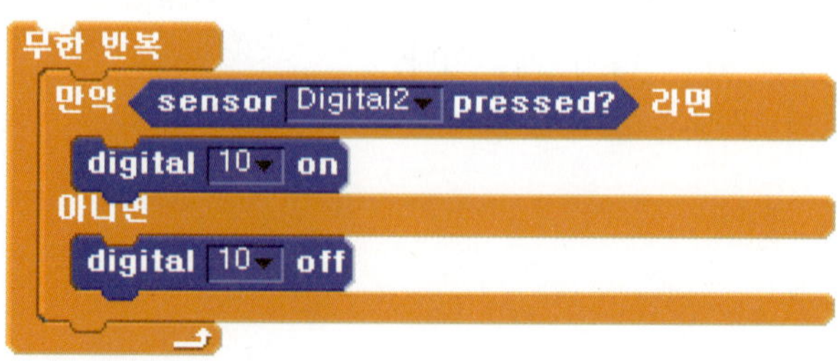

다음으로 2개의 버튼 스위치를 사용하여 2개의 LED를 제어하는 예를 통하여 2개 이상의 판단블록을 사용하는 방법을 살펴보자.

먼저, 2개의 버튼 스위치1과 2를 아두이노 보드 디지털입출력 핀 2번과 3번에 각각 연결하고, 2개의 LED를 아두이노 보드 디지털입출력 핀 10번과 11번에 각각 연결한다.

다음으로 버튼 스위치1이 눌리면, 10번에 연결된 LED에 불이 켜지고, 버튼 스위치2가 눌리면, 11번에 연결된 LED에 불이 켜지며, 2개의 스위치 중 어떤 것도 눌리지 않으면 2개의 LED 모두 불이 꺼지도록 스크립트를 구성하여 보자.

먼저 블록명령 

과 

를 사용하여 버튼 스위치1이 눌려 졌는지를 판단한다. 아두이노 보드의 디지털입출력 핀 2번에 연결된 버튼 스위치1이 눌리지 않으면, 버튼 스위치2가 눌렸는지 확인해야하므로 앞의 판단 블록명령

의 "아니면" 의 부분에 조건 

을 가지는 다른 판단 블록명령

을 하나 더 끼워 넣어 다음과 같이 만든다.

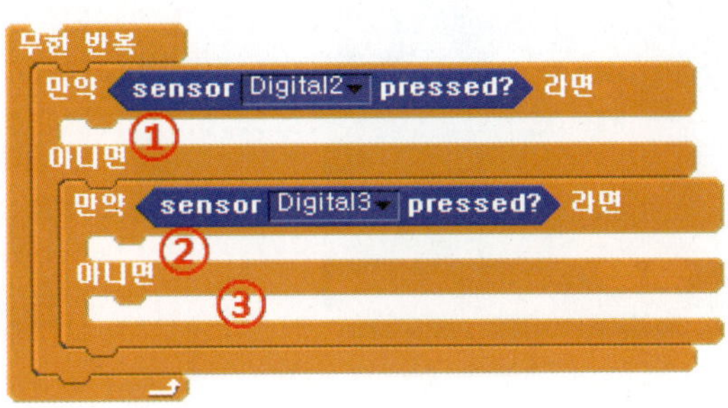

이제 각 조건에 따른 동작 ①, ②, ③에 조건에 따라 동작하기 원하는 블록명령을 삽입하면 된다.

동작 ①은 아두이노 보드 디지털입출력 핀 10번에 연결된 LED의 불만 켜고,
동작 ②는 아두이노 보드 디지털입출력 핀 11번에 연결된 LED의 불만 켜고,
동작 ③은 모든 LED의 불이 꺼지도록 해야 하므로 다음과 같이 스크립트를 구성하면 된다.

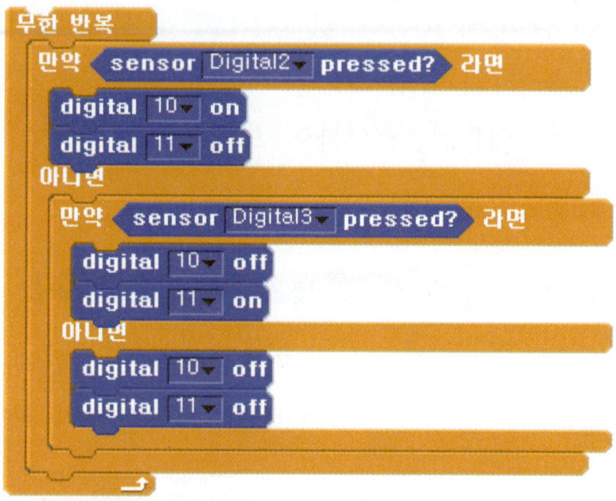

실습 3-1 버튼 스위치가 눌려지면 LED가 켜지도록 만들기

버튼 스위치가 눌릴 때마다 LED가 켜지고, 눌리지 않으면 꺼지는 스크립트를 작성해 본다.

[실습순서 1] 아두이노 보드의 구성

[브레드보드 사용] 아두이노 보드의 디지털입출력 핀 10번에 LED를 연결하고, 디지털입출력 핀 2번에 버튼 스위치를 연결하여 다음과 같이 브레드 보드에 구성하고 연결한다.

그림 3.4 아두이노 보드와 브레드 보드를 사용하여 LED와 버튼 스위치 연결

[베이스 보드 사용] 아두이노 보드의 디지털입출력 핀과 베이스 보드의 LED와 버튼 스위치를 연결한다.

	아두이노 보드	베이스 보드
연결선 연결	디지털입출력 핀 10번	JP1 커넥터(LED) 0번
연결선 연결	디지털입출력 핀 2번	JP2 커넥터(Tact Switch) 0번

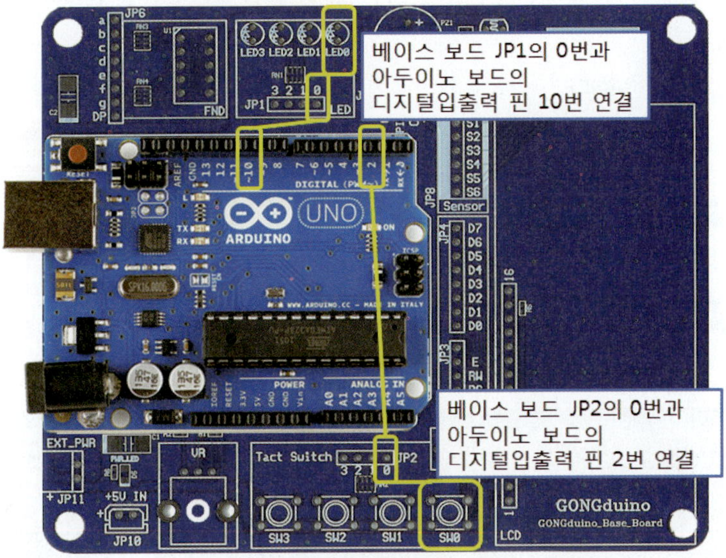

그림 3.5 아두이노 보드와 베이스 보드 연결

[실습순서 2] PC와 아두이노 보드의 연결

USB 케이블을 사용하여 PC와 아두이노 보드로 연결하고 S4A 개발환경에서 연결 상태를 확인한다.

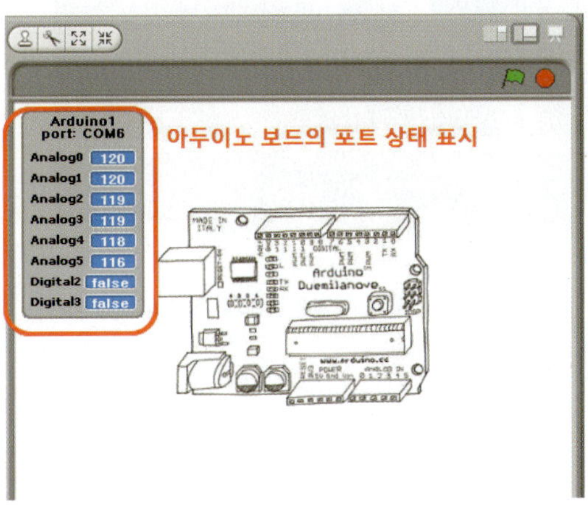

그림 3.6 S4A 개발환경에서 PC와 아두이노 보드 연결 확인

[실습순서 3] 스크래치 구성

S4A 개발환경에서 스크립트를 다음과 같이 구성한다.

① 제어 블록코드 그룹 선택한다.

② 블록코드 「스페이스 키 눌렸을 때」, 「무한 반복」, 「만약 ⟨ ⟩ 라면 / 아니면」을 선택하여 스크립트 창에 끌어 놓고 결합한다(drag).

③ 동작 블록코드 그룹 선택한다.

④ 블록코드 「sensor Digital2 pressed?」를 선택하여 스크립트 창에 drag하고, 「만약 ⟨ ⟩ 라면 / 아니면」의 "만약 ⟨ ⟩라면" 의 부분에 결합한다.

⑤ 블록코드 「digital 10 on」과 「digital 10 off」를 선택하여 스크립트 창에 끌어 놓고 결합한다(drag).

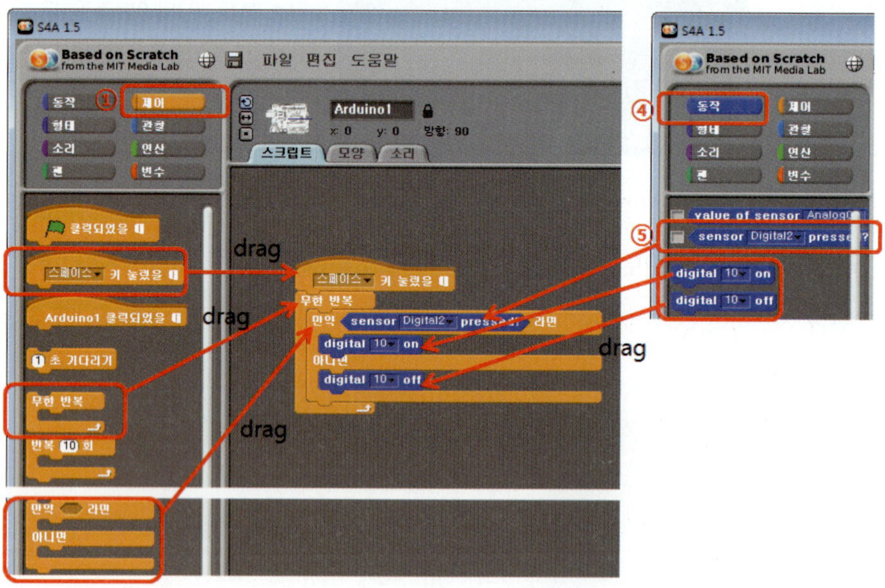

그림 3.7 S4A 개발환경에서 스크립트 구성

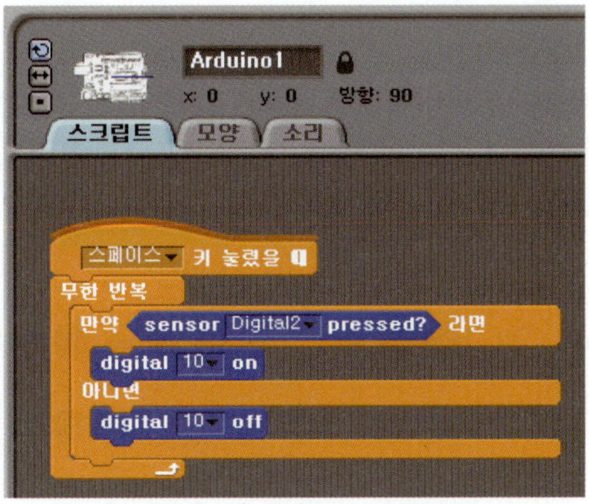

그림 3.8 완성된 스크립트

[실습순서 4] 동작확인

버튼 스위치를 눌러 베이스 보드의 LED 변화 확인한다.

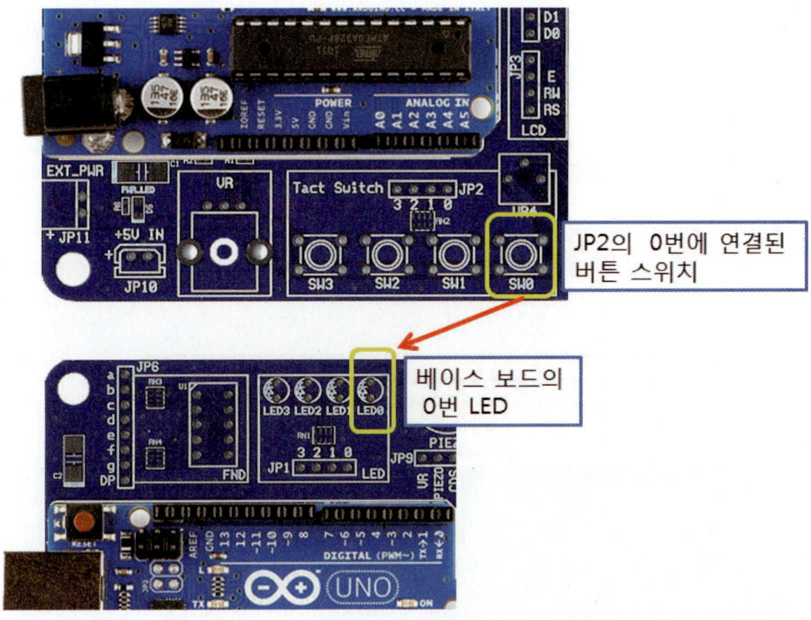

그림 3.9 베이스 보드의 버튼 스위치와 LED 확인

■

연습과제 3-1

아두이노 보드에서 버튼 스위치를 누르면, 디지털입출력 핀 12번에 연결된 LED가 0.5초 간격으로 5번 깜박이도록 아두이노 보드를 구성하고 스크립트를 작성하라.

연습과제 3-2

아두이노 보드의 디지털입출력 핀 2번에 버튼 스위치를 연결하고, 10번, 11번, 12번, 13번에는 각각 LED를 연결하고, 아두이노 보드에서 버튼 스위치를 누르면 0.5초 간격으로 4개의 LED가 다음과 같이 오른쪽에서 왼쪽으로 하나씩 쌓여가며 켜지는 동작이 3번 반복되는 스크립트를 작성하라.

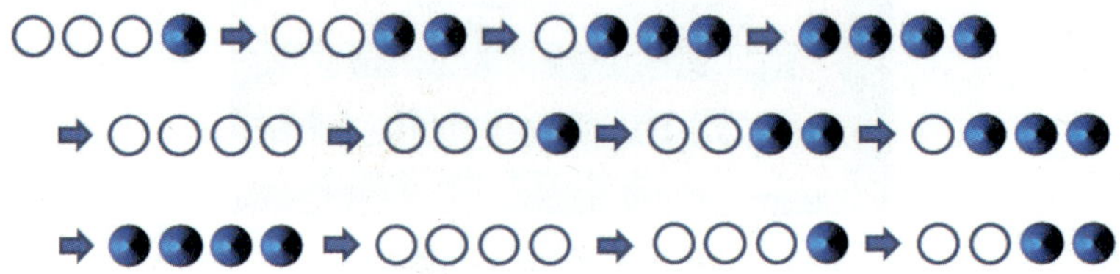

실습 3-2 2개의 버튼 스위치를 이용하여 2개의 LED를 켜고 끄기

버튼 스위치1를 누르면 LED1이 켜지고, 버튼 스위치2을 누르면 LED2가 켜지고, 어떤 버튼 스위치도 눌리지 않으면 LED 2개 모두 꺼지는 스크립트를 작성해 본다.

[실습순서 1] 아두이노 보드의 구성

[브레드보드 사용] 아두이노 보드의 디지털입출력 핀 10번과 11번에 LED 2개를 각각 연결하고, 디지털 입출력 핀 2번과 3번에는 버튼 스위치 2개를 각각 연결하여 다음과 같이 브레드 보드에 구성하고 연결한다.

그림 3.10 아두이노 보드와 브레드 보드를 사용하여 LED와 버튼 스위치 연결

[베이스 보드 사용] 아두이노 보드의 디지털입출력 핀과 베이스 보드의 LED와 버튼 스위치를 연결한다.

	아두이노 보드	베이스 보드
연결선 연결	디지털입출력 핀 10번	JP1 커넥터(LED) 0번
연결선 연결	디지털입출력 핀 11번	JP1 커넥터(LED) 3번
연결선 연결	디지털입출력 핀 2번	JP2 커넥터(Tact Switch) 0번
연결선 연결	디지털입출력 핀 3번	JP2 커넥터(Tact Switch) 3번

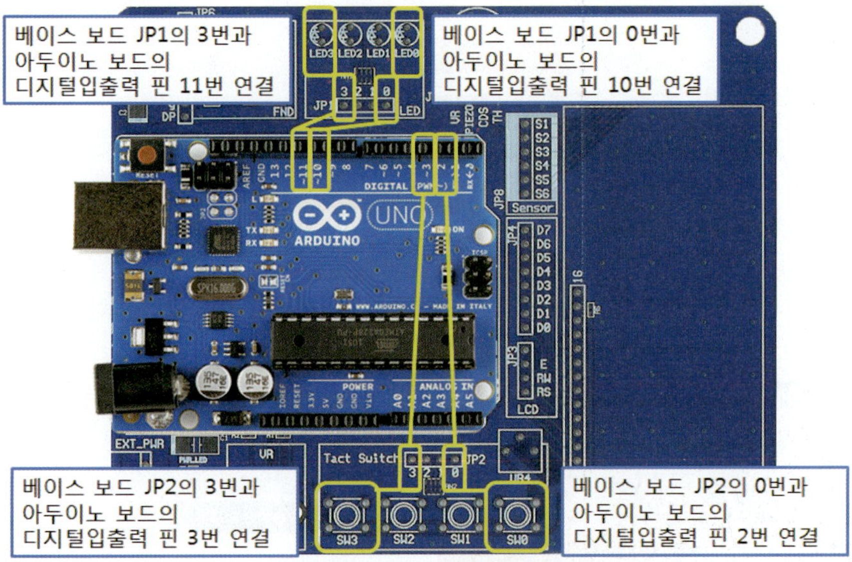

그림 3.11 아두이노 보드와 베이스 보드 연결

[실습순서 2] PC와 아두이노 보드의 연결

USB 케이블을 사용하여 PC와 아두이노 보드로 연결하고 S4A 개발환경에서 연결 상태를 확인한다.

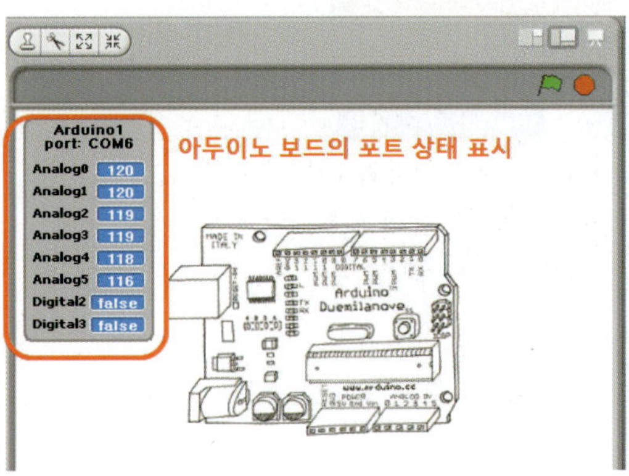

그림 3.12 S4A 개발환경에서 PC와 아두이노 보드 연결 확인

[실습순서 3] 스크래치 구성

S4A 개발환경에서 스크립트를 다음과 같이 구성한다.

① 제어 블록코드 그룹 선택한다.

② 블록코드 

, 

과 판단 블록 

을 선택하여 2번 스크립트 창에 끌어 놓고 다음과 같이 결합한다(drag).

③ 동작 블록코드 그룹 선택한다.

④ 블록코드 

과 

를 선택하여 스크립트 창에 drag 하고, 다음과 같이 결합한다.

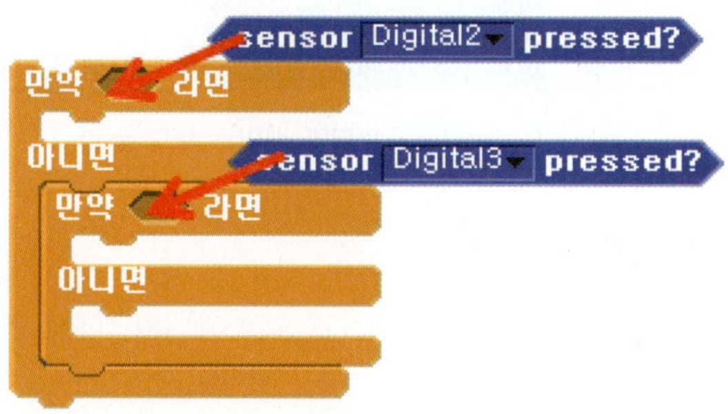

⑤ 블록코드 

과 

를 선택하여 스크립트 창에 끌어 놓고 결합한다(drag).

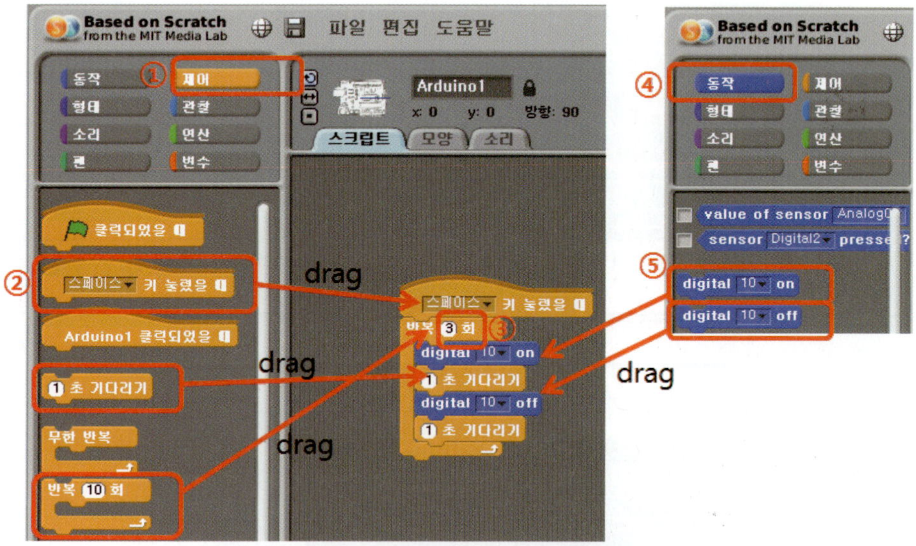

그림 3.13 S4A 개발환경에서 스크립트 구성

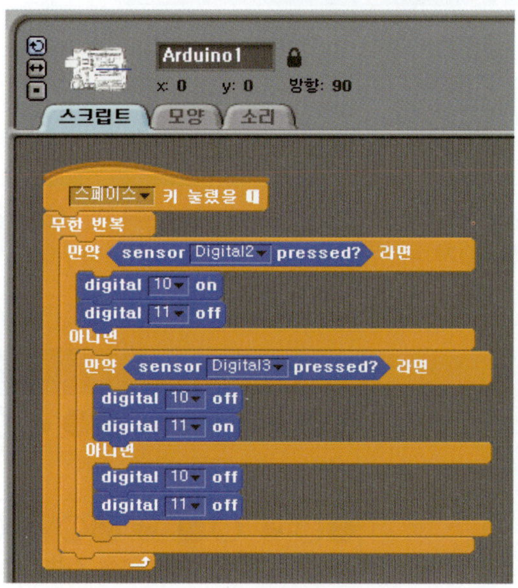

그림 3.14 완성된 스크립트

[실습순서 4] 동작확인

버튼 스위치를 눌러 베이스 보드의 LED 변화 확인한다.

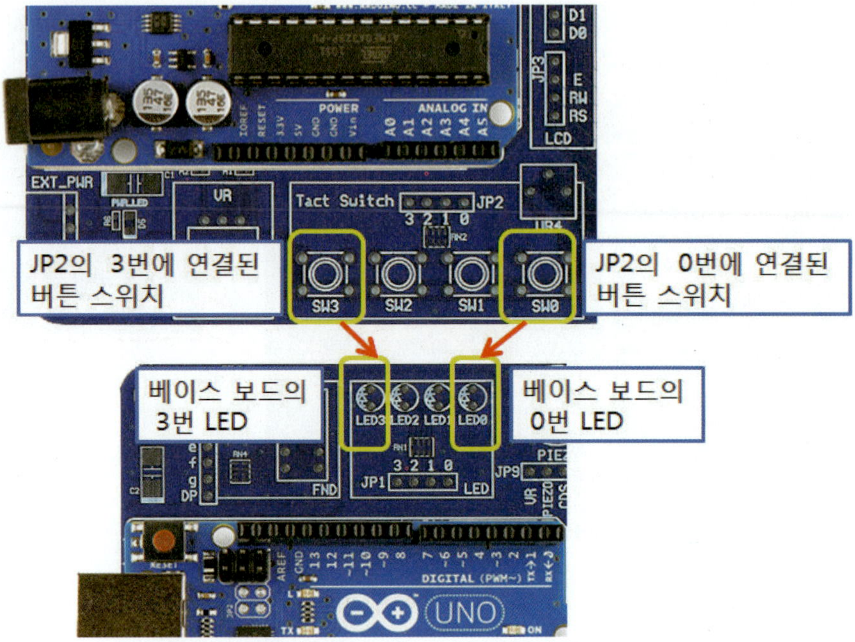

그림 3.15 베이스 보드의 LED 확인

■

연습과제 3-3

아두이노 보드에서 버튼 스위치1를 누르면 2개의 LED가 동시에 0.5초 간격으로 깜박이고, 버튼 스위치2를 누르면 2개의 LED가 서로 번갈아 가며 깜박이도록 아두이노 보드를 구성하고 스크립트를 작성하라.

스위치 선택	동작
버튼 스위치1	ON → OFF → ON → OFF
버튼 스위치2	ON OFF → OFF ON → ON OFF → OFF ON

연습과제 3-4

아두이노 보드의 디지털입출력 핀 2번과 3번에는 각각 버튼 스위치를 연결하고, 디지털입출력 핀 10번, 11번, 12번, 13번에는 각각 LED를 연결한다. 다음과 같이 연결한다.

	아두이노 보드	베이스 보드
연결선 연결	디지털입출력 핀 10번	JP1 커넥터(LED) 0번
연결선 연결	디지털입출력 핀 11번	JP1 커넥터(LED) 1번
연결선 연결	디지털입출력 핀 12번	JP1 커넥터(LED) 2번
연결선 연결	디지털입출력 핀 13번	JP1 커넥터(LED) 3번
연결선 연결	디지털입출력 핀 2번	JP2 커넥터(Tact Switch) 0번
연결선 연결	디지털입출력 핀 3번	JP2 커넥터(Tact Switch) 3번

아두이노 보드에서 버튼 스위치1를 누르면 4개의 LED가 다음과 같이 되도록 아두이노 보드를 구성하고 스크립트를 작성하라.

스위치 선택	동작
버튼 스위치1	○○○● ➡ ○○●○ ➡ ○●○○ ➡ ●○○○ ➡ ○○○● ➡ ○○●○ ➡ ○●○○ ➡ ●○○○
버튼 스위치2	○○○● ➡ ○○●● ➡ ○●●● ➡ ●●●● ➡ ○○○○ ➡ ○○○● ➡ ○○●● ➡ ○●●● ➡ ●●●● ➡ ○○○○ ➡ ○○○● ➡ ○○●●
버튼 스위치가 눌리지 않음	○○○● ➡ ○○●● ➡ ○●●● ➡ ●●●● ➡ ●●●○ ➡ ●●○○ ➡ ●○○○ ➡ ○○○○ ➡ ○○○● ➡ ○○●● ➡ ○●●● ➡ ●●●●

실습 3-3 스크래치로 애니메이션을 동작시키기

스크래치에서 그림과 같이 박쥐의 날개 짓이 변화되는 플래시를 만들어 본다.

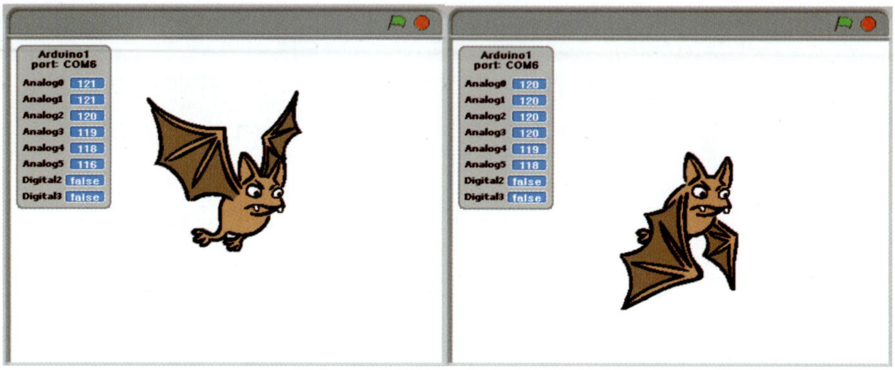

그림 3.16 스크래치 애니메이션

[실습순서 1] 스크래치에서 플래시 제작

스크래치의 플래시 제작을 위하여 S4A의 스크립트 창이 있는 창에서 그림과 같이 스크립트 옆에 있는 모양 텝을 선택하여 창을 변경한다.

① S4A의 스크립트가 있는 작업영역 창에서 그림과 같이 스크립트 옆에 있는 모양 탭을 선택하여 창을 변경한다.

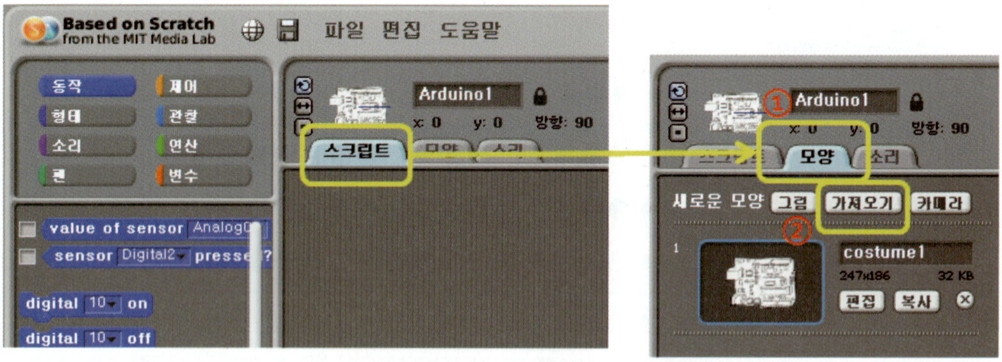

그림 3.17 모양선택

② 모양 창에서 "가져오기" 를 선택하면 다음 그림과 같이 "모양 가져오기" 창이 새로이 열린다.

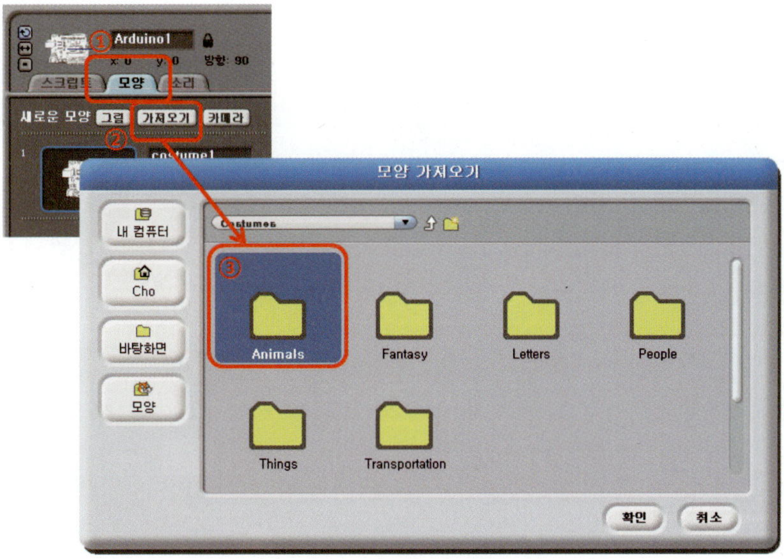

그림 3.18 **모양 가져오기**

③ "모양 가져오기" 창에서 "Animations" 폴더를 선택하고 확인을 누른다.

그림 3.19 **모양 가져오기**

④ "Animations" 폴더에서 "bat1-a"를 선택하고 확인을 눌러 선택하면 다음 그림과 같이 가운데 창과 오른쪽 창에 박쥐가 날개를 올린 그림이 나타난다.

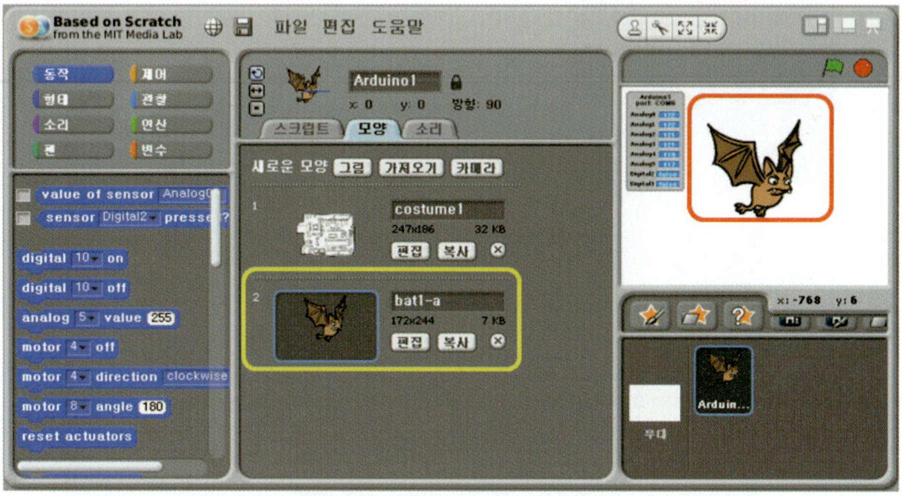

그림 3.20 bat1-a 모양 가져오기

⑤ 다시 ③에서와 같이 "모양 가져오기" 창에서 "Animations" 폴더를 선택하고, "Animations" 폴더에서 "bat1-b"를 선택하면 다음 그림과 같이 가운데 창과 오른쪽 창에 박쥐가 날개를 내린 그림이 나타난다.

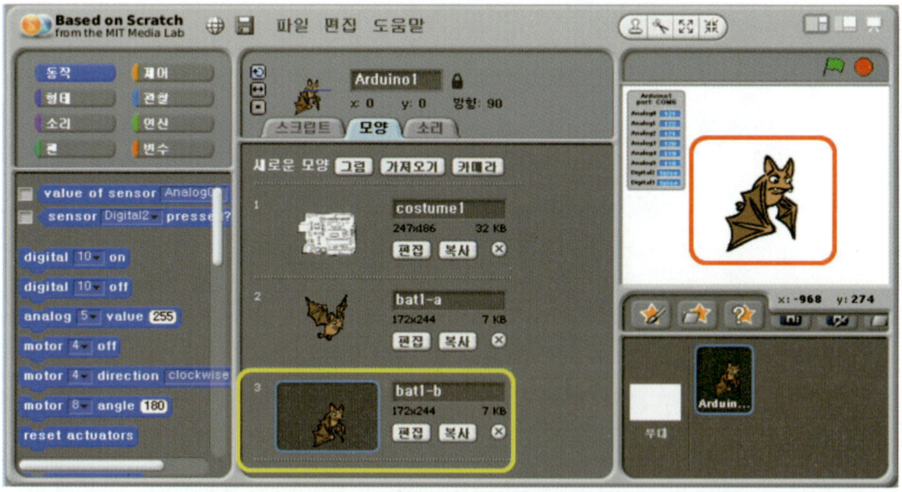

그림 3.21 bat1-b 모양 가져오기

⑥ 스크립트 창을 다시 선택하여 블록명령 형태그룹에서 모양 bat1-b 로 바꾸기을 선택하여 drag 한다.

그림 3.22 모양 동작블록

⑦ 모양 bat1-b 로 바꾸기에서 "bat1-b" 를 그림과 같이 "bat1-a" 로 변경한다.

그림 3.23 모양 동작블록

⑧ 다음과 같이 스크립트를 완성한다.

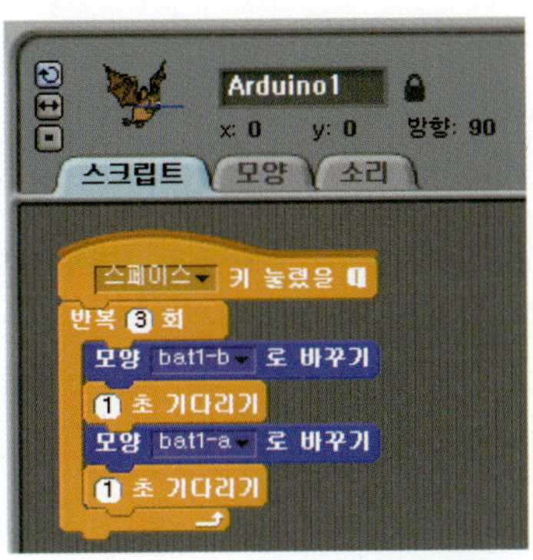

그림 3.24 완성된 스크립트

[실습순서 2] 플래시 동작확인

스페이스 바를 누를 때마다 다음 동작이 3번 반복되는 것을 확인할 수 있다.

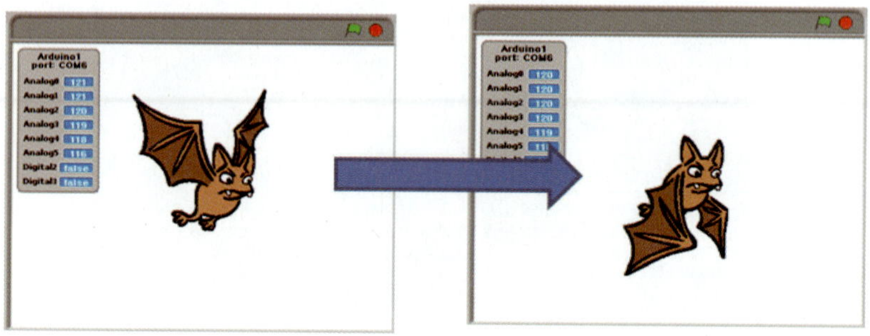

그림 3.25 **스크립트 동작확인**

■

연습과제 3-5

스크래치에서 모양 가져오기의 Animation에서 동물들의 동작을 선택하여 동작이 일어나는 플래시를 만들어 본다.

연습과제 3-6

스크래치에서 다음의 소리블록 명령을 사용하여 박쥐의 날개 짓이 변화될 때 소리가 나며 동작하는 플래시를 만들어 본다.

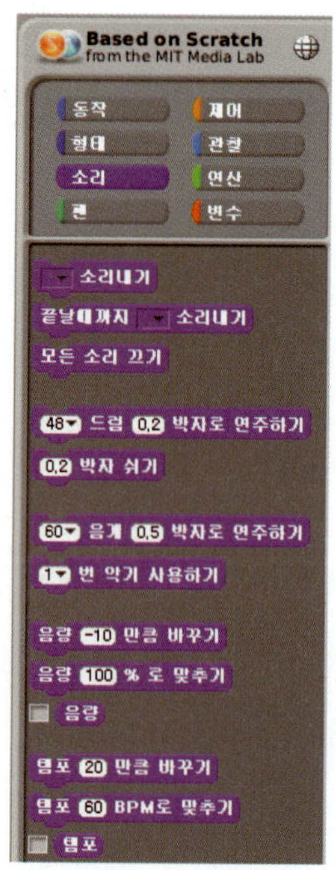

그림 3.26 **소리 스크립트**

실습 3-4 2개의 버튼 스위치를 이용하여 스크래치의 애니메이션을 동작시키기

앞의 실습 3-3의 플래시가 아두이노 보드에 연결된 버튼 스위치로 동작하도록 작성해 본다.

버튼 스위치1를 누르면 LED1이 켜지며 박쥐의 날개가 올라가고, 버튼 스위치2을 누르면 LED2가 켜지며 박쥐의 날개가 아래로 내려가도록 한다. 그리고 어떤 버튼 스위치도 눌리지 않으면 LED 2개 모두 꺼지는 스크립트를 작성해 본다.

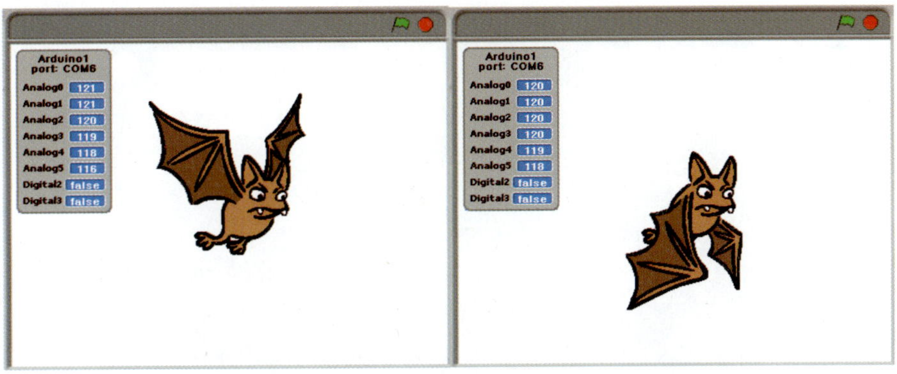

그림 3.27 버튼스위치에 따라 박쥐 날개짓 모습 변화

[실습순서 1] 아두이노 보드의 구성

[브레드보드 사용] 아두이노 보드의 디지털입출력 핀 10번, 11번에 LED를 2번, 3번에 버튼 스위치를 다음과 같이 브레드 보드에 구성하고 연결한다.

그림 3.28 아두이노 보드와 브레드 보드를 사용하여 LED와 버튼 스위치 연결

[베이스 보드 사용] 아두이노 보드의 디지털입출력 핀과 베이스 보드의 LED와 버튼 스위치를 연결한다.

	아두이노 보드	베이스 보드
연결선 연결	디지털입출력 핀 10번	JP1 커넥터(LED) 0번
연결선 연결	디지털입출력 핀 11번	JP1 커넥터(LED) 3번
연결선 연결	디지털입출력 핀 2번	JP2 커넥터(Tact Switch) 0번
연결선 연결	디지털입출력 핀 3번	JP2 커넥터(Tact Switch) 3번

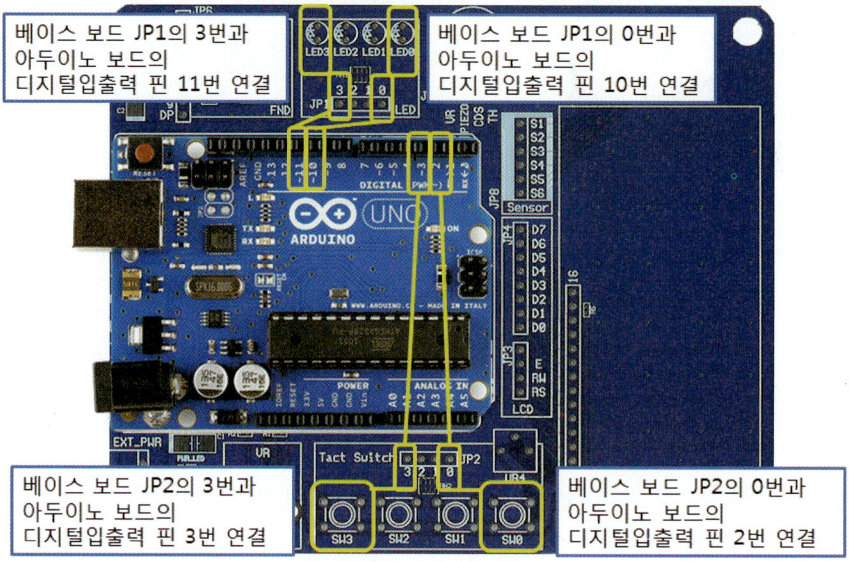

그림 3.29 아두이노 보드와 베이스 보드 연결

[실습순서 2] PC와 아두이노 보드의 연결

USB 케이블을 사용하여 PC와 아두이노 보드로 연결하고 S4A 개발환경에서 연결 상태를 확인한다.

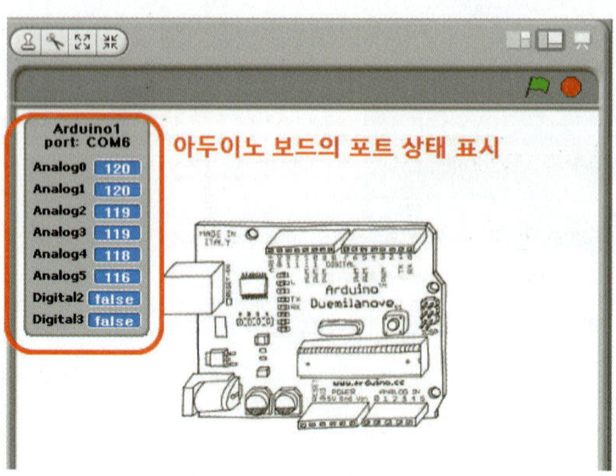

그림 3.30 S4A 개발환경에서 PC와 아두이노 보드 연결 확인

[실습순서 3] 스크래치 구성

S4A 개발환경에서 스크립트를 다음과 같이 구성한다.

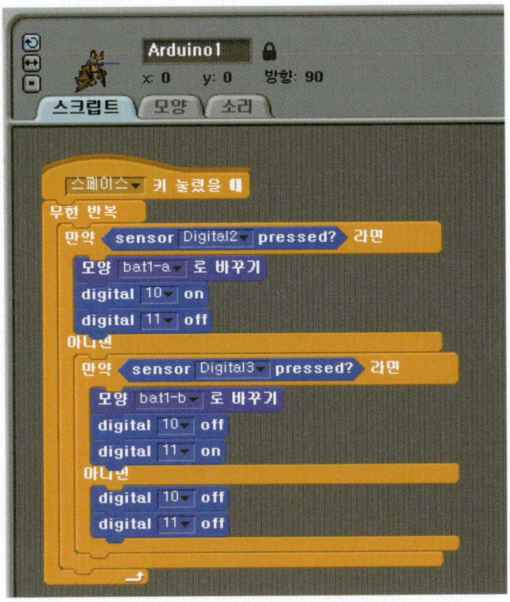

그림 3.31 완성된 스크립트

[실습순서 4] 동작확인

PC의 스페이스 바를 눌러 베이스 보드의 LED 변화를 확인한다.

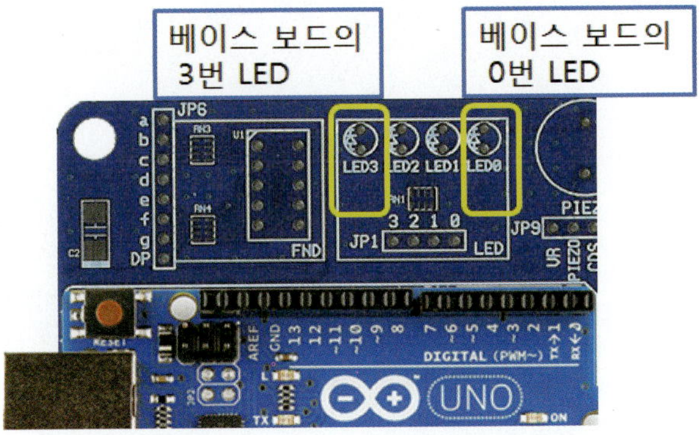

그림 3.32 베이스 보드의 LED 확인

■

연습과제 3-6

베이스 보드의 버튼 스위치를 이용하여 연습과제 3-4의 LED 동작이 일어나며 드럼소리, 탬버린 등의 소리가 나도록 스크래치를 만들어 본다.

Chapter

04

아날로그 신호 입력

Scratch for Arduino

디지털 신호와 아날로그 신호의 개념을 이해하고 가변저항으로 아날로그 값을 발생시키는 개념을 배운다. S4A와 아두이노 보드를 이용하여 아날로그 입력을 통한 제어 실험을 해본다.

1 아날로그 신호

컴퓨터와 같은 장치들에서 사용하는 정보들은 참(1)과 거짓(0)으로 나누어지는 2진수 형태의 디지털 신호로 구성되어 있다. 이러한 디지털 신호는 앞에서 다룬 것처럼 LED를 켜거나 끄기 위해 신호를 내보내거나, 버튼 스위치가 눌렸는지(ON) 눌리지 않았는지(OFF)를 통해서 신호를 받아들여 다른 전자 장치를 제어하기 편리하다.

그러나 우리가 살아가는 세상의 대부분의 정보들은 ON/OFF 형태의 디지털 신호보다는 빛의 밝기나 온도의 변화 등과 같이 연속적으로 변하는 아날로그 신호로 구성되어 있다. 그러므로 아날로그 신호를 받아들이고 출력하는 과정은 중요하다.

이 장에서는 먼저 스크래치에서 아두이노 보드의 아날로그 입력핀을 이용하여 아날로그 입력을 받아들여 LED 등을 제어하는 방법과 명령을 익혀본다.

아두이노 보드는 아날로그 입력 핀을 통하여 가변저항(VR)이나 온도센서, 빛 센서 등의 외부 아날로그 신호를 A/D변환(Analog to Digital Conversion)하여 0~1023 범위의 값으로 읽어 들일 수 있는 기능을 가지고 있다.

아두이노 UNO 보드는 A0~A5의 6개 아날로그 입력 핀을 가지고 있다.

2 가변 저항으로 아날로그 입력 받기

아두이노 보드는 아날로그 입력 핀에 의하여 0~5V 범위에서 변하는 값을 받아들여, LED를 앞에서처럼 단순히 켜거나 끄는 것이 아니라 0~1023의 단계로 켜지고 꺼지는 속도를 조절하거나 밝기 등을 조절할 수 있다.

또한 S4A는 그림과 같이 S4A가 설치된 PC와 S4A용 펌웨어가 설치된 아두이노 보드를 연결하면, 스크래치에서 지정된 아두이노 보드의 아날로그 입력 핀을 사용하여 신호를 받아들일 수 있다.

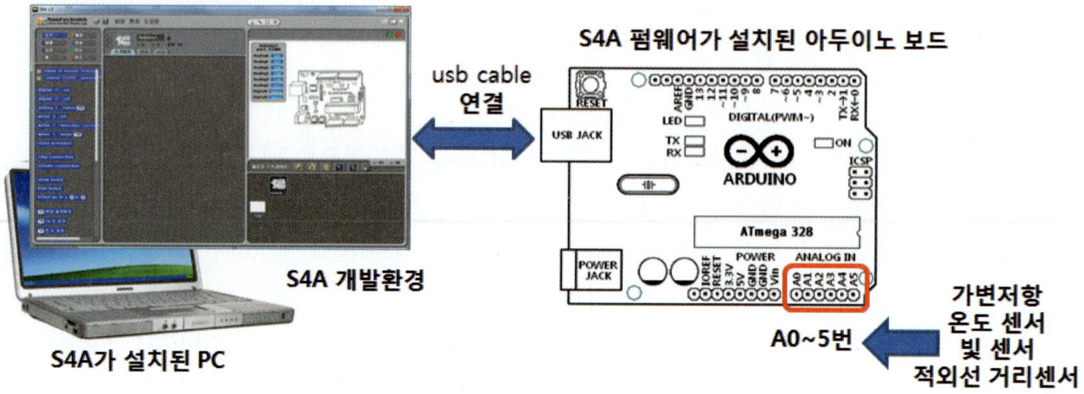

그림 4.1 S4A에서 아두이노 보드를 통한 입력제어

가변저항을 사용하면 쉽게 변화 가능한 아날로그 신호를 얻을 수 있다.

다음과 같이 가변저항에서 변화조정 부분을 변화시키면 0~5V 범위에서 R_1 부분과 R_2부분으로 저항이 나누어지면서 전압분배법칙에 의하여 다음과 같이 원하는 전압으로 쉽게 변화시킬 수 있다.

$$V_{출력} = \frac{R_2}{R_1 + R_2} \times 5V$$

	R_1	R_2	$V_{출력}$	0~1023 범위 표현
$R_1 + R_2 = 10,000\Omega$	10,000Ω	0Ω	0V	0
	7,000Ω	3,000Ω	1.5V	307
	5,000Ω	5,000Ω	2.5V	512
	3,000Ω	7,000Ω	3.5V	716
	1,000Ω	9,000Ω	4.5V	921
	0Ω	10,000Ω	5V	1023

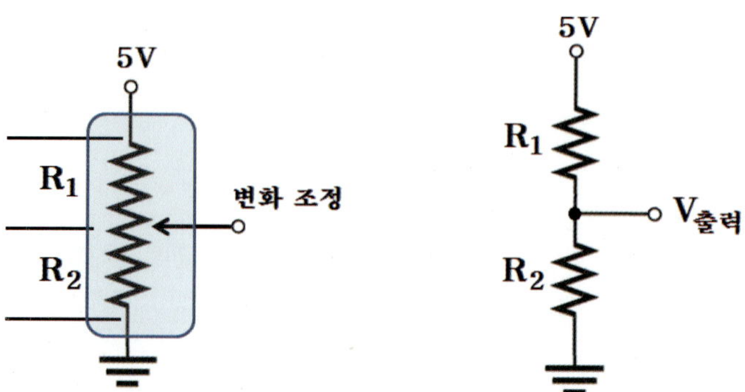

그림 4.2 가변저항의 전압조정을 통한 아날로그 신호 발생

S4A에서 아날로그입력으로 사용 가능한 아두이노 보드의 아날로그입력 핀은 6개로 A0~A5번이며, 0~5V 사이의 아날로그 신호값을 0~1023의 단계의 디지털 신호로 받아들일 수 있다.

표 4.1 S4A에서 아날로그 입력 가능한 아두이노 보드 입력

UNO 보드	핀번호	S4A 관련 기능	용도
아날로그 입력핀	A0~A5	아날로그 입력	가변저항, 온도 센서, 빛 센서, 적외선 거리센서 등 연결

스크래치를 사용하여 아두이노 보드에 연결된 1개의 가변저항(VR)에서 입력을 받아들여 LED의 불을 켜는 예를 들어 보자.

연결하는 LED는 가변저항(VR)을 통한 신호 입력을 확인하기 위한 용도로 아두이노 보드의 디지털입출력 핀 10~13번 가운데 10번에 LED를 연결한다.

먼저 가변저항(VR)을 조정하면 LED의 켜지고 꺼지는 시간 간격을 변화시켜 가변저항(VR)을 통한 아날로그 입력을 확인할 수 있도록 한다.

가변저항(VR)는 아두이노 보드의 아날로그 입력 핀 A0에 연결한다.

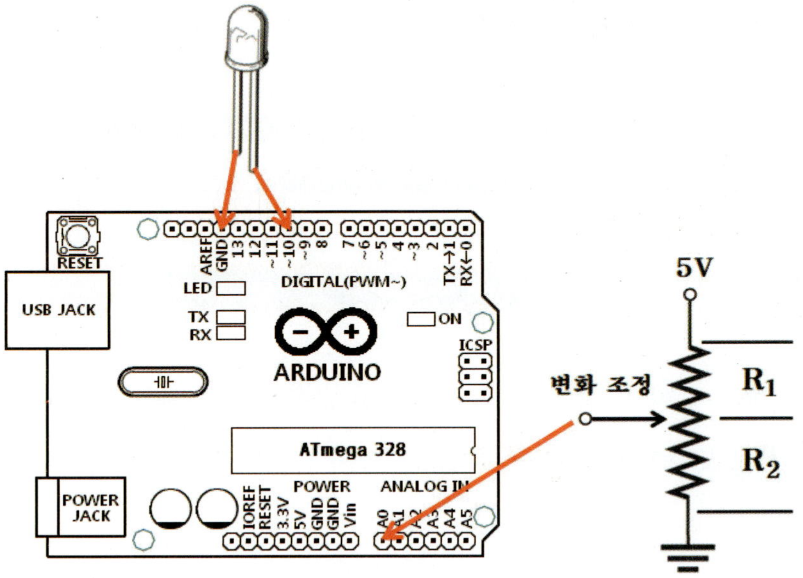

그림 4.3 아두이노 보드에 가변저항과 LED 연결

다음으로 S4A의 스크립트 창에서 다음과 같은 블록명령의 조합으로 스크립트를 구성하면 된다.

먼저 다음과 같이 앞의 2장에서 만든 LED를 1초 간격으로 켜지고 꺼지는 스크립트를 구성한다.

다음으로 LED의 불을 1초간 켜지게 하는 블록 명령  의 1초 부분에 가변저항에 의하여 시간이 변화되도록 한다.

가변저항은 동작 블록명령 에 의하여 스크래치로 입력된다. 이 때 입력되는 값은 0~1023 범위의 값을 가지게 된다.

만일 이 값을 그대로 사용하여 다음과 같이 시간 지연을 만들면 0초부터 1023초까지의 지연 시간을 가지게 되므로 확인하기가 어려워진다.

시간지연의 범위가 0~1초 범위로 만들려면 에 의하여 입력된 값의 가장 큰 값이 1023이므로, 의 값을 1023으로 나누면 된다. 이것을 위하여 연산블록 을 사용한다.

즉  의 부분을 으로 수정하여 사용하면 된다.

가변저항의 조정에 따라 1초, 2초, 4초 또는 0.5초등 시간지연을 조정하려면,

의 1023 부분을 다음 표와 같이 수정하면 된다.

시간지연	연산방법
1초	value of sensor Analog0 을 1023으로 나눈다.
2초	value of sensor Analog0 을 512로 나눈다.
4초	value of sensor Analog0 을 256으로 나눈다.
0.5초	value of sensor Analog0 을 2048로 나눈다.

실습 4-1 가변저항을 변화시켜 LED의 깜박이는 속도가 변하도록 만들기

가변저항에 의하여 LED가 켜지고 꺼지는 시간지연이 0~1초 범위에서 조정되는 스크립트를 작성해 본다.

[실습순서 1] 아두이노 보드의 구성

[브레드보드 사용] 아두이노 보드의 디지털입출력 핀 10번에 LED를 연결하고, 아날로그 입력 핀 A0에 가변저항을 연결하여 다음과 같이 브레드 보드에 구성하고 연결한다.

그림 4.4 아두이노 보드와 브레드 보드를 사용하여 LED와 가변저항 연결

[베이스 보드 사용] 아두이노 보드의 디지털입출력 핀과 베이스 보드의 LED와 가변저항을 연결한다.

	아두이노 보드	베이스 보드
연결선 연결	디지털입출력 핀 10번	JP1 커넥터(LED) 0번
연결선 연결	아날로그 입력 핀 A0번	JP9 커넥터 VR

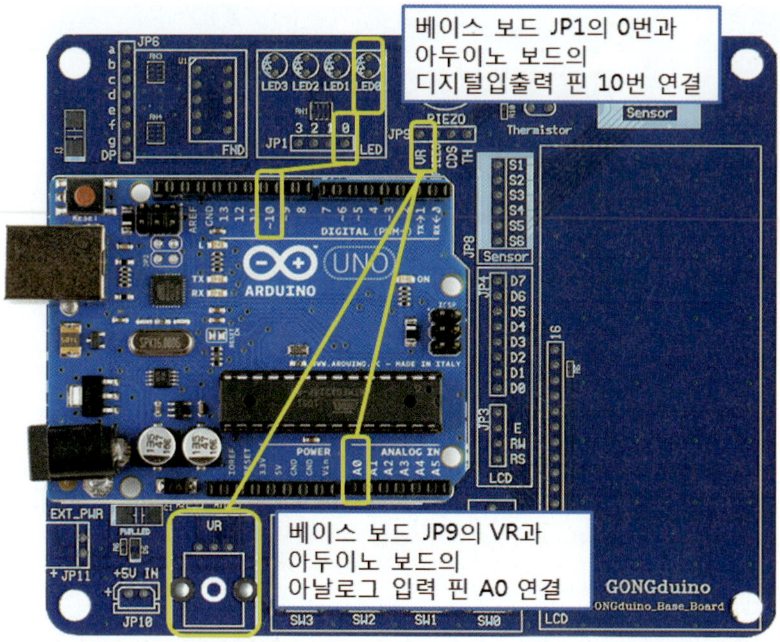

그림 4.5 아두이노 보드와 베이스 보드 연결

[실습순서 2] PC와 아두이노 보드의 연결

USB 케이블을 사용하여 PC와 아두이노 보드로 연결하고 S4A 개발환경에서 연결 상태를 확인한다.

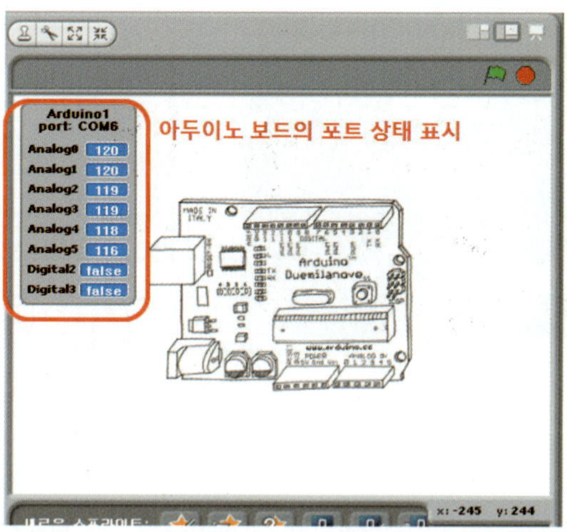

그림 4.6 S4A 개발환경에서 PC와 아두이노 보드 연결 확인

[실습순서 3] 스크래치 구성

S4A 개발환경에서 스크립트를 다음과 같이 구성한다.

① 제어 블록코드 그룹 선택한다.

② 블록코드 [스페이스 키 눌렀을 때], [1 초 기다리기], [무한 반복] 선택하여 스크립트 창에 끌어 놓고 결합한다(drag).

③ 동작 블록코드 그룹 선택한다.

④ 블록코드 [digital 10 on]과 [digital 10 off]를 선택하여 스크립트 창에 끌어 놓고 결합한다(drag).

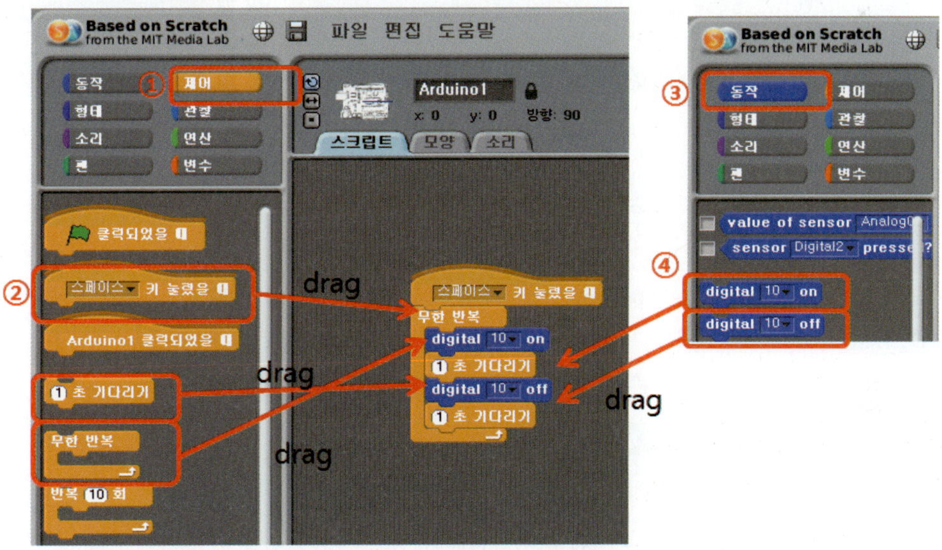

그림 4.7 S4A 개발환경에서 스크립트 구성

⑤ S4A에서 아두이노 보드의 아날로그 입력을 통해 아날로그 값을 읽어 들이기 위하여 동작 블록코드 그룹에서 [value of sensor Analog0]을 스크립트 창에 drag한다.

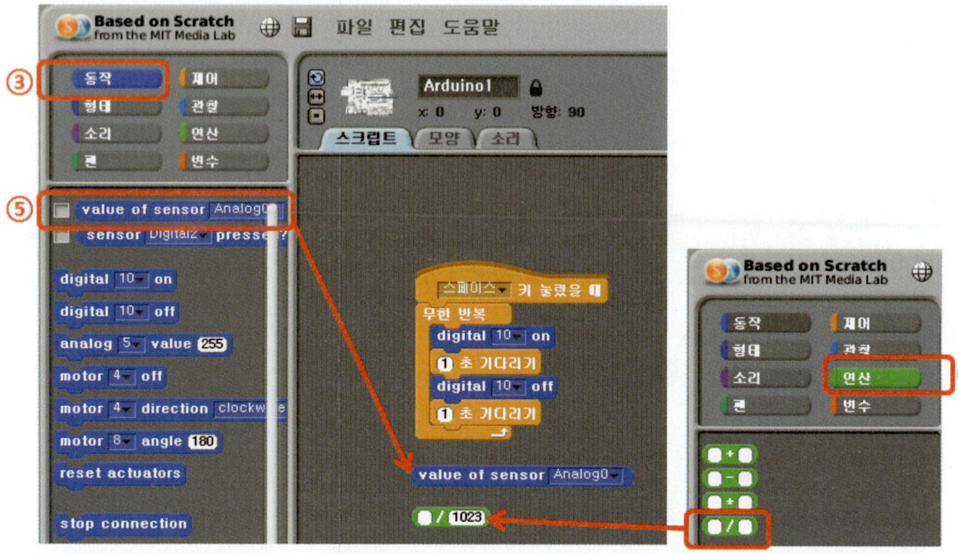

그림 4.8 연산기능 만들기

⑥ 연산 블록코드 그룹에서 나눗셈을 위하여 (/)을 스크립트 창에 drag한다.

이 블록명령은 아두이노 보드의 아날로그 입력 A0를 통하여 입력되는 값은 0~1023 범위의 값으로 변환되어 스크래치를 통하여 입력되므로, 아날로그 입력 값이 최대일 때 '1' 이 되도록 (value of sensor Analog0)을 1023으로 나누기 위하여 사용된다.

나누기 위하여 1023를 입력한 (/ 1023)에 (value of sensor Analog0)을 결합하여, ((value of sensor Analog0) / 1023)로 만든다.

⑦ 가변저항에 의하여 조정된 입력된 값에 따라 시간지연 만들기 위하여 [1 초 기다리기]에 ((value of sensor Analog0) / 1023)를 결합하여 다음과 같이 구성한다.

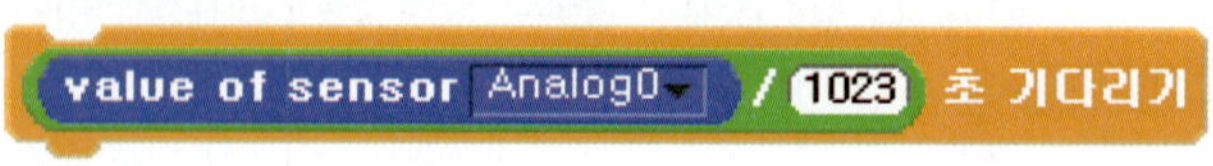

⑧ 완성된 스크립트

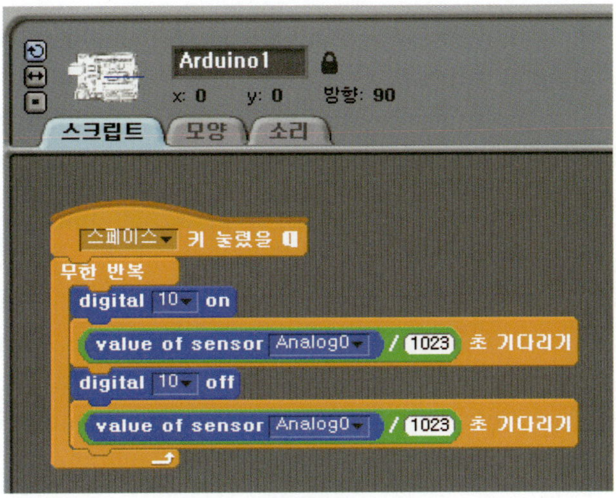

그림 4.9 완성된 스크립트

[실습순서 4] 동작확인

아두이노 보드에서 가변저항을 조정하며 베이스 보드의 LED 변화 확인한다.

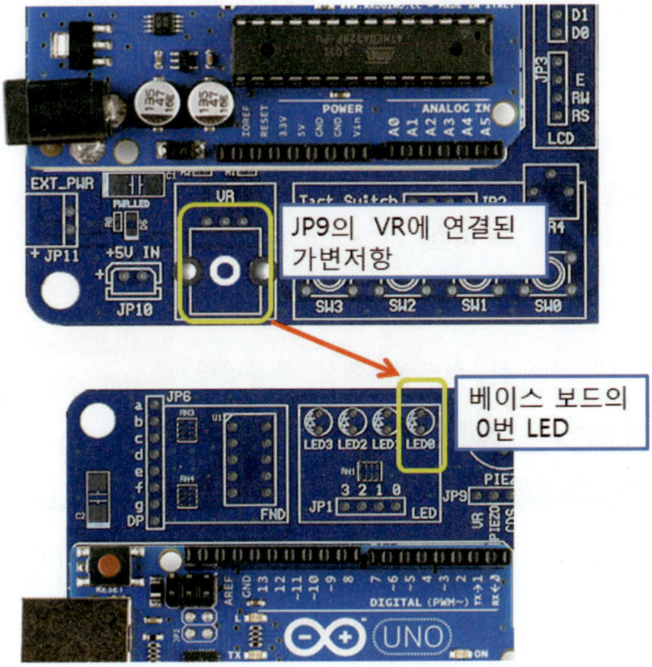

그림 4.10 베이스 보드의 LED 확인

■

연습과제 4-1

가변저항을 최대와 최소로 변화시킬 때, 이 변화값에 따라 0~4초 범위로 LED의 켜지고 꺼지는 간격이 변하도록 스크립트를 작성하라.

3 조건에 따라 동작을 수행하기

아날로그 조건에 따라 다른 동작 수행을 조절하는 방법을 살펴보자. 3장에서 다음과 같은 스크립트를 구성하여 버튼 스위치의 상태에 따라 LED의 불을 켜거나 켜지 않도록 동작하도록 하였다.

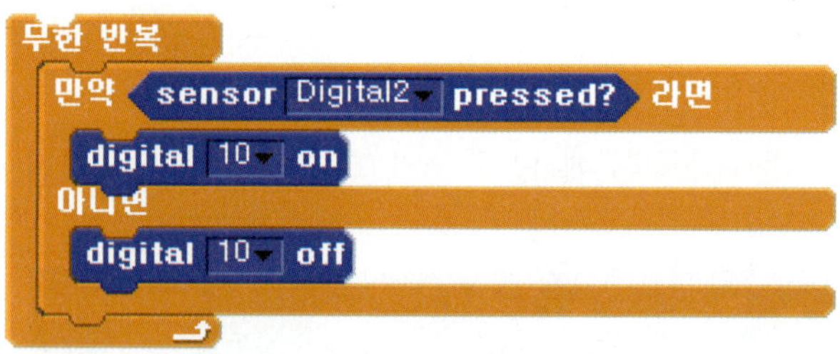

이 장에서는 가변저항의 값에 따라 LED를 제어하는 방법을 살펴보자.

예를 들어 가변저항을 통하여 value of sensor Analog0 으로 입력된 값이 중간 정도 값인 500보다 작으면 LED의 불이 켜지고, 이상이면 LED의 불이 꺼지도록 하여 보자.

앞의 버튼 스위치를 사용한 스크립트에서 블록명령  의 조건부분의 sensor Digital2 pressed? 를 value of sensor Analog0 < 500 로 바꾸기만 하면 된다.

여기서, 조건 value of sensor Analog0 < 500 은 연산블록 명령 □ < 500 을 사용하여 만든다.

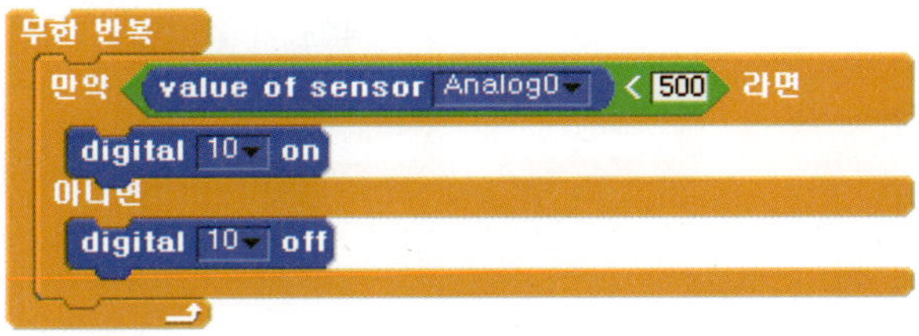

정리하면, 스크립트의 구성은 3가지 영역으로 구성되게 된다.

영역	스크립트	흐름 구조
입력	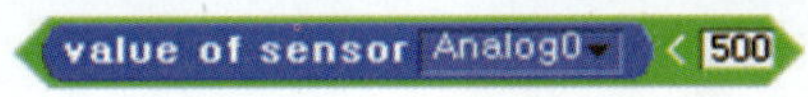	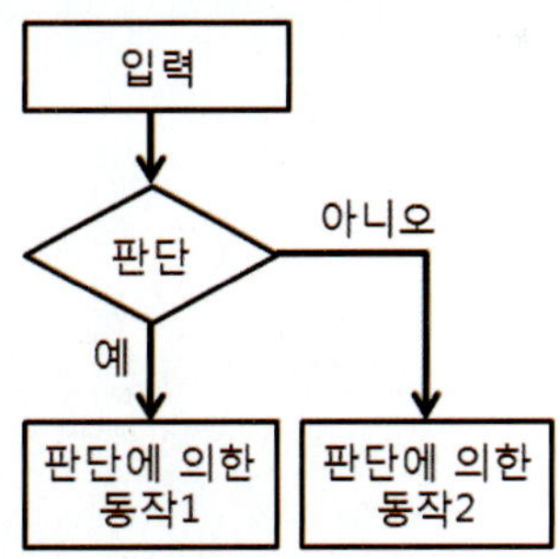
판단		
동작	예 : 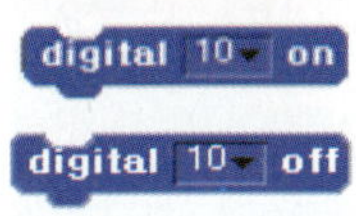 아니오 :	

실습 4-2 가변저항의 값이 지정한 값 이상이면 LED를 깜박이게 만들기

가변저항의 조정에 의하여 아두이노 보드의 아날로그 입력핀 A0를 통하여 변환된 값이 500보다 작으면 LED가 켜지고, 그 이상이면 꺼지는 스크립트를 작성해 본다.

[실습순서 1] 아두이노 보드의 구성

실습 4-1과 동일하게 아두이노 보드를 구성한다.

[실습순서 2] PC와 아두이노 보드의 연결

USB 케이블을 사용하여 PC와 아두이노 보드로 연결하고 S4A 개발환경에서 연결 상태를 확인한다.

[실습순서 3] 스크래치 구성

S4A 개발환경에서 스크립트를 다음과 같이 구성한다.

① 제어 블록코드 그룹 선택한다.

② 블록코드 [스페이스▾ 키 눌렸을 때], [무한 반복], [만약 ◇ 라면 / 아니면]을 선택하여 스크립트 창에 끌어 놓고 결합한다(drag).

③ 동작 블록코드 그룹 선택한다.

④ 블록코드 [digital 10▾ on]과 [digital 10▾ off]를 선택하여 스크립트 창에 끌어 놓고 결합한다(drag).

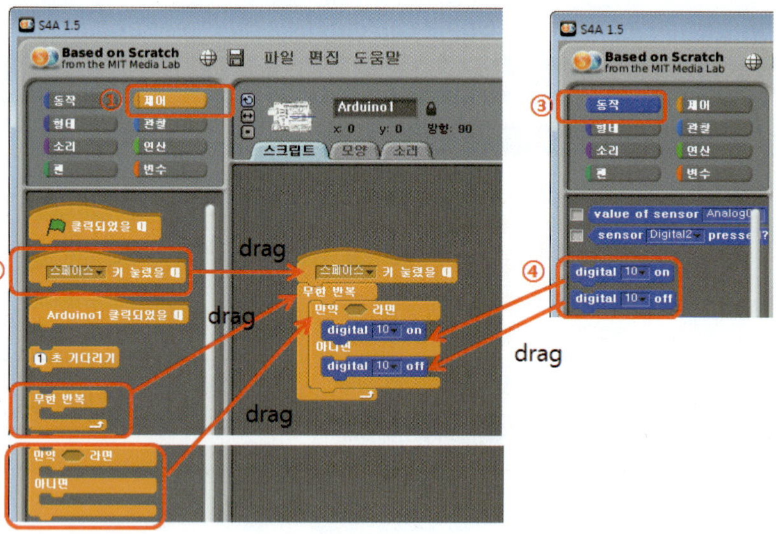

그림 4.11 S4A 개발환경에서 스크립트 구성

⑤ S4A에서 아두이노 보드의 아날로그 입력을 아날로그 값을 읽어 들이기 위하여 동작 블록코드 그룹에서 [value of sensor Analog0▾]을 스크립트 창에 drag한다.

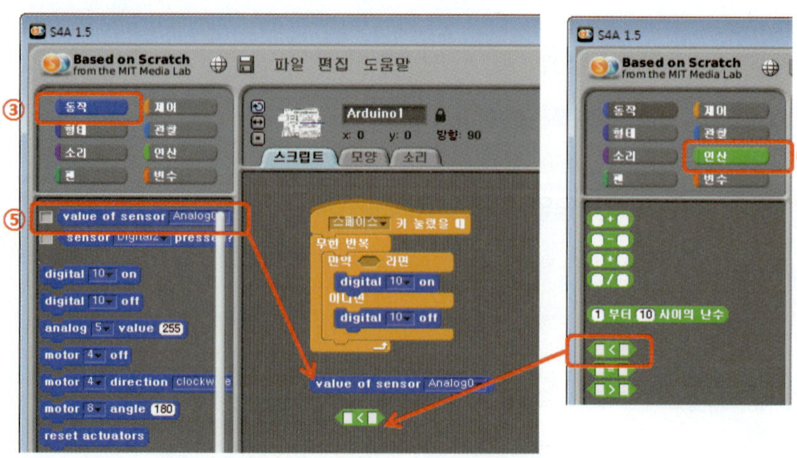

그림 4.12 동작과 연산명령 추가하기

⑥ 연산 블록코드 그룹에서 비교를 위하여 (<) 을 스크립트 창에 drag한다.
이 블록명령은 아두이노 보드의 아날로그 입력 A0를 통하여 입력되는 값은 0~1023 범위의 값으로 변환되어 스크래치를 통하여 입력되므로, 이 입력 값과 LED의 불을 켜고 끄는 기준인 500과 비교하기 위하여 사용된다. 500과 비교하기 위하여 500를 입력한 (< 500) 에 (value of sensor Analog0) 을 결합하여, (value of sensor Analog0 < 500) 로 만든다.

⑦ 앞의 ⑥에서 결합된 블록코드 (value of sensor Analog0 < 500) 를 선택하여, 

의 "만약 〈 〉라면" 의 부분에 결합한다.

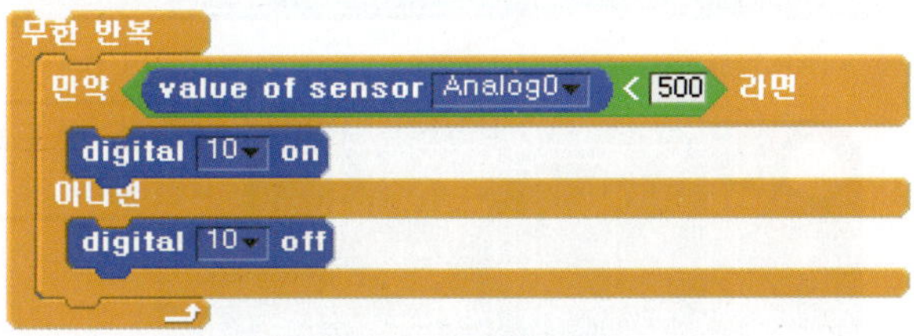

⑧ 완성된 스크립트

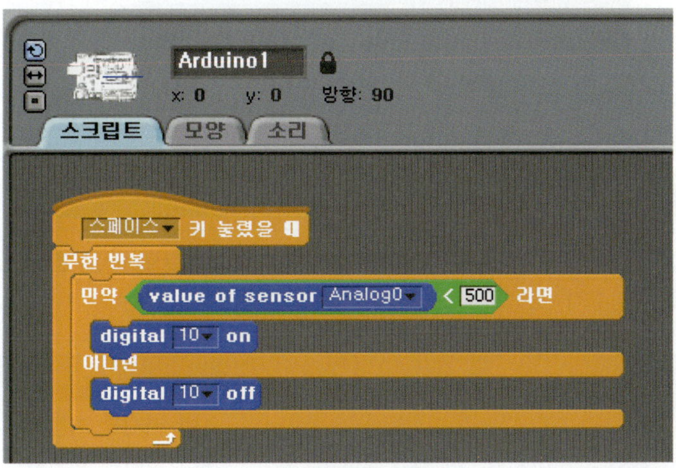

그림 4.13 **완성된 스크립트**

[실습순서 4] 동작확인

아두이노 보드에서 가변저항을 조정하며 베이스 보드의 LED 변화 확인한다.

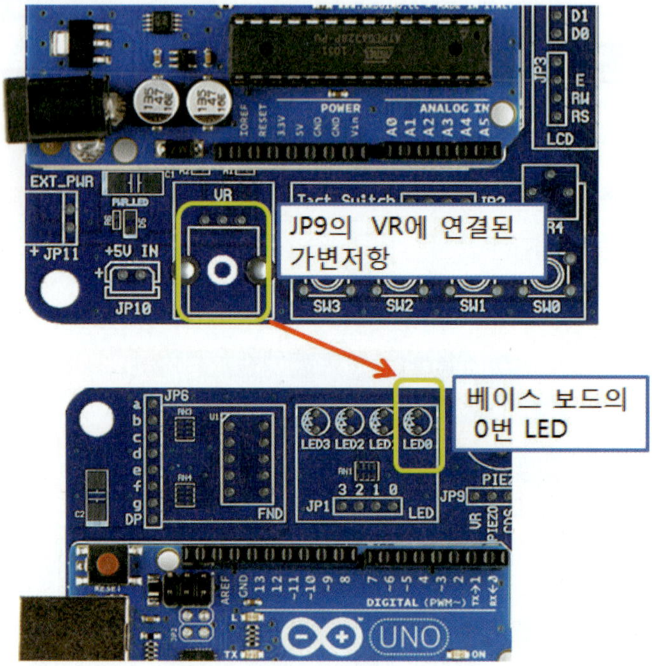

그림 4.14 베이스 보드의 LED 확인

■

연습과제 4-2

가변저항과 LED 1개를 이용하여, 가변저항의 조정 값이 다음 표와 같은 조건에서 해당하는 LED가 켜지고 꺼지는 횟수가 조정도록 스크립트를 작성하라.

조건	LED
가변저항 VR 값 〈 200	1번 켜지고 꺼진다.
200 ≤ 가변저항 VR 값 〈 400	2번 켜지고 꺼진다.
400 ≤ 가변저항 VR 값 〈 600	3번 켜지고 꺼진다.
600 ≤ 가변저항 VR 값 〈 800	4번 켜지고 꺼진다.
800 ≤ 가변저항 VR 값	5번 켜지고 꺼진다.

연습과제 4-3

가변저항과 LED 1개를 이용하여, 가변저항의 조정 값이 다음 표와 같은 조건에서 해당하는 LED가 켜지고 꺼지는 횟수와 지연시간이 조정도록 스크립트를 작성하라.

조건	LED	시간지연
가변저항 VR 값 < 200	1번 켜지고 꺼진다.	0.1초
200 ≤ 가변저항 VR 값 < 400	2번 켜지고 꺼진다.	0.5초
400 ≤ 가변저항 VR 값 < 600	3번 켜지고 꺼진다.	1초
600 ≤ 가변저항 VR 값 < 800	4번 켜지고 꺼진다.	1.5초
800 ≤ 가변저항 VR 값	5번 켜지고 꺼진다.	2초

연습과제 4-4

가변저항과 4개의 LED를 이용하여, 가변저항의 조정 값이 다음 표와 같은 조건에서 해당하는 LED가 켜지고 꺼지도록 스크립트를 작성하라.

조건	LED	비고
가변저항 VR 값 < 300	○○○●	지정된 LED 1개만 켜지고 나머지는 꺼진다. ● LED ON ○ LED OFF
300 ≤ 가변저항 VR 값 < 600	○○●○	
600 ≤ 가변저항 VR 값 < 800	○●○○	
800 ≤ 가변저항 VR 값	●○○○	

연습과제 4-5

가변저항과 4개의 LED를 이용하여, 가변저항의 조정 값이 다음 표와 같은 조건이 되면 LED가 켜지고 꺼지는 숫자가 조절되도록 스크립트를 작성하라.

조건	LED	비고
가변저항 VR 값 < 300	○○○●	값이 커지면 많이 켜지고 작어지면 적게 켜진다. ● LED ON ○ LED OFF
300 ≤ 가변저항 VR 값 < 600	○○●●	
600 ≤ 가변저항 VR 값 < 800	○●●●	
800 ≤ 가변저항 VR 값	●●●●	

실습 4-3 가변저항으로 스크래치의 애니메이션을 동작시키기

앞의 실습 3-3의 플래시가 아두이노 보드에 연결된 가변저항의 조정으로 동작하도록 작성해 본다.

가변저항의 조정에 따라 LED의 켜지고 꺼지는 속도와 박쥐의 날개가 올라가고 내려가는 속도가 조정되는 스크립트를 작성해 본다.

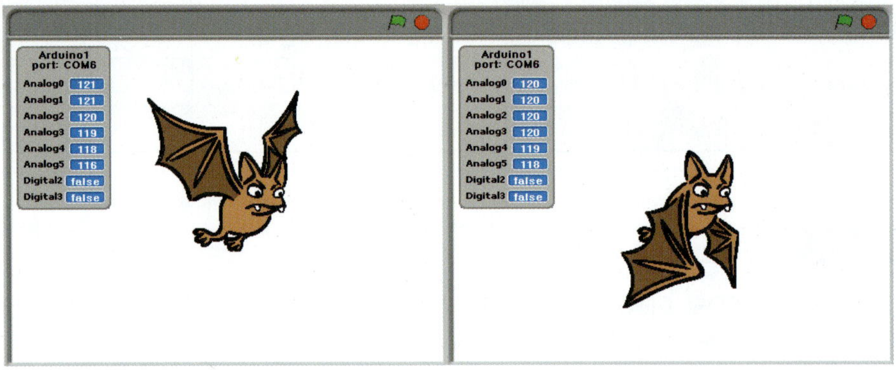

그림 4.15 애니메이션 동작

[실습순서 1] 아두이노 보드의 구성

실습 4-1과 동일하게 아두이노 보드를 구성한다.

[실습순서 2] PC와 아두이노 보드의 연결

USB 케이블을 사용하여 PC와 아두이노 보드로 연결하고 S4A 개발환경에서 연결 상태를 확인한다.

[실습순서 3] 스크래치 구성

실습 4-1에서 작성한 스크립트에 실습 3-3의 플래시 동작을 추가하여 다음과 같이 스크립트를 구성한다.

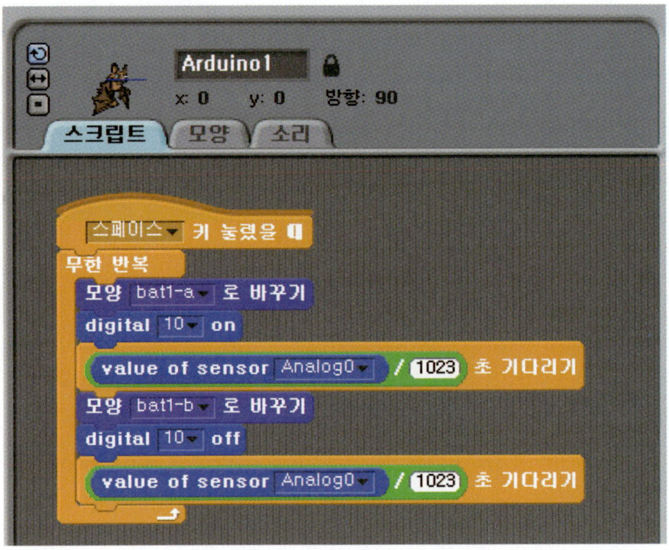

그림 4.16 **완성된 스크립트**

[실습순서 4] 동작확인

아두이노 보드에서 가변저항을 조정하며 베이스 보드의 LED 변화와 스크래치에서 박쥐의 날개 짓의 속도를 확인한다.

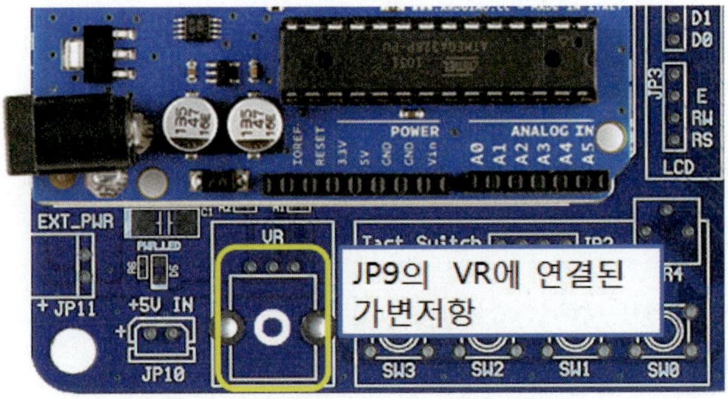

그림 4.17 **베이스 보드의 LED와 무대 확인**

■

연습과제 4-6

가변저항과 LED를 이용하고, 가변저항의 조정에 따라 LED의 켜지고 꺼지는 속도와 드럼의 박자가 조정되는 스크립트를 작성해 본다.

연습과제 4-7

가변저항과 LED를 이용하고, 가변저항의 조정에 따라 LED의 켜지고 꺼지는 속도와 드럼의 박자가 조정되며 실습 4-3처럼 박쥐의 날개 짓이 조정되는 스크립트를 작성해 본다.

Chapter

05

아날로그 센서 입력

Scratch for Arduino

센서의 개념을 이해하고, 빛의 밝기와 온도를 측정하는 방법과 측정값을 백분율 변환하는 개념을 배운다. S4A와 아두이노 보드를 이용하여 센서 입력을 통한 제어 실험을 해본다.

1 센서

우리는 일상생활에서 생활하면서 많은 정보들에 반응하며 살아간다. 눈을 통하여 거리, 색깔, 밝고 어두움 등의 정보를 받아 들이기도하고, 귀를 통하여 다양한 소리 정보를 얻기도 한다. 또한 이러한 정보 등을 바탕으로 판단하여 생활에 필요한 결정 등을 내리게 된다. 날씨가 더운지 추운지에 따라 옷을 입거나 햇볕이 따가운지 비가 오는 지에 따라 선글라스를 쓰거나 우산을 사용한다. 더 나아가 자동차나 자전거를 운전하거나 커다란 기중기나 비행기 등도 조종할 수도 있다.

최근에는 사람들의 이러한 결정을 돕고 자동차 운전이나 비행기 조종 등을 쉽게 하기 위하여 컴퓨터와 같은 기기를 통하여 자동화하고 있다. 이를 위하여 인간이 느끼는 물리적인 현상의 정보를 전자기기들이 받아들일 수 있는 전기적인 신호로 변환해 주는 여러 가지 센서(sensor)를 사용해야 한다.

또한, 인간이 인식하는 대부분의 정보는 아날로그이지만 컴퓨터와 같은 전자기기들은 디지털 정보를 사용하므로 센서를 통하여 얻어진 아날로그 정보들을 전자기기에서 사용하기 가능한 디지털 정보로 변환하여 사용하여야 한다.

이 장에서는 스크래치에서 아두이노 보드를 통하여 일반적으로 많이 사용되는 빛과 온도 센서를 중심으로 신호를 받아 제어하는 방법에 대하여 간단하고 실용적인 예제들을 다루어 보도록 한다.

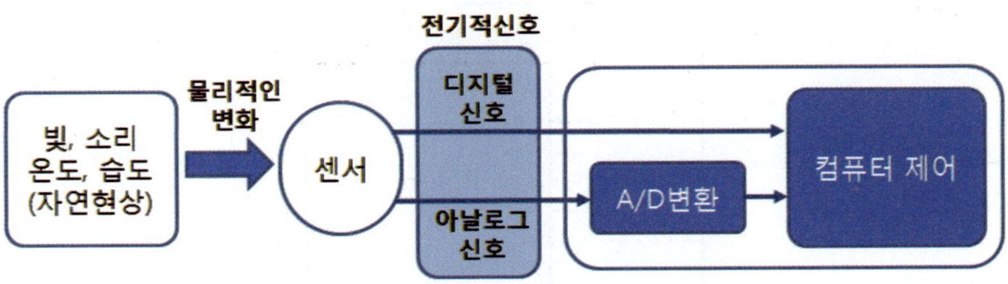

그림 5.1 **센서의 역할**
(※인용: 스마트폰으로 제어하는 아두이노)

2 빛 감지 센서 활용

센서 가운데 가장 대표적인 것은 빛의 밝기의 변화를 이용하여 감지하는 빛 감지 센서이다. 빛의 밝고 어두운 정도를 활용하거나 빛의 반사되어 오는 정보를 활용하는 것으로 단순하게 물체를 감지하는 용도로 CdS나 LDR과 같은 광학 센서를 사용하기도 하고, 감도가 매우 좋은 수많은 광학 센서들을 반도체 등으로 집약하여 다양한 카메라를 만들어 사용할 수도 있다.

빛의 밝기 변화를 인식하는 센서로 빛 밝기에 따라 저항 값이 변하는 원리를 이용한 다음 그림과 같은 형태의 CdS가 많이 사용된다.

그림 5.2 CdS 센서

CdS를 통하여 얻어지는 정보는 빛의 밝기에 따라 저항 값이 변하여 만들어지므로 5장에서 살펴본 가변저항과 같이 연속적으로 변하는 아날로그 값이 된다.

스크래치에서 아두이노 보드를 통하여 CdS의 정보를 받아들이려면 다음 회로와 같이 아두이노 보드의 아날로그 입력 핀 A0~A에 CdS를 연결하여야 한다.

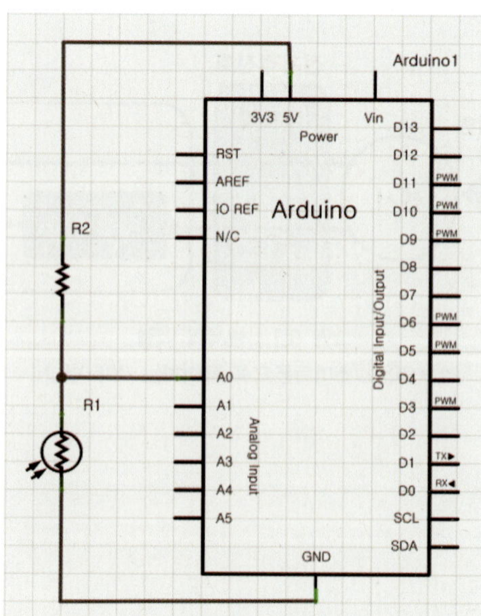

그림 5.3 아두이노 보드에 CdS 연결

이렇게 회로를 구성하면 5장에서 살펴 본 가변저항의 입력을 받아들일 때와 같이 스크래치는 아두이노 보드 아날로그 입력 A0를 통하여 빛의 밝기에 따라 0~5[V] 사이의 전압 값의 변화를 0~1023 사이의 디지털 값으로 받아들이게 된다.

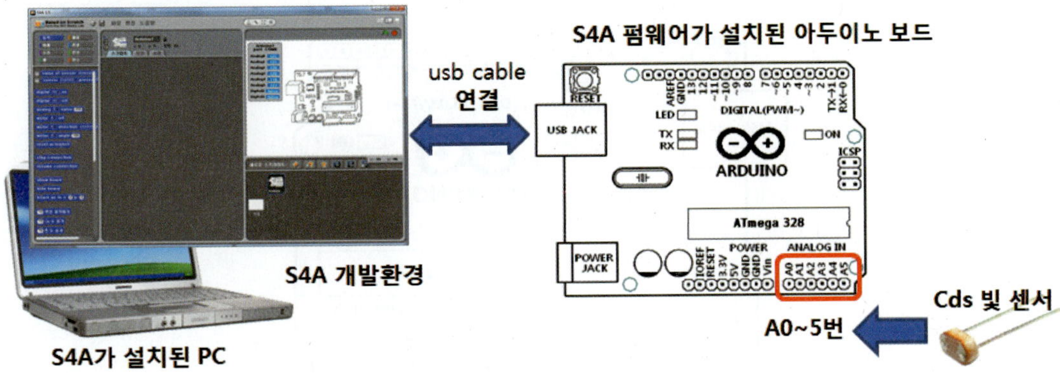

그림 5.4 S4A에서 아두이노 보드를 통한 CdS 입력

앞에서 가변저항을 사용하여 아날로그 입력을 확인한 것처럼 스크래치를 사용하여 아두이노 보드에 연결된 CdS에서 입력을 받아들여 LED의 불을 켜는 예를 들어 보자.

연결하는 LED는 빛 감지 센서 CdS을 통한 신호 입력을 확인하기 위한 용도로 아두이노 보드의 디지털입출력 핀 10~13번 가운데 10번에 LED를 연결한다.

먼저 CdS에서 감지될 빛의 밝기에 따라 LED의 켜지거나 꺼지도록 하여 CdS를 통한 입력을 확인할 수 있도록 한다.

CdS는 아두이노 보드의 아날로그 입력 핀 A0에 연결한다.

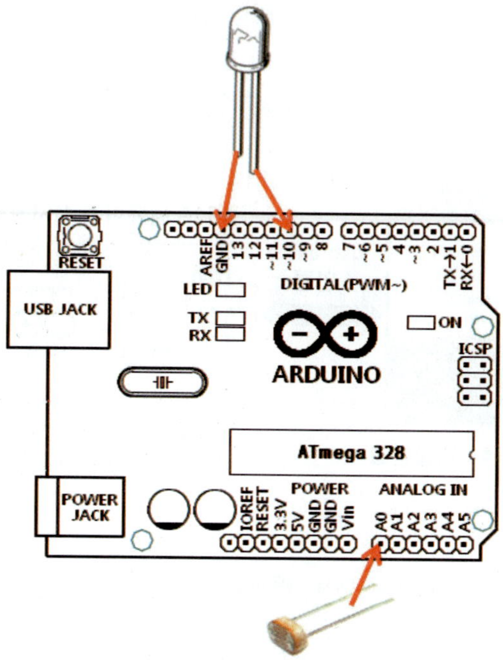

그림 5.5 **아두이노 보드에 CdS와 LED 연결**

다음으로 S4A의 스크립트 창에서 다음과 같은 블록명령의 조합으로 스크립트를 구성하면 된다.

스크래치의 구성은 5장에서 아날로그 조건에 따라 다른 동작 수행을 조절하는 방법을 사용하면 된다.

가변저항에서의 예와 같이 CdS 통하여 value of sensor Analog0 으로 입력된 값이 중간 정도 값인 500보다 작으면 LED의 불이 켜지고, 이상이면 LED의 불이 꺼지도록 하여 보자.

앞의 밝기를 정보를 활용하여 판단을 위한 조건 블록명령 만약 ◇ 라면 / 아니면 의 조건으로 value of sensor Analog0 < 500 를 사용한다.

여기서, 조건 value of sensor Analog0 < 500 은 연산블록 명령 □ < 500 을 사용하여 만든다.

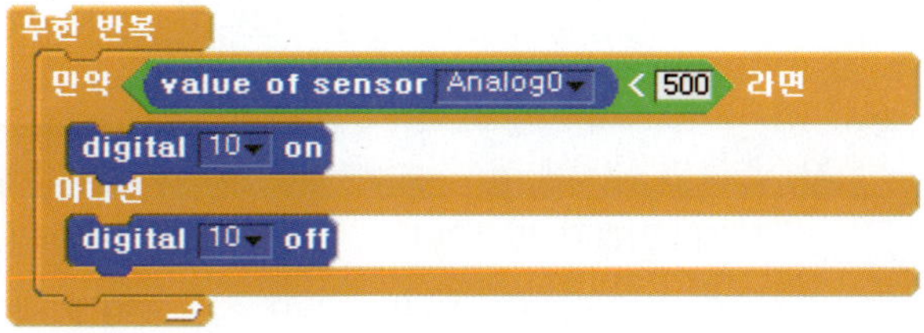

밝기의 상태를 정리하면 다음과 같다.

밝기 인식	Analog0를 통하여 입력된 값
빛 없음	value of sensor Analog0 의 값이 0
중간 정도 밝기	value of sensor Analog0 의 값이 512
최대로 밝음	value of sensor Analog0 의 값이 1023

실습 5-1 빛 감지 센서 CdS의 값을 판단하여 지정된 값 이상이면 LED의 켜지고 꺼지도록 만들기

CdS에 가해지는 빛의 밝기에 따라 발생되는 값을 아두이노 보드의 아날로그 입력핀 A0를 통하여 변환된 값이 500보다 작으면 LED가 켜지고, 그 이상이면 꺼지는 스크립트를 작성해 본다.

[실습순서 1] 아두이노 보드의 구성

[브레드보드 사용] 아두이노 보드의 디지털입출력 핀 10번에 LED를 연결하고, 아날로그 입력 핀 A0에 빛 감지센서 CdS를 연결하여 다음과 같이 브레드 보드에 구성하고 연결한다.

그림 5.6 아두이노 보드와 브레드 보드를 사용하여 LED와 CdS 연결

[베이스 보드 사용] 아두이노 보드의 디지털입출력 핀과 베이스 보드의 LED와 CdS를 연결한다.

	아두이노 보드	베이스 보드
연결선 연결	디지털입출력 핀 10번	JP1 커넥터(LED) 0번
연결선 연결	아날로그 입력 핀 A0번	JP9 커넥터 CDS

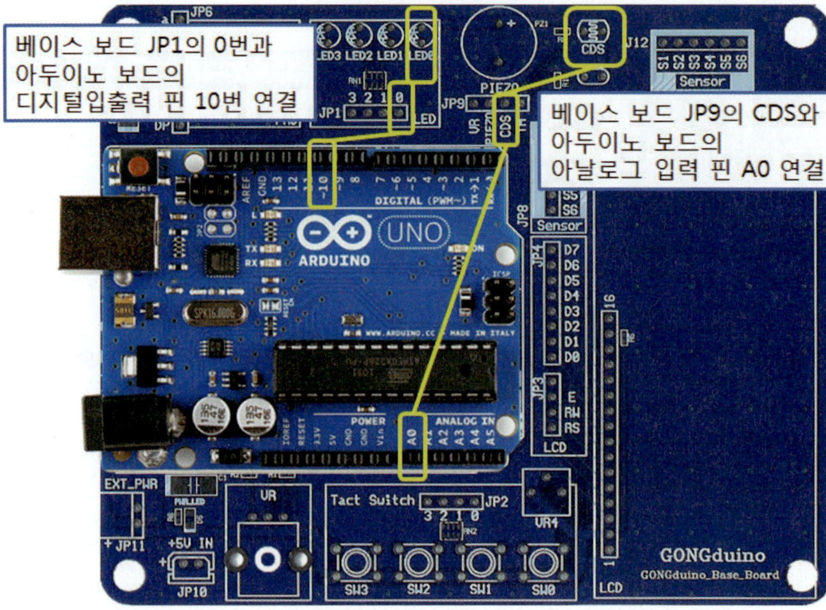

그림 5.7 아두이노 보드와 베이스 보드 연결

[실습순서 2] PC와 아두이노 보드의 연결

USB 케이블을 사용하여 PC와 아두이노 보드로 연결하고 S4A 개발환경에서 연결 상태를 확인한다. 스크래치의 오른 부분에 있는 아두이노 보드가 표시된 창에 아두이노 보드의 Analog0~5의 값을 나타내는 부분에서 CdS 센서가 연결되어 있는 Analog0의 값이 CdS에 빛을 비추거나 가리는 것에 따라 값이 변하는 것을 확인할 수 있다.

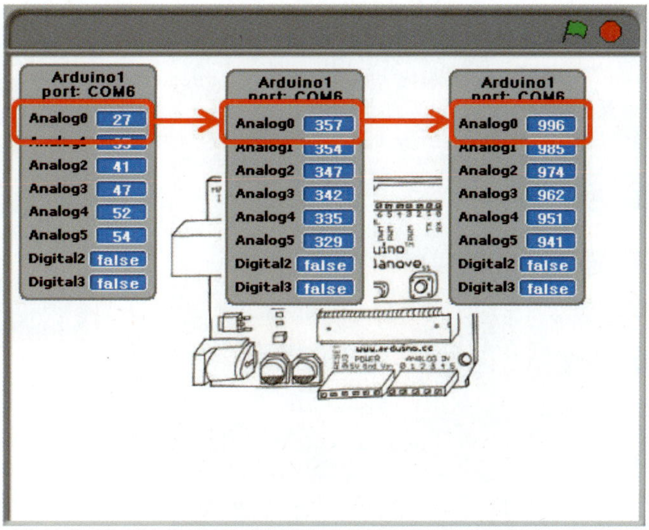

그림 5.8 S4A 개발환경에서 Analog0의 값 변화 확인

[실습순서 3] 스크래치 구성

4장의 실습 4-2의 [실습순서 3]과 같이 S4A 개발환경에서 스크립트를 다음과 같이 구성한다.

① 제어 블록코드 그룹 선택한다.

② 블록코드 

, 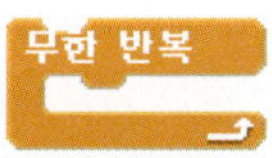

, 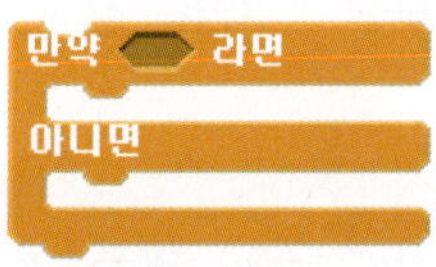

을 선택하여 스크립트 창에 끌어 놓고 결합한다(drag).

③ 동작 블록코드 그룹 선택한다.

④ 블록코드 

과 

를 선택하여 스크립트 창에 끌어 놓고 결합한다(drag).

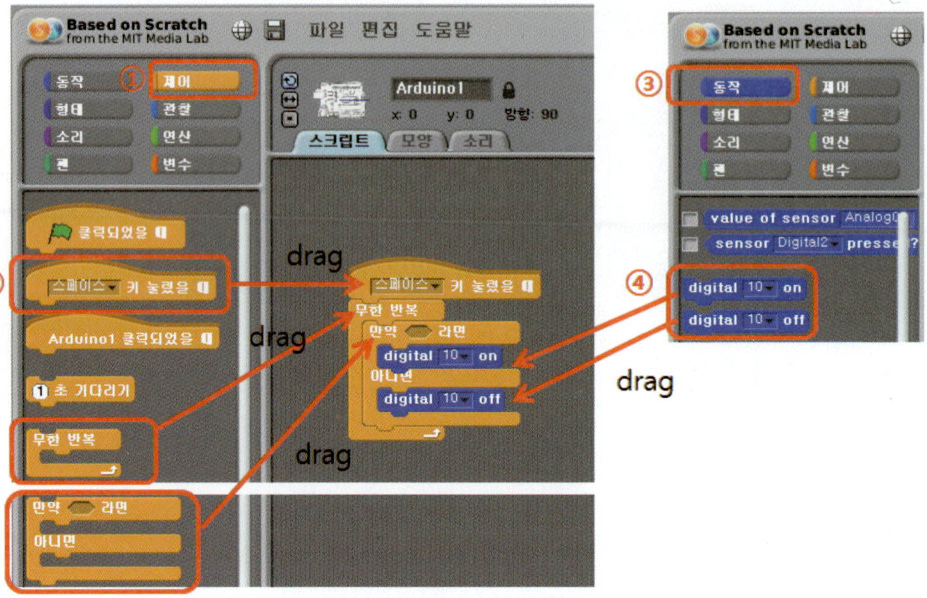

그림 5.9 S4A 개발환경에서 스크립트 구성

⑤ S4A에서 아두이노 보드의 아날로그 입력을 아날로그 값을 읽어 들이기 위하여 동작 블록코드 그룹에서 value of sensor Analog0 을 스크립트 창에 drag한다.

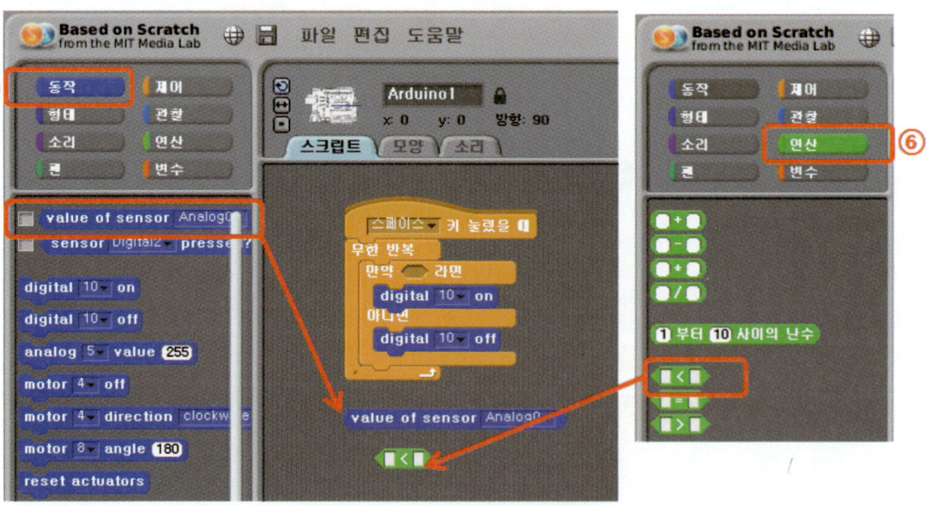

그림 5.10 동작과 연산명령 추가하기

⑥ 연산 블록코드 그룹에서 비교를 위하여 [ ] < [ ] 을 스크립트 창에 drag한다.
이 블록명령은 아두이노 보드의 아날로그 입력 A0를 통하여 입력되는 값은 0~1023 범위의 값으로 변환되어 스크래치를 통하여 입력되므로, 이 입력 값과 LED의 불을 켜고 끄는 기준인 500과 비교하기 위하여 사용된다. 500과 비교하기 위하여 500를 입력한 [ ] < [500] 에 [value of sensor Analog0] 을 결합하여, [value of sensor Analog0] < [500] 로 만든다.

⑦ 앞의 ⑥에서 결합된 블록코드 [value of sensor Analog0] < [500] 를 선택하여, [만약 ( ) 라면 / 아니면] 의 "만약 〈 〉라면" 의 부분에 결합한다.

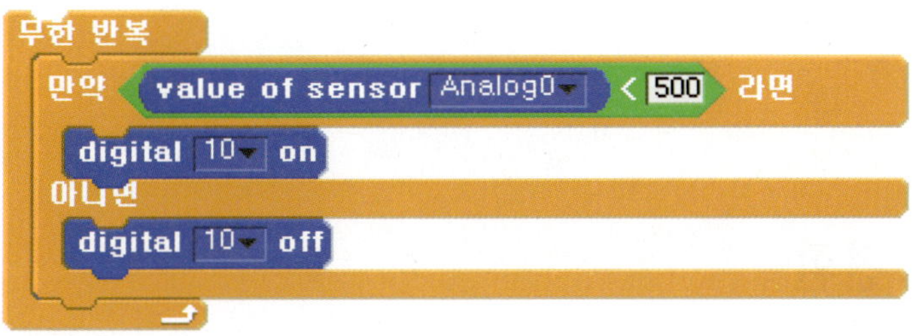

⑧ 완성된 스크립트

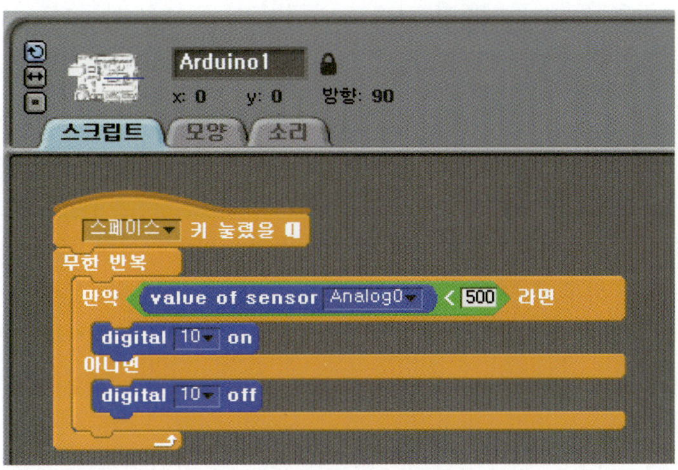

그림 5.11 **완성된 스크립트**

[실습순서 4] 동작확인

아두이노 보드에서 CDS를 가리거나 빛을 비춰가며 베이스 보드의 LED 변화 확인한다.

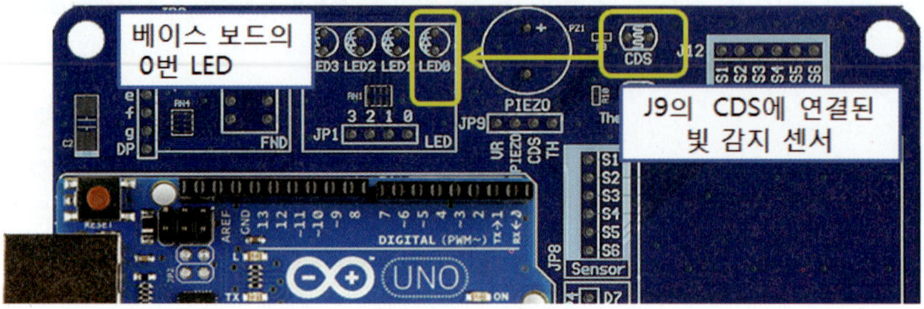

그림 5.12 베이스 보드의 LED 확인

■

3 백분율 변환

아두이노 보드를 통하여 얻어지는 가변저항이나 센서를 통한 정보는 아날로그 형태이지만 아두이노와 같은 디지털 전자기기는 아날로그 정보를 디지털로 변환하는 장치인 ADC(Analog to Digital Converter)를 통하여 디지털 정보로 바꾸어 사용한다. 아두이노 보드는 0~5V 사이의 아날로그 값을 2^{10}인 1024개의 단계로 나누어 다음과 같이 변환하여 받아들인다.

$$\text{디지털 변환 값} = \frac{\text{센서 아날로그 전압 값}}{\text{최대 전압 값}} \times 1023$$

예를 들면 아두이노 보드에서 가변저항이나 Cds와 같은 센서를 통하여 입력된 아날로그 전압 값이 2.5V라면, 아두이노 보드는 512라는 디지털 값을 받아들이게 된다.

$$\frac{2.5\text{V}}{5\text{V}} \times 1023 = 512$$

그런데 10비트의 2진수의 값으로부터 얻어진 0~1023 범위의 값은 사용하기 불편하므로, 변환된 디지털 값을 퍼센트 값으로 변환하여 사용하는 것 편리하다. 즉, 2.5V에 대한 512라는 표현보다는 50%로 사용하는 것이 편리하다.

$$\text{퍼센트}(\%)\ \text{값} = \frac{\text{디지털 변환 값}}{1023} \times 100$$

전압 값	변환 값	퍼센트 값
범위(0~5V)	범위(0~1023)	%
0V	0	0%
0.5V	102	10%
1V	205	20%
2V	409	40%
2.5V	512	50%
3.0V	614	60%
4.5V	921	90%
5V	1023	100%

연산 블록명령 (/ 1023)과 (* 100)을 사용하여 (value of sensor Analog0) 값을 퍼센트 값 ((value of sensor Analog0) / 1023 * 100) 변환하여 사용하면 판단문이나 제어에 사용하기가 편리해진다.

예를 들면 다음과 같이 아두이노 보드에서 가변저항이나 Cds와 같은 센서를 통하여 입력된 값이 전체 변화 값의 50%보다 크면 LED의 불을 켜고, 이상이면 불이 꺼지게 한다.

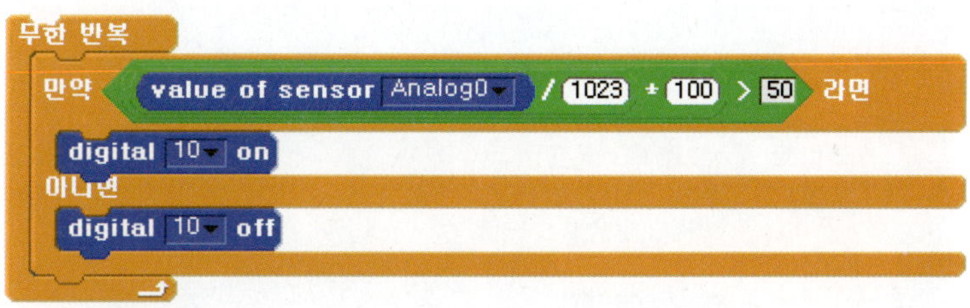

실습 5-2 빛 감지 센서 CdS의 값을 퍼센트 값으로 변환하고 50%를 기준으로 LED의 켜지고 꺼지도록 만들기

CdS에 가해지는 빛의 밝기에 따라 발생되는 값을 아두이노 보드의 아날로그 입력핀 A0를 통하여 변환된 값을 퍼센트 값으로 변환하고 50%보다 크면 LED가 켜지고, 그 이하이면 꺼지는 스크립트를 작성해 본다.

[실습순서 1], [실습순서 2]

실습 5-1과 동일하다.

[실습순서 3]

①~⑤ 실습 5-1과 동일하다.

⑥~⑦ [실습순서 3]에서  의 "만약 〈 〉라면" 의 부분을 백분율 값으로 사용하기 위하여 를 과 을 사용하여 백분율 값으로 바꾼 으로 변환하여 다음과 같이 구성한다.

⑧ 완성된 스크립트

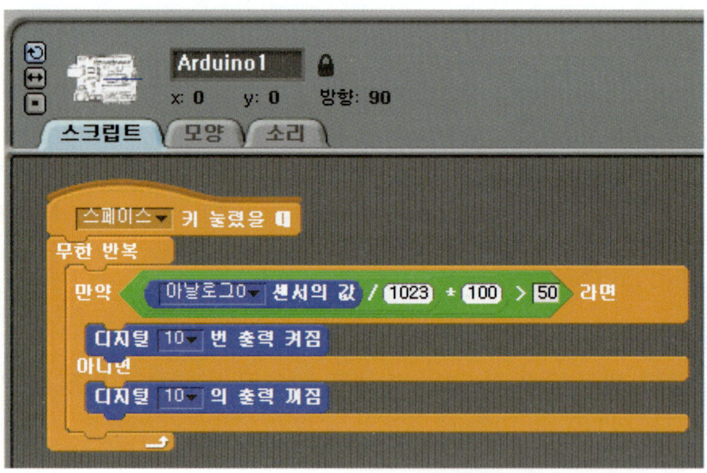

그림 5.13 **완성된 스크립트**

[실습순서 4] 동작확인

아두이노 보드에서 CDS를 가리거나 빛을 비춰가며 베이스 보드의 LED 변화를 확인한다.

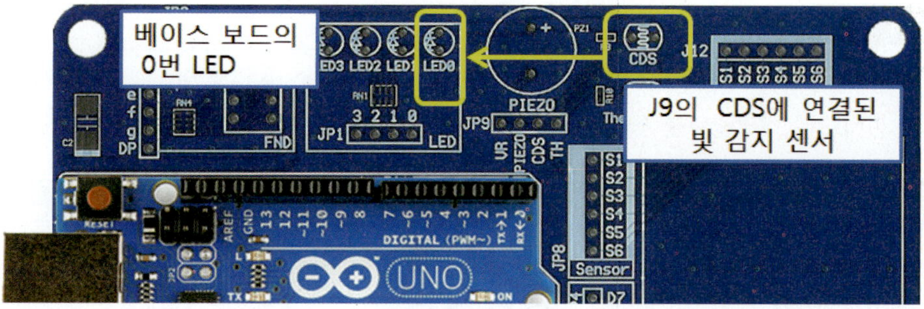

그림 5.14 베이스 보드의 LED 확인

연습과제 5-1

CdS와 LED 1개를 이용하여, 빛의 밝기에 따라 값이 다음 표와 같은 조건에서 해당하는 LED가 켜지고 꺼지는 횟수가 조절도록 스크립트를 작성하라.

조건	LED
CdS 값 〈 20%	1번 켜지고 꺼진다.
20% ≤ CdS 값 〈 50%	2번 켜지고 꺼진다.
50% ≤ CdS 값 〈 80%	3번 켜지고 꺼진다.
80% ≤ CdS 값	4번 켜지고 꺼진다.

연습과제 5-2

CdS와 LED 1개를 이용하여, 빛의 밝기에 따라 다음 표와 같은 조건에서 해당하는 LED가 켜지고 꺼지는 횟수와 지연시간이 조정도록 스크립트를 작성하라.

조건	LED	시간지연
CdS 값 〈 20%	1번 켜지고 꺼진다.	0.1초
20% ≤ CdS 값 〈 50%	2번 켜지고 꺼진다.	0.5초
50% ≤ CdS 값 〈 80%	3번 켜지고 꺼진다.	1초
80% ≤ CdS 값	4번 켜지고 꺼진다.	1.5초

연습과제 5-3

CdS와 4개의 LED를 이용하여, 빛의 밝기에 따라 다음 표와 같은 조건에서 해당하는 LED가 켜지고 꺼지도록 스크립트를 작성하라.

조건	LED	비고
CdS 값 〈 20%	○○○●	지정된 LED 1개만 켜지고 나머지는 꺼진다. ● LED ON ○ LED OFF
20% ≤ CdS 값 〈 50%	○○●○	
50% ≤ CdS 값 〈 80%	○●○○	
80% ≤ CdS 값	●○○○	

연습과제 5-4

CdS와 4개의 LED를 이용하여, 빛의 밝기에 따라 다음 표와 같은 조건이 되면 LED가 켜지고 꺼지는 숫자가 조절되도록 스크립트를 작성하라.

조건	LED	비고
CdS 값 〈 20%	○○○●	값이 커지면 많이 켜지고 작어지면 적게 켜진다. ● LED ON ○ LED OFF
20% ≤ CdS 값 〈 50%	○○●●	
50% ≤ CdS 값 〈 80%	○●●●	
80% ≤ CdS 값	●●●●	

4 온도 센서

온도를 인식하는 센서로 그림과 같은 LM35가 많이 사용된다.

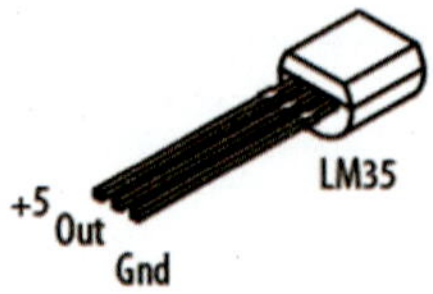

그림 5.15 온도센서 LM35

LM35는 CdS와 같이 온도가 변하면 저항 값이 변하는데, 5V 전원에서 0.1℃ 당 1mV 출력으로 온도에 비례하는 아날로그 전압을 출력하며 온도측정 범위는 일반적으로 -40~+100℃ 이다.

스크래치에서 아두이노 보드를 통하여 온도센서의 정보를 받아들이려면 다음 회로와 같이 아두이노 보드의 아날로그 입력 핀 A0~A5에 LM35를 연결하여야 한다.

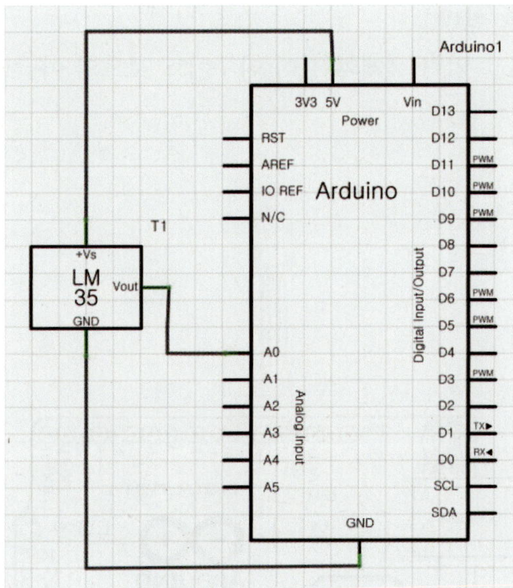

그림 5.16 온도 센서 LM35 연결

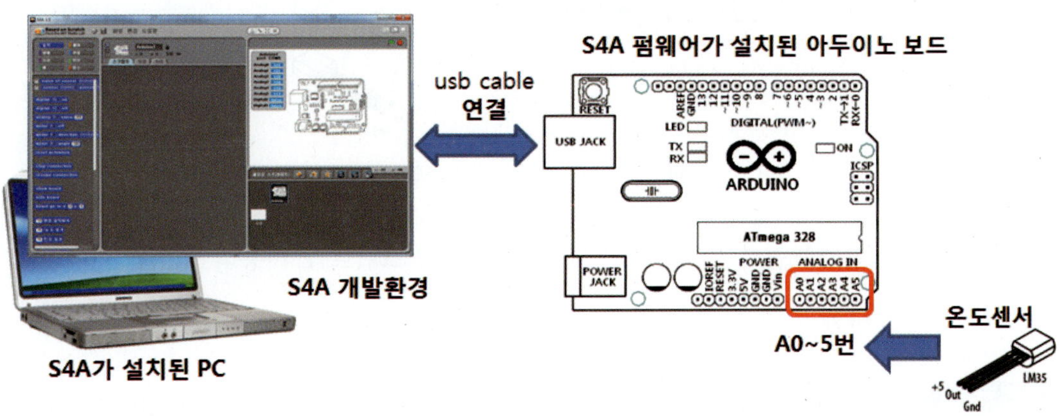

그림 5.17 S4A에서 아두이노 보드를 통한 CdS 입력

CdS에서처럼 스크래치를 사용하여 아두이노 보드에 연결된 온도센서에서 입력을 받아들여 LED의 불을 켜는 예를 들어 보자.

연결하는 LED는 온도센서 LM35을 통한 신호 입력을 확인하기 위한 용도로 아두이노 보드의 디지털입출력 핀 10~13번 가운데 10번에 LED를 연결한다.

먼저 온도센서에서 감지되는 온도에 따라 LED의 켜지거나 꺼지도록 하여 온도센서를 통한 입력을 확인할 수 있도록 한다.

온도센서는 다음 아날로그 입력 예제와 같이 아두이노 보드의 아날로그 입력 핀 A0에 연결한다.

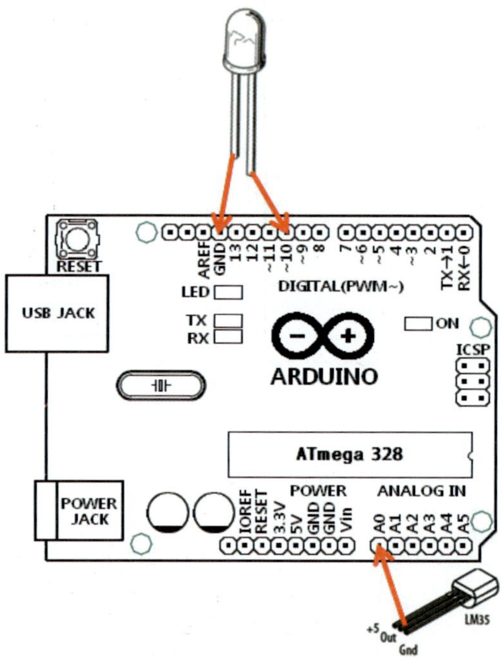

그림 5.18 아두이노 보드에 온도센서 LM53와 LED 연결

다음으로 S4A의 스크립트 창에서 CdS에서 작성한 스크립트를 사용하면 된다.

실습 5-3 온도 센서의 값을 판단하여 지정된 값 이상이면 LED의 켜지고 꺼지도록 만들기

온도센서에 의하여 측정된 온도에 따라 발생되는 값을 아두이노 보드의 아날로그 입력핀 A0를 통하여 변환된 값이 50%보다 작으면 LED가 켜지고, 그 이상이면 꺼지는 스크립트를 작성해 본다.

[실습순서 1] 아두이노 보드의 구성

[브레드보드 사용] 아두이노 보드의 디지털입출력 핀 10번에 LED를 연결하고, 아날로그 입력 핀 A0에 온도 센서를 연결하여 다음과 같이 브레드 보드에 구성하고 연결한다.

그림 5.19 **아두이노 보드와 브레드 보드를 사용하여 LED와 가변저항 연결**

[베이스 보드 사용] 아두이노 보드의 디지털입출력 핀과 베이스 보드의 LED와 온도센서를 연결한다.

	아두이노 보드	베이스 보드
연결선 연결	디지털입출력 핀 10번	JP1 커넥터(LED) 0번
연결선 연결	아날로그 입력 핀 A0번	JP9 커넥터 TH

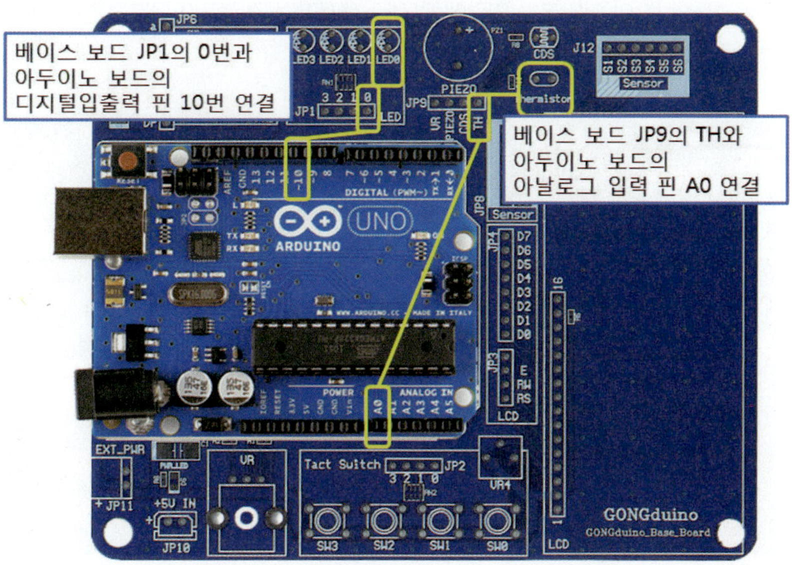

그림 5.20 **아두이노 보드와 베이스 보드 연결**

[실습순서 2] PC와 아두이노 보드의 연결

USB 케이블을 사용하여 PC와 아두이노 보드로 연결하고 S4A 개발환경에서 연결 상태를 확인한다. 스크래치의 오른쪽 부분에 있는 아두이노 보드가 표시된 창에 아두이노 보드의 Analog0~5의 값을 나타내는 부분에서 온도센서가 연결되어 있는 Analog0의 값이 온도센서에 온도를 변화를 주는 것에 따라 값이 변하는 것을 확인할 수 있다.

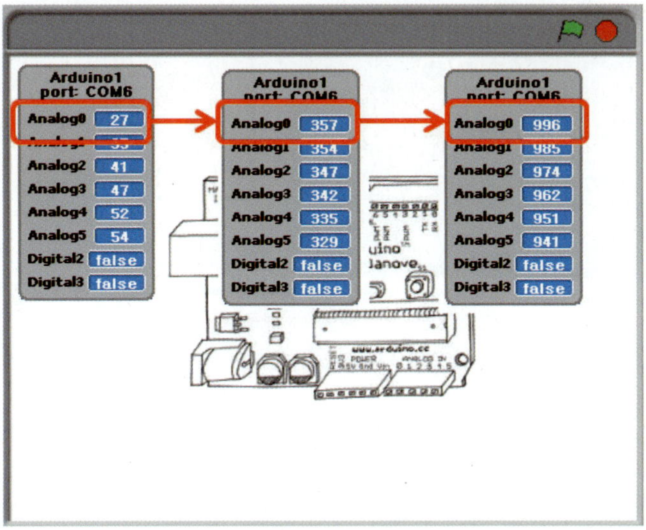

그림 5.21 S4A 개발환경에서 Analog0의 값 변화 확인

[실습순서 3] 스크래치 구성

하드웨어적으로 아두이노 보드의 아날로그 입력에 연결된 센서만 변경된 것이므로 실습 5-1과 실습 5-2에서 작성한 동일한 스크립트를 사용한다.

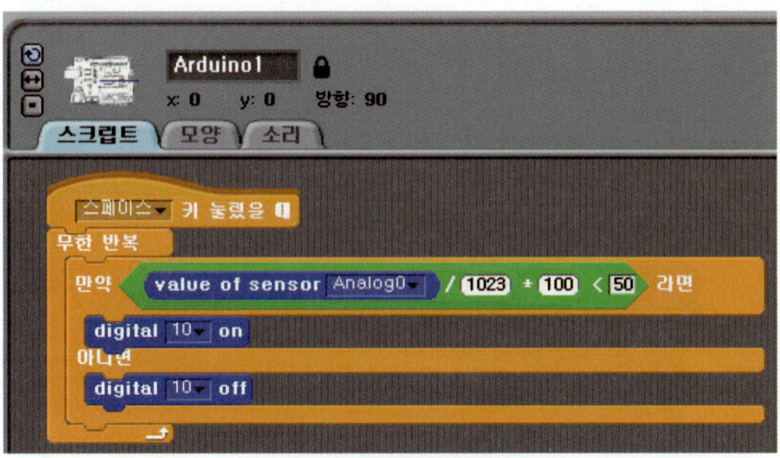

그림 5.22 완성된 스크립트

[실습순서 4] 동작확인

아두이노 보드에서 온도센서의 온도를 변화시키면서 베이스 보드의 LED 변화를 확인한다.

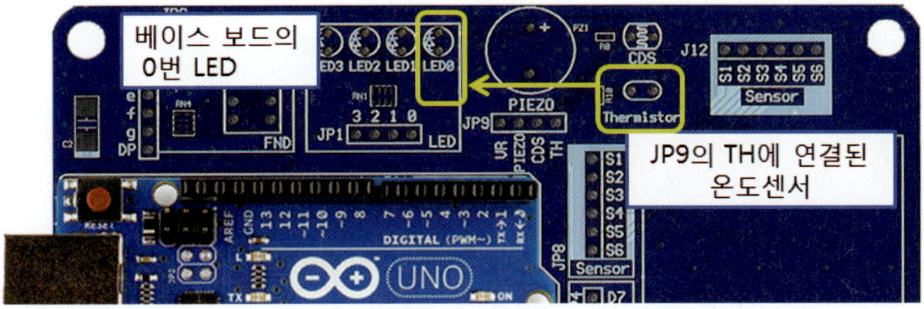

그림 5.23 베이스 보드의 LED 확인

연습과제 5-5

빛 센서와 온도센서를 동시에 사용하고 LED를 이용하고, 다음 표와 같은 조건에서 해당하는 LED가 켜지고 꺼지도록 스크립트를 작성하라.

○LED OFF ●LED ON

조건 1	조건 2	LED
CdS 값 < 50%	온도센서 값 < 50%	○○○●
CdS 값 < 50%	50% ≤ 온도센서 값	○○●○
50% ≤ CdS 값	온도센서 값 < 50%	○●○○
50% ≤ CdS 값	50% ≤ 온도센서 값	●○○○

연습과제 5-6

가변저항과 빛 센서, 온도센서를 동시에 사용하고 3개의 LED를 이용하고, 각 아날로그 입력값이 50%를 넘으면 해당하는 LED가 켜지도록 스크립트를 작성하라.

센서	LED
CdS	○○●
온도	○●○
VR	●○○

○LED OFF ●LED ON

조건 1	조건 2	조건 3	LED
CdS 값 〈 50%	온도센서 값 〈 50%	VR 값 〈 50%	○○○
CdS 값 〈 50%	온도센서 값 〈 50%	50% ≤ VR 값	○○●
CdS 값 〈 50%	50% ≤ 온도센서 값	VR 값 〈 50%	○●○
CdS 값 〈 50%	50% ≤ 온도센서 값	50% ≤ VR 값	○●●
50% ≤ CdS 값	온도센서 값 〈 50%	VR 값 〈 50%	●○○
50% ≤ CdS 값	온도센서 값 〈 50%	50% ≤ VR 값	●○●
50% ≤ CdS 값	50% ≤ 온도센서 값	VR 값 〈 50%	●●○
50% ≤ CdS 값	50% ≤ 온도센서 값	50% ≤ VR 값	●●●

Chapter

06

아날로그 신호 출력

Scratch for Arduino

아날로그 출력과 PWM의 개념을 이해하고, S4A와 아두이노 보드를 이용하여 PWM 출력을 통한 제어 실험을 해본다.

1 아날로그 신호 출력

사람이 사용하는 기기들은 아날로그 신호로 정보를 구성되어 있어서 참(1)과 거짓(0)으로 나누어지는 2진수 형태의 디지털 신호를 사용하는 컴퓨터와 같은 장치들에서 정보를 받아들이려면 아날로그 신호를 디지털 신호로 변환하는 ADC 작업이 필요하다고 앞에서 설명했다.

그러면 반대로 디지털 컴퓨터와 같은 장치에서 사람이 사용하는 여러 가지 전자장치에 정보를 보내거나 제어하려면 디지털 신호를 아날로그 신호 형태로 변환하는 작업이 필요하다.

아두이노 보드에서는 아날로그 형태의 입력을 받아 LED에서 단순히 켜지고 꺼지는 것이 아니라 빛의 밝기를 조절하거나 모터 등의 속도를 제어할 수 있도록 아날로그 신호 형태의 출력이 가능한 PWM(Pulse Width Modulation) 신호를 내보내는 기능을 가지고 있다.

PWM 신호란 전원전압이 +5V인 경우 일정한 시간 간격에서 +5V의 전압이 지속되는 시간의 간격을 그림과 같이 조정하여 반복적으로 보내어 그 시간 동안의 평균값과 같은 전력을 공급하는 효과를 내도록 하는 방법이다.

즉 그림과 같이 일정한 시간 간격동안 +5V의 신호를 25%만 반복적으로 보내면, 시간동안 25%의 전력만 공급되는 효과가 나타나는 것이다.

그러므로 이러한 PWM 신호를 LED에 0% → 25% → 50% → 75% → 100% 순으로 각 비율의 신호를 1초 간격으로 반복하여 보낸다면 LED의 밝기는 1초 간격으로 꺼져있는 상태에서 점점 밝아져 가장 밝은 상태에까지 이르게 된다.

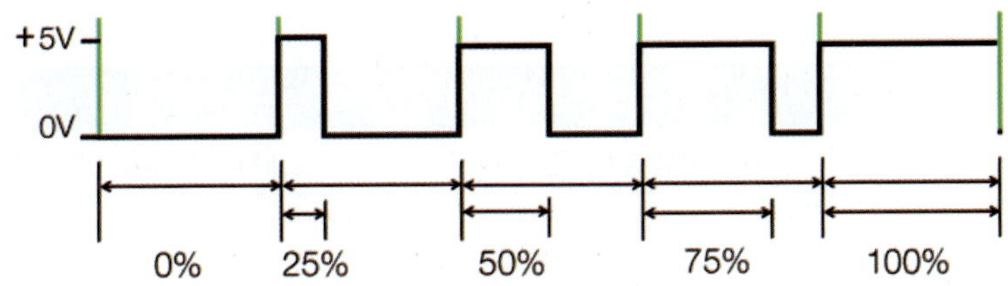

그림 6.1 PWM 신호

아두이노 UNO 보드는 디지털입출력 가운데 "~" 가 붙어 있는 핀 3, 5, 6, 9, 10, 11번을 이용하여 PWM 신호의 출력이 가능하며, +5V를 0~255단계로 나누어 아날로그 신호처럼 사용할 수 있다.

S4A에서는 블록명령 analog 5▾ value 255 을 통하여 아두이노 보드의 PWM 출력핀 가운데 5, 6, 9번을 사용하여 PWM 신호를 내보낼 수 있다.

실습 6-1 LED의 밝기가 변하도록 만들기

PWM 신호에 의하여 LED의 밝기가 0~255 범위에서 밝기가 변하도록 하기 위하여 PWM 값을 0, 10, 50, 100, 126, 200, 255으로 변경하여 LED밝기를 조정하여 본다.

[실습순서 1] 아두이노 보드의 구성

[브레드보드 사용] 아두이노 보드의 디지털입출력 핀 5번(PWM 출력핀)에 LED를 연결한다.

그림 6.2 아두이노 보드 PWM 출력핀과 브레드 보드를 사용하여 LED 연결

[베이스 보드 사용] 아두이노 보드의 디지털입출력 핀과 베이스 보드의 LED를 연결한다.

	아두이노 보드	베이스 보드
연결선 연결	디지털입출력 핀 5번	JP1 커넥터(LED) 0번

그림 6.3 아두이노 보드와 베이스 보드 연결

[실습순서 2] PC와 아두이노 보드의 연결

USB 케이블을 사용하여 PC와 아두이노 보드로 연결하고 S4A 개발환경에서 연결 상태를 확인한다.

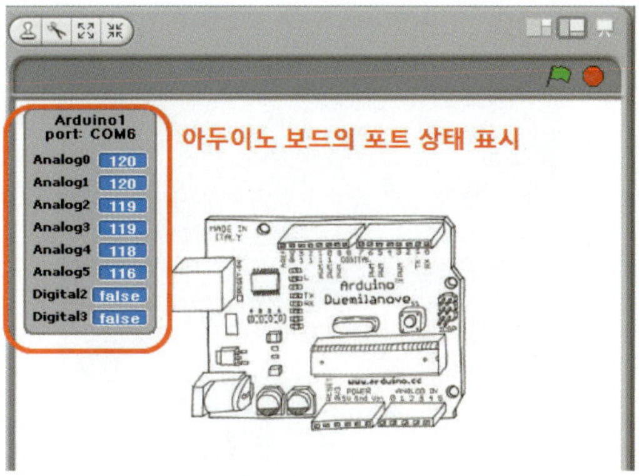

그림 6.4 S4A 개발환경에서 PC와 아두이노 보드 연결 확인

[실습순서 3] 스크래치 구성

S4A 개발환경에서 스크립트를 다음과 같이 구성한다.

① 제어 블록코드 그룹 선택한다.

② 블록코드 

, 

선택하여 스크립트 창에 끌어 놓고 결합한다(drag).

③ 동작 블록코드 그룹 선택한다.

④ 동작블록 코드 

를 선택하여 스크립트 창에 끌어 놓고 결합한다(drag).

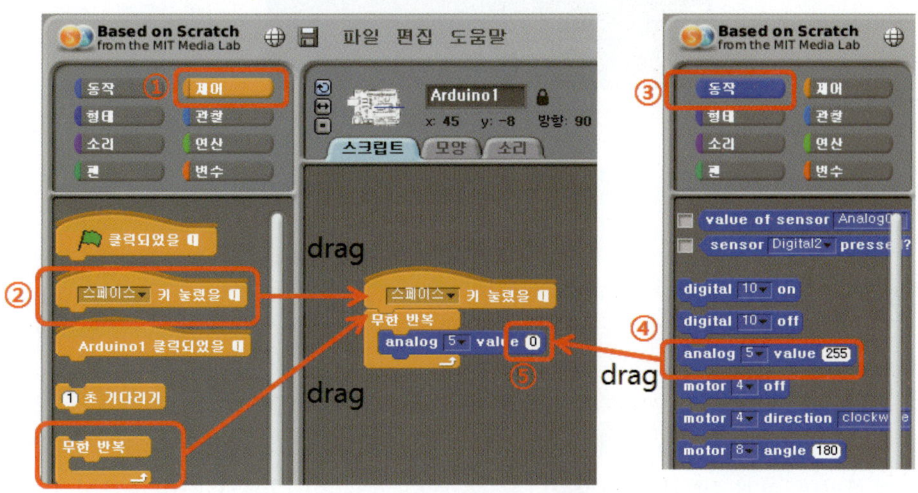

그림 6.5 S4A 개발환경에서 스크립트 구성

⑤ S4A에서 아두이노 보드의 PWM핀에 연결된 LED의 밝기를 조정하기 위하여 analog 5 value 255 의 값을 0, 10, 50, 100, 126, 200, 255으로 변경하여 본다.

⑥ 완성된 스크립트

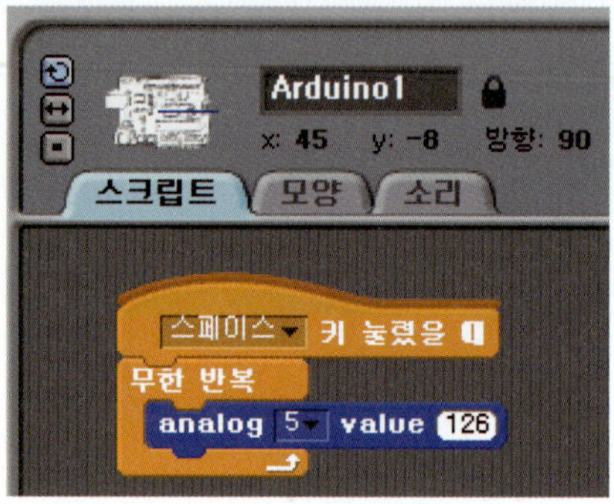

그림 6.6 완성된 스크립트

[실습순서 4] 동작확인

S4A에서 analog 5 value 255 의 값을 0, 10, 50, 100, 126, 200, 255으로 변경하며 베이스 보드의 LED 변화 확인한다.

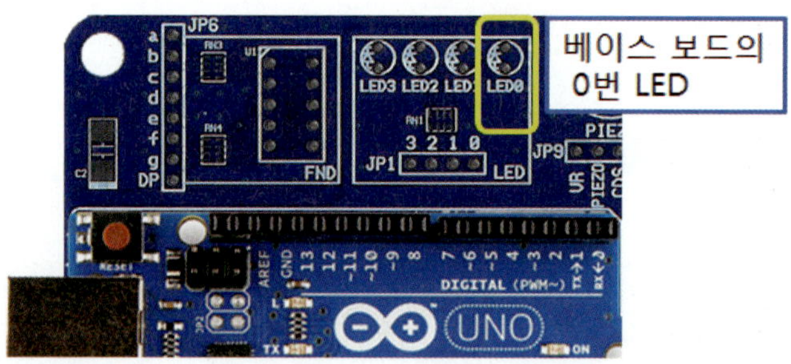

그림 6.7 베이스 보드의 LED 확인

■

2 변수 사용

어떤 값을 증가나 감소 등 값을 변화시켜 사용하기 위해서는 변수를 사용하면 편리하다. 예를 들면, 어떤 값에 2를 곱해서 사용해야 한다면, $S = 2 \times k$과 같이 함수를 만들고 k의 값을 변화시키면 쉽게 2배가 된 값을 만들 수 있다. 더욱이 다음과 같이 k값이 1, 2, 3, …과 같이 순차적으로 증가하는 것이라면 k를 1씩 증가시키면서 함수를 사용하면 더욱 편리하다.

k 값	$2 \times k$ 값
1	2
2	4
3	6
⋮	⋮
10	20

스크래치에서 변수를 만드는 방법은 다음과 같이 변수 블록명령 그룹을 선택하여 만들 수 있다.

변수 k를 만들어 보자.

① 블록명령 그룹에서 변수를 선택한다.
② 변수 이름을 묻는 창이 나타난다.
③ 만들기 원하는 변수이름 'k' 를 써넣는다.
④ 확인을 누른다.
⑤ 변수 'k' 를 스크래치에서 사용할 수 있도록, 변수 [k]와 활용할 수 있는 [k▾ 에 0 저장], [k▾ 에 1 씩 누적하기] 등이 만들어진다.

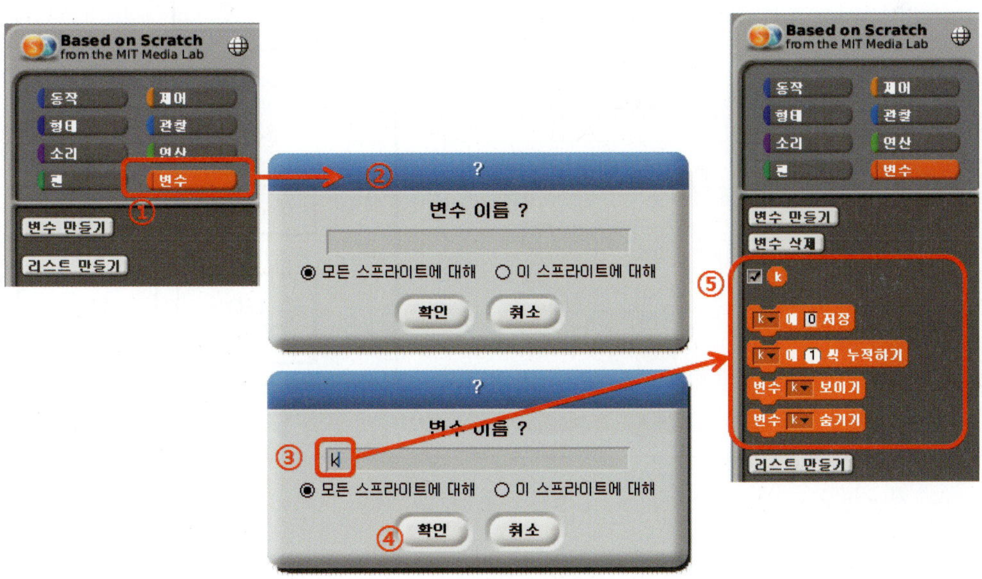

그림 6.8 변수 사용

변수 k를 활용하여 k값이 0~9까지 증가하며, LED의 불을 0.1초 간격으로 10반복하고, 1초간 쉬었다가 다시 반복하는 예제를 만들어 보자.

[k < 10], [k▾ 에 1 씩 누적하기] 과 [k▾ 에 0 저장]를 사용하여 다음과 같이 만들 수 있다.

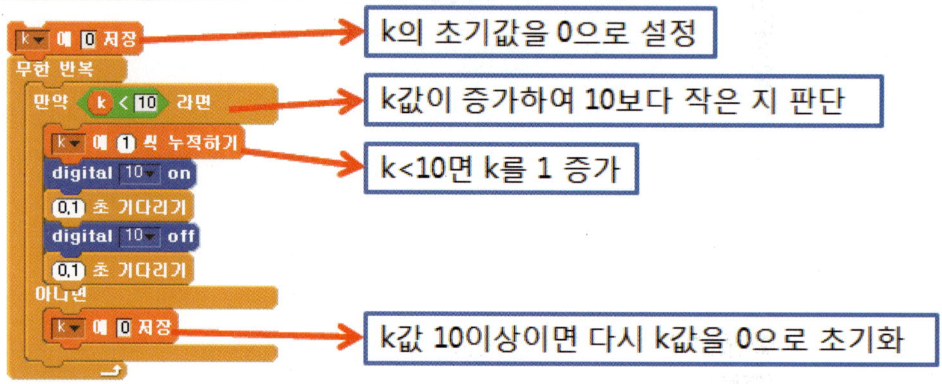

그림 6.9

영역	스크립트		흐름 구조
초기값	[k▾ 에 0 저장]		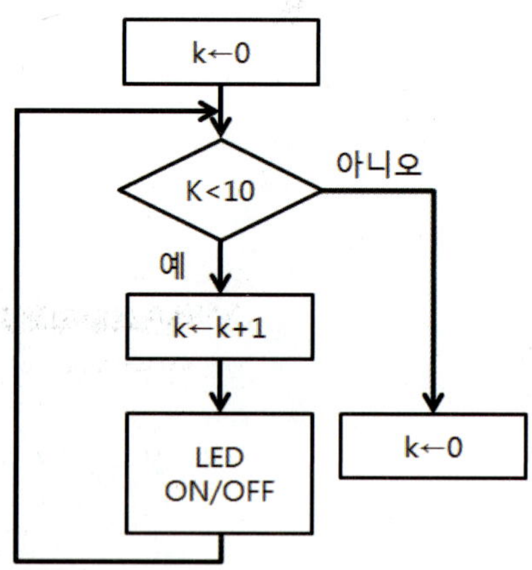
판단	만약 ⬡ 라면 / 아니면 ; k < 10		
동작	예	[k▾ 에 1 씩 누적하기] digital 10▾ on / 0.1 초 기다리기 / digital 10▾ off / 0.1 초 기다리기	
	아니오	[k▾ 에 0 저장]	

실습 6-2 변수를 사용하여 LED의 밝기 조정하기 만들기

변수와 PWM 핀을 사용하여 LED의 밝기가 점점 밝아졌다가 1초간 꺼진 후 다시 점점 밝아지는 동작이 반복되도록 한다.

[실습순서 1] 아두이노 보드의 구성

앞에서 실습한 실습 6-1과 동일하게 아두이노 보드를 구성한다.

[실습순서 2] PC와 아두이노 보드의 연결

USB 케이블을 사용하여 PC와 아두이노 보드로 연결하고 S4A 개발환경에서 연결 상태를 확인한다.

[실습순서 3] 스크래치 구성

S4A 개발환경에서 스크립트를 다음과 같이 구성한다.

① 변수 'k' 를 다음과 같이 만든다.

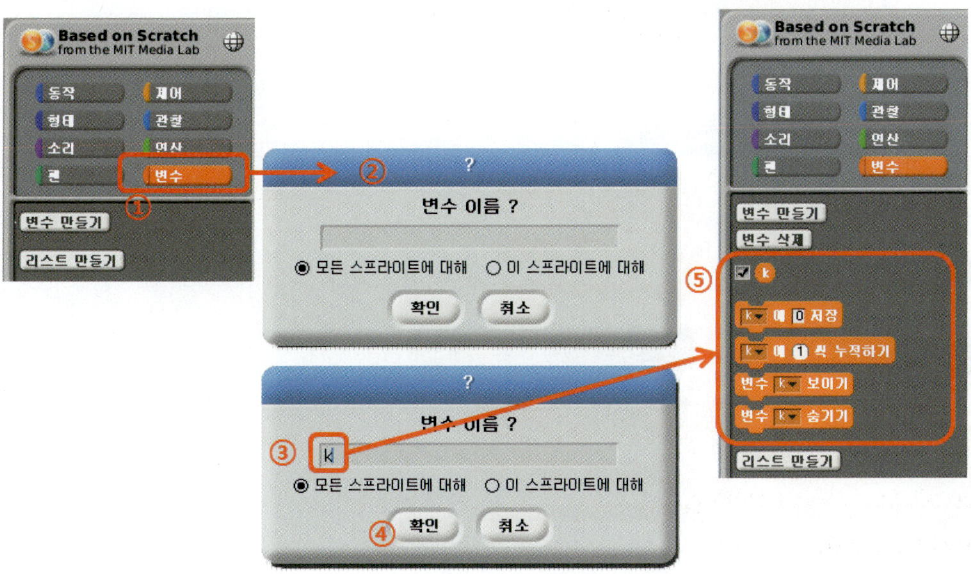

그림 6.10 변수 k 만들기

② 블록코드 , , 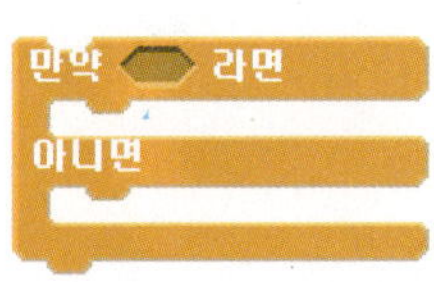을 선택하여 스크립트 창에 끌어 놓고 결합한다(drag).

③ 동작 블록코드 그룹 선택한다.

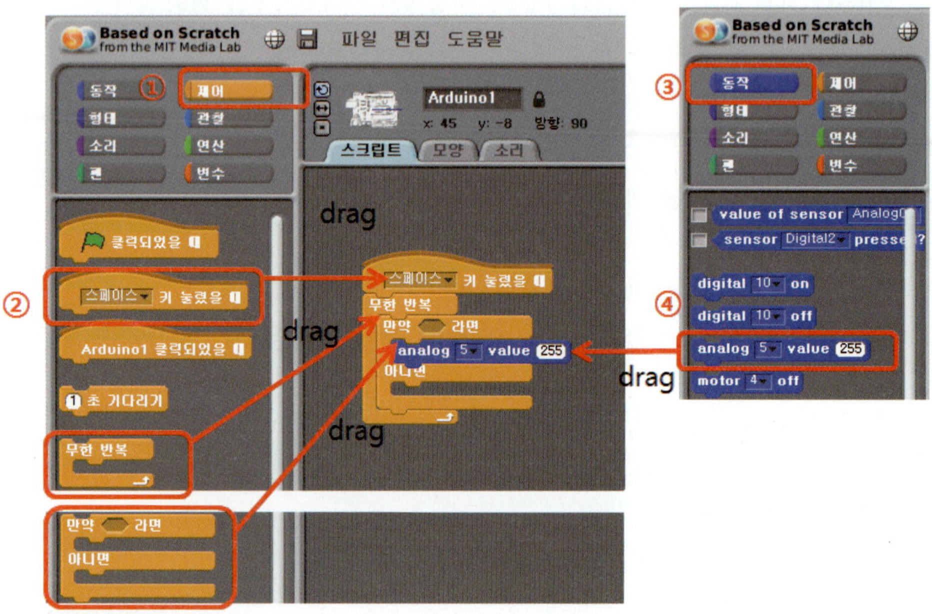

그림 6.11 기본 구조 스크립트 구성

④ 블록코드  를 선택하여 스크립트 창에 끌어 놓고 결합한다(drag).

⑤  와  에 변수를 사용하기 위하여 다음과 같은 방법으로 만든다.

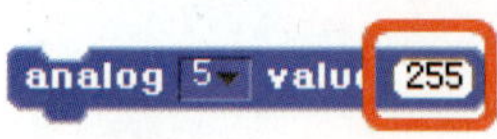 는  으로

 는 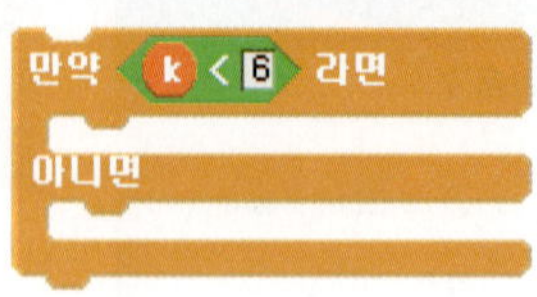 으로 수정한다.

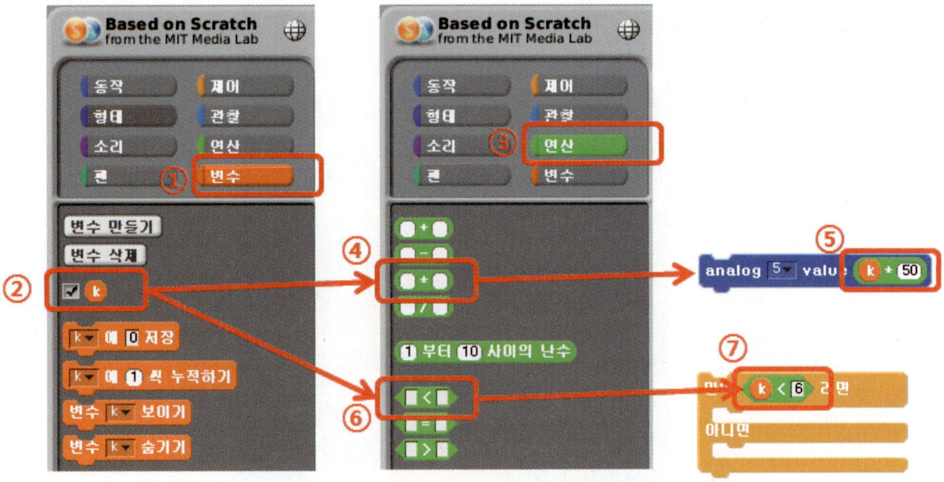

그림 6.12 **변수 적용 구성**

⑥ 변수블록을 사용하여 변수 k의 초기값과 증가를 위하여 스크립트를 다음과 같이 구성한다.

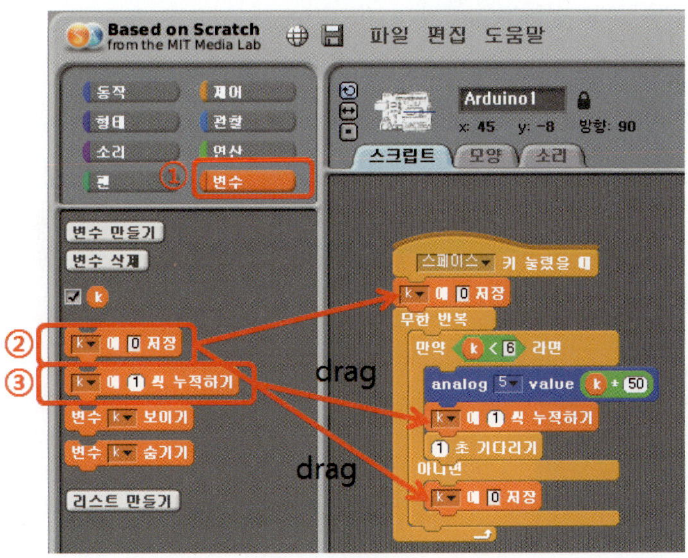

그림 6.13 **변수의 초기값과 증가값 구성**

⑦ 완성된 스크립트는 다음과 같다.

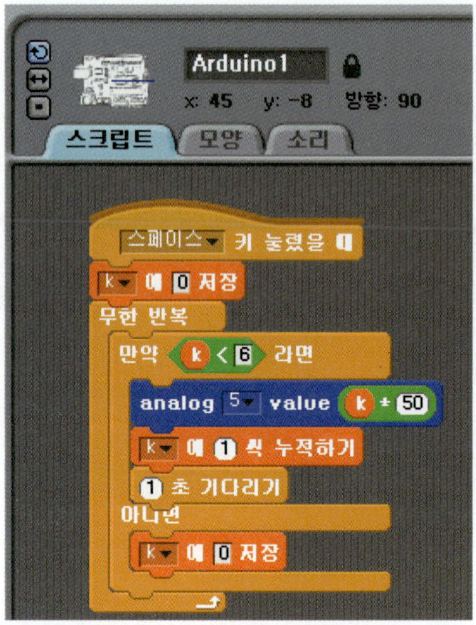

그림 6.14 완성된 스크립트

[실습순서 4] 동작확인

변수 k의 값은 0~5까지 변하고, analog 5 value 255는 0에서부터 50씩 증가하여 250까지 변한다.

변수 k	analog 5 value k * 50 의 PWM 값
0	0
1	50
2	100
3	150
4	200
5	250

베이스 보드의 LED 변화 확인한다.

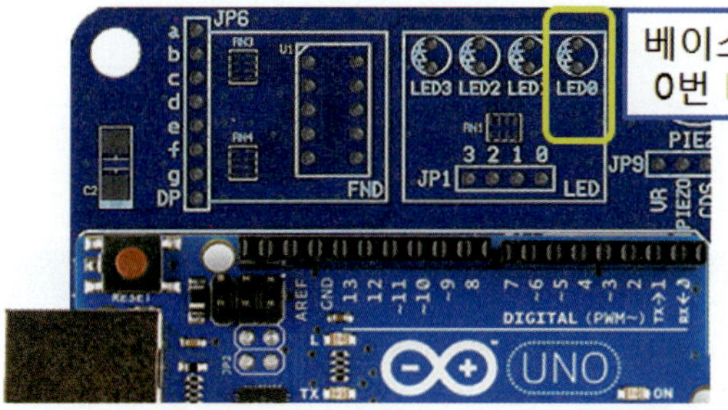

그림 6.15 베이스 보드의 LED 확인

■

연습과제 6-1

다음과 같이 변하는 변수를 사용하여 LED의 깜박이는 속도가 변하도록 스크립트를 작성하라.

변수 k의 값	시간 지연 간격
0	1초 간격
2	0.8초 간격
4	0.6초 간격
8	0.4초 간격
10	0.2초 간격

연습과제 6-2

실습 6-2과 반대로 변수와 PWM 출력핀 5번을 사용하여 LED의 밝기가 점점 어둡게 되었다가 1초간 밝게 켜진 후 다시 점점 어둡게 되는 동작이 반복 되도록 스크립트를 작성하라.

연습과제 6-3

변수와 아두이노 보드의 PWM 출력핀 5번과 6번에 각각 LED를 연결하고 2개의 LED의 밝기가 서로 반대가 되는 동작이 반복되도록 스크립트를 작성하라.

LED 1 밝기	LED 2 밝기
●	○
◑	◑
⋮	⋮
◑	◑
○	●

실습 6-3 아날로그 입력으로 LED의 밝기 조정하기 만들기

가변저항VR을 사용하여 변화되는 아날로그 입력 값이 커지면, 그것에 비례하여 LED의 밝기가 밝아지도록 한다.

[실습순서 1] 아두이노 보드의 구성

[브레드보드 사용] 아두이노 보드의 디지털입출력 핀 5번(PWM 출력핀)에 LED를 연결하고 아날로그 입력 핀 A0에 가변저항을 연결하여 다음과 같이 브레드 보드에 구성하고 연결한다.

그림 6.16 아두이노 보드 PWM 출력핀과 브레드 보드를 사용하여 LED 연결

[베이스 보드 사용] 아두이노 보드의 디지털입출력 핀과 베이스 보드의 LED를 연결한다.

	아두이노 보드	베이스 보드
연결선 연결	디지털입출력 핀 5번	JP1 커넥터(LED) 0번
연결선 연결	아날로그 입력 핀 A0번	JP9 커넥터 VR

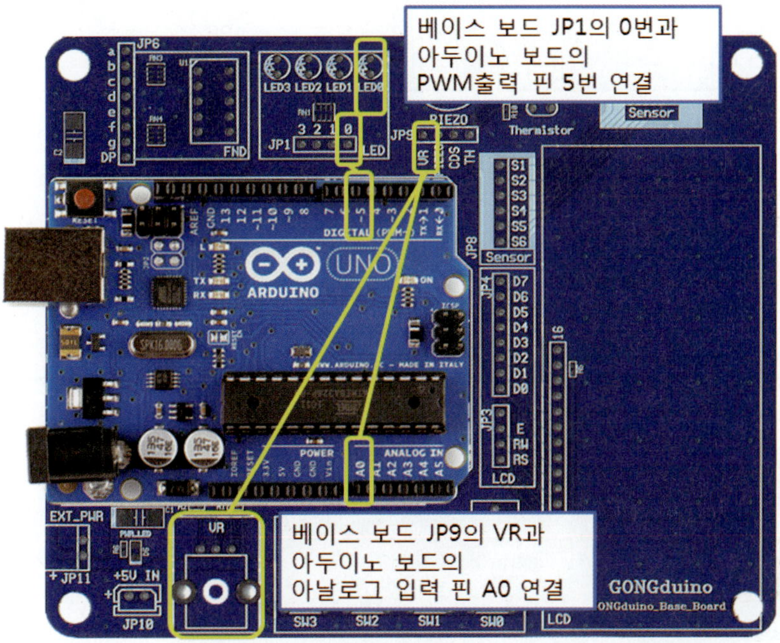

그림 6.17 아두이노 보드와 베이스 보드 연결

[실습순서 2] PC와 아두이노 보드의 연결

USB 케이블을 사용하여 PC와 아두이노 보드로 연결하고 S4A 개발환경에서 연결 상태를 확인한다.

[실습순서 3] 스크래치 구성

S4A 개발환경에서 스크립트를 다음과 같이 구성한다.

① 변수 'k' 를 실습 6-2에서와 같이 만든다.

② 아두이노 보드의 아날로그 입력핀 A0을 통하여 들어오는 가변저항 VR의 정보는 0~1203의 범위의 값으로 입력되고, PWM 출력 값은 0~255의 범위의 값을 가지므로 가변저항에 의하여 입력되는 값에 비례하여 PWM 출력을 내보내려면 근사적으로 다음과 같은 변환이 필요하다.

$$k = (\text{A0를 통하여 입력되는 값}) \times \frac{1}{4}$$

아날로그 입력 범위	PWM 출력범위
0	0
16	4
32	8
64	16
128	32
256	64
512	128
1023	255

이러한 변환을 다음과 같이 블록명령을 사용하여 그림과 같이 스크립트를 구성한다.

식	K	A0를 통하여 입력되는 값	$\times \frac{1}{4}$
블록명령	k ▾ 에 0 저장	value of sensor Analog0 ▾	( ) / 4

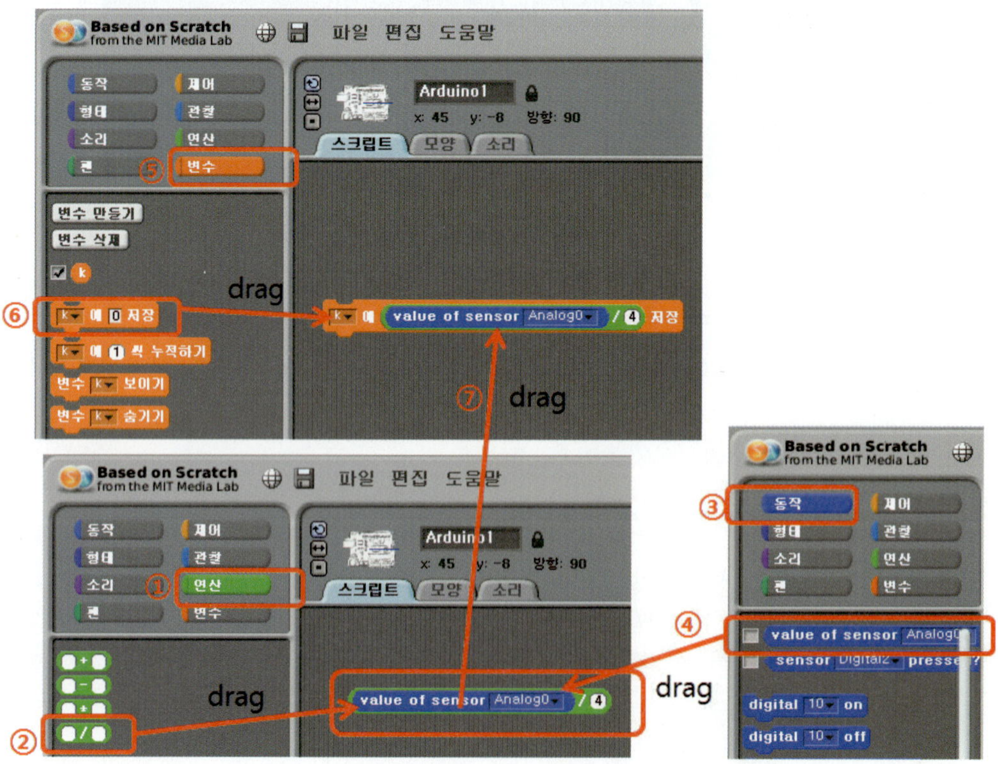

그림 6.18 아날로그 입력의 범위를 PWM 출력 범위로 변환

③ 블록코드 [스페이스 키 눌렸을 때], [무한 반복] 을 선택하여 스크립트 창에 끌어 놓고 결합한다(drag).

④ 동작 블록코드 그룹에서 [analog 5 value 255] 선택하여 스크립트 창에 끌어 놓고 결합한다(drag).

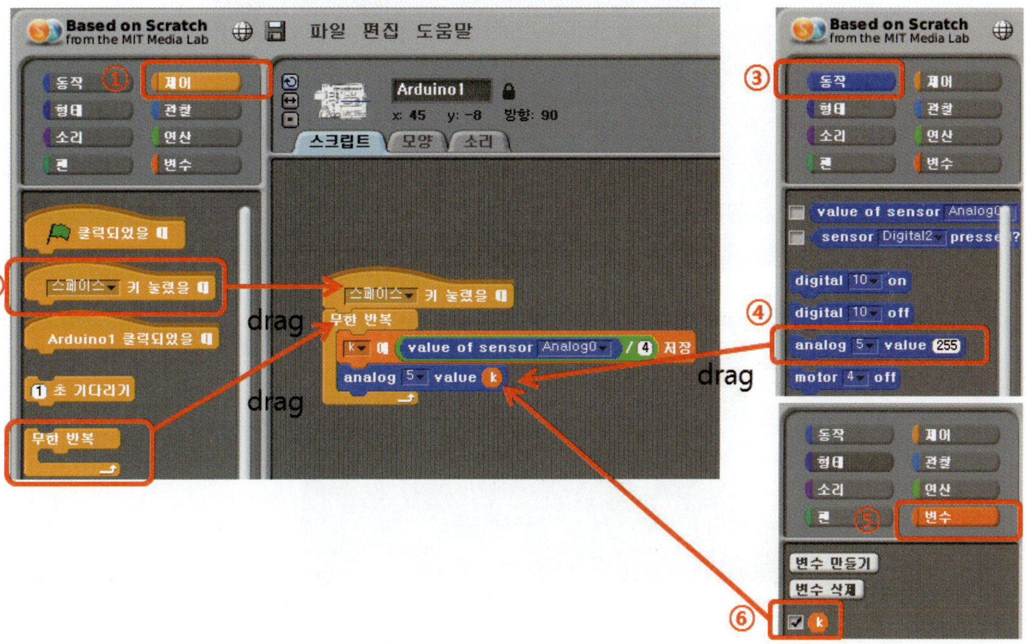

그림 6.19

⑤ 블록코드 [analog 5 value 255] 와 변수를 선택하여 스크립트 창에 끌어 놓고 결합한다(drag).

⑥ 완성된 스크립트는 다음과 같다.

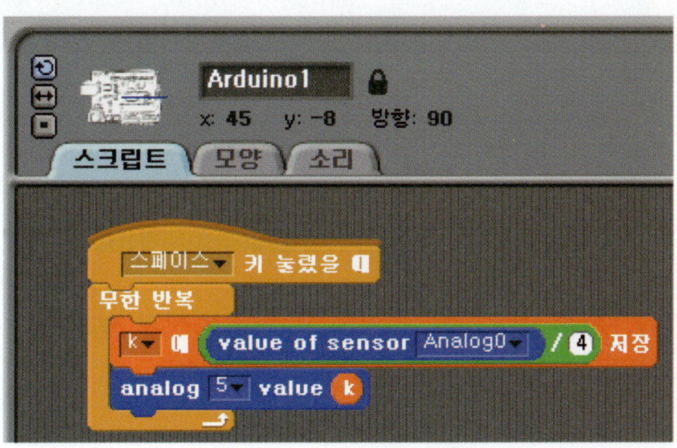

그림 6.20 **완성된 스크립트**

[실습순서 4] 동작확인

아두이노 보드에서 가변저항을 조정하며 베이스 보드의 LED 변화를 확인한다.

그림 6.21 **베이스 보드의 LED 확인**

[참고] 확장

앞의 스크립트는 변수를 사용하지 않고 다음과 같이 만들어 사용할 수도 있다.

■

연습과제 6-4

빛 센서인 Cds와 LED 1개를 이용하여, Cds에 의하여 측정된 빛의 밝기에 비례하여 LED의 밝기가 변하도록 스크립트를 작성하라.

연습과제 6-5

빛 센서인 Cds와 가변저항 VR을 통하여 입력되는 아날로그 정보에 따라 LED 1은 연습과제 6-4와 같이 Cds에 의하여 측정된 빛의 밝기에 비례하여 LED의 밝기가 변하고, 가변저항 VR에 의하여 LED 2의 밝기가 조절되도록 스크립트를 작성하라.

조건	LED
Cds 센서 값에 비례하여 LED1의 밝기 변화	LED2 LED1 ○ ●
가변저항 VR 값에 비례하여 LED2의 밝기 변화	LED2 LED1 ● ●

연습과제 6-6

가변저항 VR과 2개의 LED를 이용하여, 가변저항의 조정 값이 다음 표와 같은 조건에서 해당하는 LED가 켜지고 꺼지도록 스크립트를 작성하라.

조건	LED	LED 상태
0 ≤ 가변저항 VR 값 < 512	LED2 LED1 ○ ●	LED2는 꺼져있는 상태에서 LED1의 밝기가 가변저항의 값에 따라 밝아진다.
512 ≤ 가변저항 VR 값 < 1024	LED2 LED1 ● ●	LED1이 켜져있는 상태에서 LED2의 밝기가 가변저항의 값에 따라 밝아진다.

연습과제 6-7

가변저항 VR과 3개의 LED를 이용하여, 가변저항의 퍼센트 값애 따라 다음 표와 같은 조건에서 해당하는 LED가 켜지고 꺼지도록 스크립트를 작성하라.

조건	LED	LED 상태
가변저항 VR 값 〈 25%	○○●	LED1의 밝기만 가변저항의 값에 따라 밝아진다.
25% ≤ 가변저항 VR 값 〈 50%	○●○	LED2의 밝기만 가변저항의 값에 따라 밝아진다.
50% ≤ 가변저항 VR 값 〈 75%	●○○	LED3의 밝기만 가변저항의 값에 따라 밝아진다.
75% ≤ 가변저항 VR 값	●●●	3개의 LED 밝기가 가변저항의 값에 따라 동시에 밝아지며 깜박인다.

Chapter

07

스크래치로 모터 제어

Scratch for Arduino

직류모터의 제어와 PWM 출력을 사용한 직류모터의 회전속도 제어 개념을 이해하고, S4A와 아두이노 보드를 이용하여 직류모터 제어 실험을 해본다.

1 모터 활용

디지털 신호를 받아들이거나 출력하는 방식을 사용하는 제어 방식은 스위치를 켜거나 끄는 것으로 LED등이 켜지고 꺼지게 하듯이 원하는 동작이 일어나거나 정지시키는 작업을 할 수 있다. 또한 아날로그 제어 방식은 사람이 느끼는 빛, 온도, 거리 등의 센서를 통하여 입력되는 아날로그 정보를 가지고 제어가 가능하게 하여 준다.

한편 디지털 정보를 이용하거나 아날로그 정보를 이용하여 동작의 결과로 LED에 불을 켜는 것과 같은 시각적 결과가 아닌 창문이 열리게 하거나 바람개비의 날개를 움직이게 하거나 로봇을 움직이게 하는 것처럼 행동적인 결과를 원한다면 모터와 같은 장치를 사용하여 동적인 결과를 만들어야 한다.

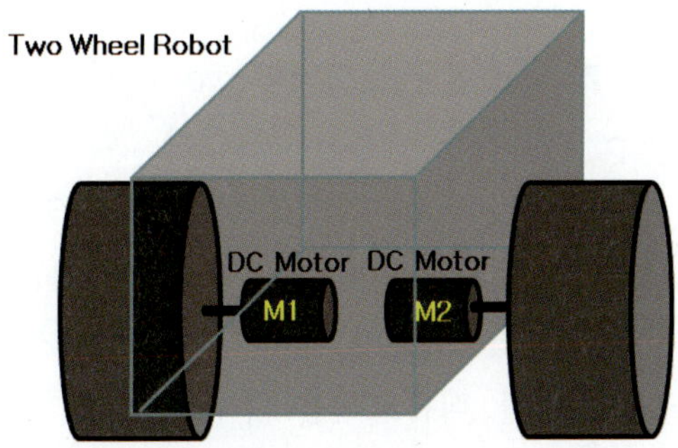

그림 7.1 2개의 바퀴로 움직이는 자동차

예를 들어 2개의 모터에 각각 바퀴를 달아 그림 7.1과 같이 2개의 바퀴로 움직이는 전기자동차나 로봇을 만든다면, 그림 7.2와 같이 각 모터를 제어해야 한다.

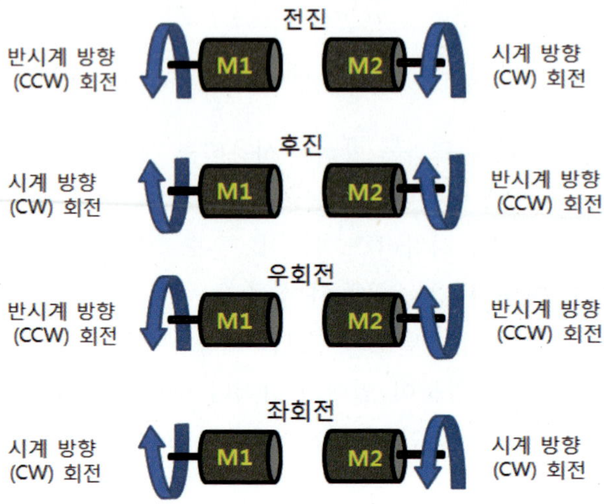

그림 7.2 2개의 모터회전에 따른 방향 조정

이러한 동적인 결과를 만들기 위하여 서보모터(Servo Motor)를 사용하거나 일반 직류모터(DC Motor)나 스텝모터(Step Motor)를 사용할 수 있다.

스테핑 모터는 정확한 각도제어가 유리하여 기계적인 움직임을 정밀하게 제어하는 곳에 많이 사용되고 있으며, 서보모터는 일반 직류모터에 서보제어 기능을 내장하여 속도가 빠르고 정밀한 제어와 큰 힘을 필요로 하는 로봇의 제어 등에 많이 사용된다.

이 장에서는 기본이 되고 저렴한 직류모터를 다루어 본다.

2 직류모터 드라이버 회로

아두이노 보드에서 LED에 불을 켜거나 끌 때에는 아두이노 보드의 출력핀을 직접 LED에 연결하면 LED의 불을 켤 수 있었다. 그러나 1개의 LED가 아닌 LED 등과 같이 수십~수백 개의 LED를 동시에 불을 켜거나 백열전구와 같은 장치의 불을 켜려면 더 큰 전류를 흘려주어야 하므로 아두이노 보드의 출력 신호를 증폭하여 공급해 주어야 한다.

직류모터를 구동시키기 위해서도 큰 전류가 필요하기 때문에 일반적으로 아두이노 보드의 출력핀을 모터에 직접 연결하여 모터를 회전시킬 수 없다.

또한 모터는 회전을 원하는 방향에 따라 시계방향(clockwise) 회전과 반시계방향(anticlockwise) 회전으로 변경할 수 있어야 하고, 회전 속도를 빠르거나 느리게 조정할 수 있어야 한다.

그러므로 직류 모터제어를 위해서는 아두이노 보드에서 제공하는 회전 방향과 속도를 지시하는 2가지 명령을 받아서 모터에 공급해 주는 전류나 전압을 제어해 주는 별도의 모터 드라이버 회로가 필요하다. 그림 7.3은 L298를 사용한 모터 드라이버 모듈들이다.

그림 7.3 모터 드라이버 회로의 역할

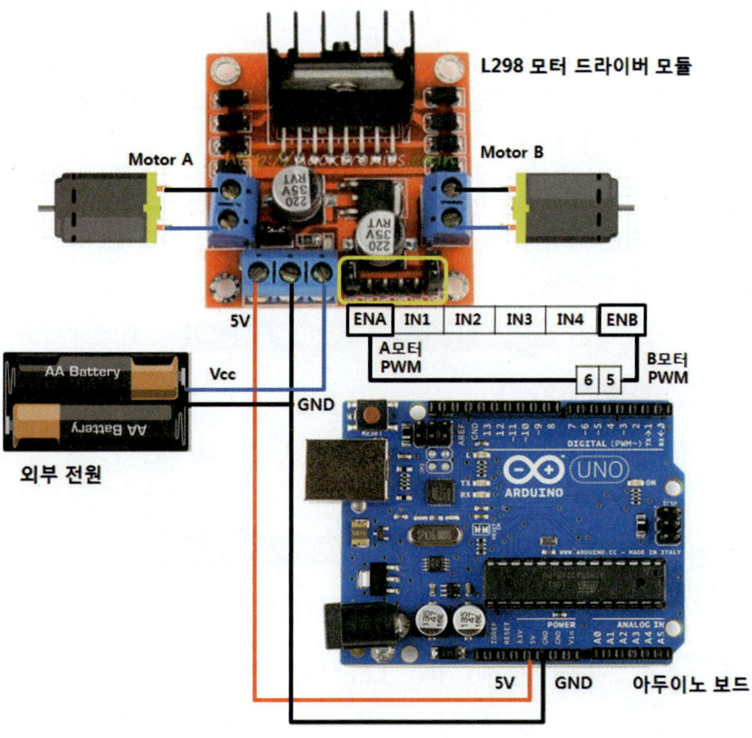

그림 7.4 모터 드라이버 모듈과 아두이노 보드의 연결

그림 7.3의 직류 모터 드라이버 모듈을 아두이노 보드와 연결하려면 그림 7.4와 같이 구성하여야 한다.

또는 그림 7.5와 같이 아두이노 보드용 긱류모터 쉴드를 사용하면 적층형(아두이노 보드에 쌓아 연결)하여 편리하게 모터제어를 할 수 있다.

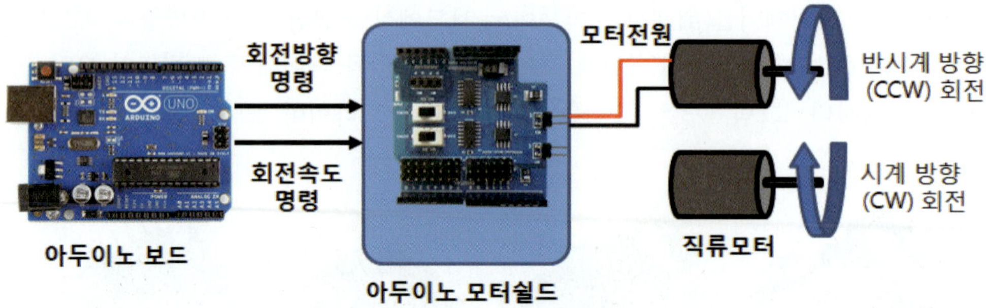

그림 7.5 아두이노 모터쉴드

3 S4A에서 직류모터 제어

S4A를 사용하면 스크래치의 블록명령을 사용하여 아두이노 보드를 통하여 모터의 회전방향과 회전속도를 제어할 수 있다.

회전방향은 시계 방향 아니면 반시계 방향이므로 아두이노 보드의 디지털입출력핀을 통하여 '0' 또는 '1' 의 신호를 출력하는 것으로 제어가 가능하고, 회전 속도는 아두이노 보드의 PWM 출력핀을 사용하면 0~255단계로 회전 속도를 조절할 수 있다.

예를 들면 S4A에서 블록명령 `digital 10 on` 과 `digital 10 off` 을 사용하여 회전방향을 지정하고, 블록명령 `analog 5 value 255` 을 통하여 아두이노 보드의 PWM 출력핀 5번을 사용하여 PWM 신호를 내보내면 모터 드라이버 회로에서 모터에 공급해주는 전원핀을 통하여 회전과 속도제어 가능하도록 해준다.

예를 들면 동작 블록코드 `digital 10 on` 와 `analog 5 value 255` 를 선택하여 스크립트 창에 끌어 놓고 결합하고 S4A에서 아두이노 보드의 PWM핀으로 모터의 속도를 조정하기 위하여 `analog 5 value 255` 의 값을 0, 10, 50, 100, 126, 200, 255으로 변경하면 모터의 회전속도가 점점 빨라지게 된다.

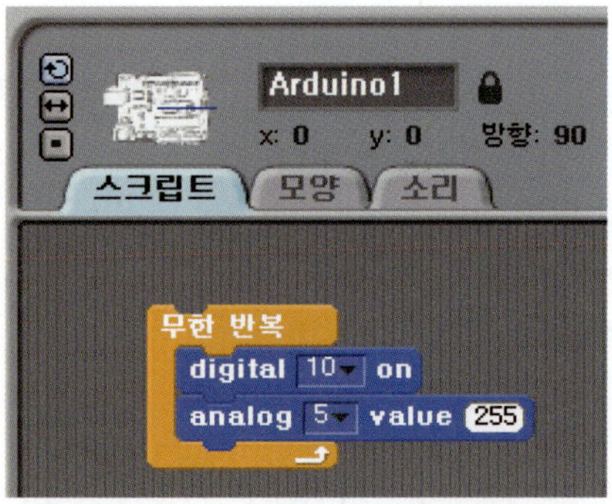

그림 7.6 S4A 개발환경에서 스크립트 구성

또한 다음과 같이 블록명령 digital 10 on 를 digital 10 off 로 변경하면 회전 방향이 변하게 된다.

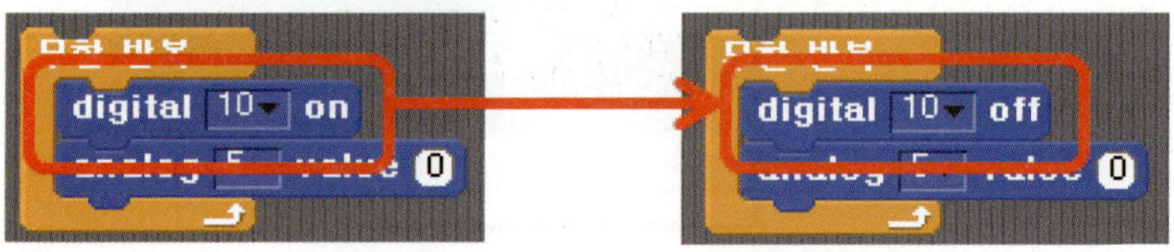

그림 7.7 직류모터의 회전 방향 변경

실습 7-1 직류모터의 회전속도 조정

아두이노 보드에 모터 드라이버 회로를 연결하고 가변저항으로 PWM 신호를 0~255범위에서 조정하여 직류모터의 회전 속도가 변하도록 하여 본다.

[실습순서 1] 아두이노 보드의 구성

[모터모듈 사용] 아두이노 보드와 모터 모듈을 연결하려면, 먼저 그림 7.8과 같이 아두이노 보드의 디지털입출력 핀 5번(PWM 출력핀)은 모터 모듈의 ENA과 연결하고, 아두이노 보드의 10번을 모터 드라이버 모듈 IN1과 IN2에 각각 연결한다(IN1과 IN2는 서로 반대로 신호가 들어가도록 해야 한다). 모터 모듈에 Motor A에 직류모터를 연결한다.

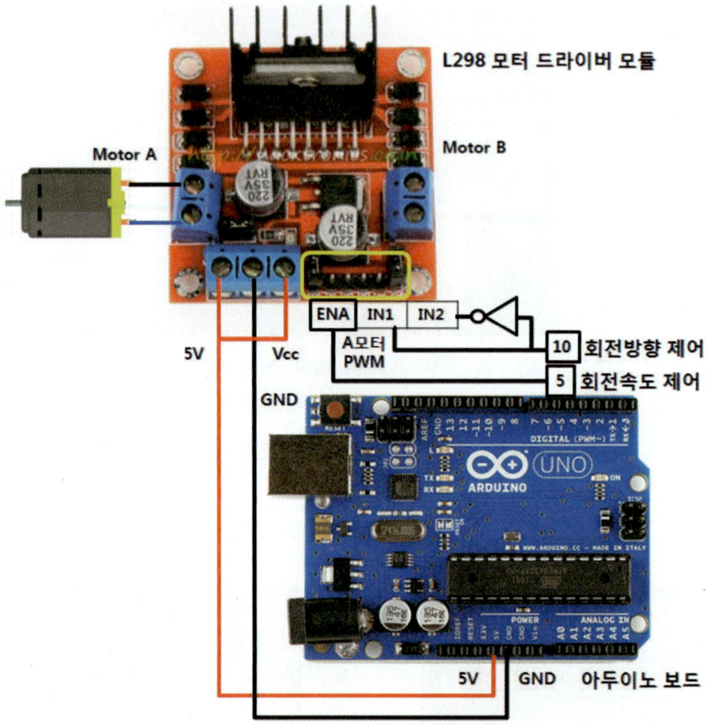

그림 7.8 아두이노 보드와 모터모듈 연결

	아두이노 보드	모터 드라이버 모듈	
연결선 연결	아날로그 입력 핀 A0번		가변저항
연결선 연결	PWM 핀 5번	ENA	
연결선 연결	디지털입출력 핀 10번	IN1(IN2 반전)	

[브레드보드 사용] 아두이노 보드의 아날로그 입력 핀 A0에 가변저항을 연결하고, 디지털입출력 핀 5번(PWM 출력핀)과 10번을 모터 드라이버(L298) 회로의 ENA와 IN1에 각각 연결하고, 모터 드라이버 회로의 모터 연결 단자에 모터를 연결한다.

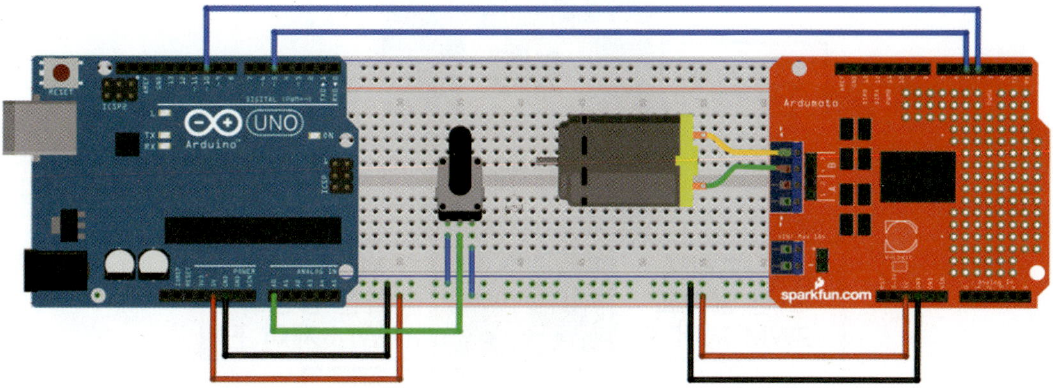

그림 7.9 아두이노 보드와 모터 드라이버 회로를 사용하여 직류모터의 연결

[아두이노 모터쉴드 사용] 아두이노 보드와 모터 드라이버 회로를 통한 제어를 편리하도록 다음과 같은 아두이노 보드/S4A용 전용 모터쉴드를 사용한다.

그림 7.10 아두이노 보드 모터쉴드

그림 7.10의 모터제어 쉴드는 선택 스위치를 사용하여 일반적인 아두이노 보드에서의 모터제어와 S4A에서 모터제어를 선택할 수 있도록 제작되었다.

그림 7.11과 같이 선택 스위치를 S4A쪽으로 이동시키면 S4A제어용 모터 연결핀을 통해서 직류 모터를 제어할 수 있도록 사용할 수 있다. 선택 스위치 아래의 M1과 M2의 핀 D는 모터의 회전방향을 지정하기 위하여 사용되고 P는 PWM신호에 의하여 모터의 회전 속도를 제어할 수 있다.

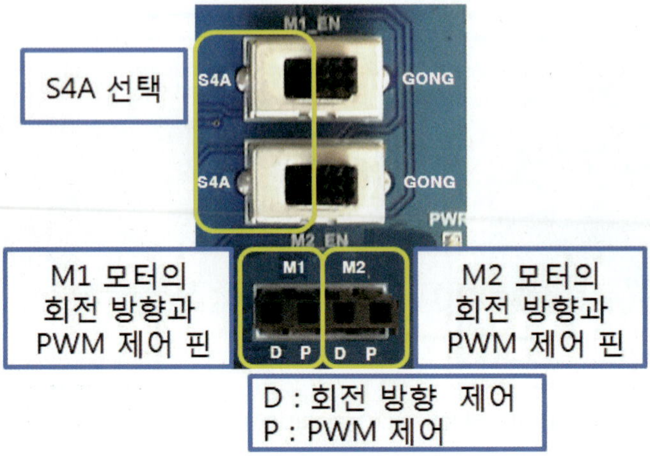

그림 7.11 아두이노 보드 모터쉴드

아두이노 보드와 전용 모터쉴드는 그림과 같이 적층형으로 결합할 수 있도록 되어있으며, 모터 쉴드의 모터연결 단자에 모터의 전원선을 연결하면 된다.

그림 7.12 아두이노 보드와 모터쉴드의 적층 연결

	아두이노 보드	베이스 보드	모터 쉴드
연결선 연결	아날로그 입력 핀 A0번	JP9 커넥터 VR	
연결선 연결	디지털 입출력 핀 5번		M1의 P
연결선 연결	디지털 입출력 핀 10번		M1의 D

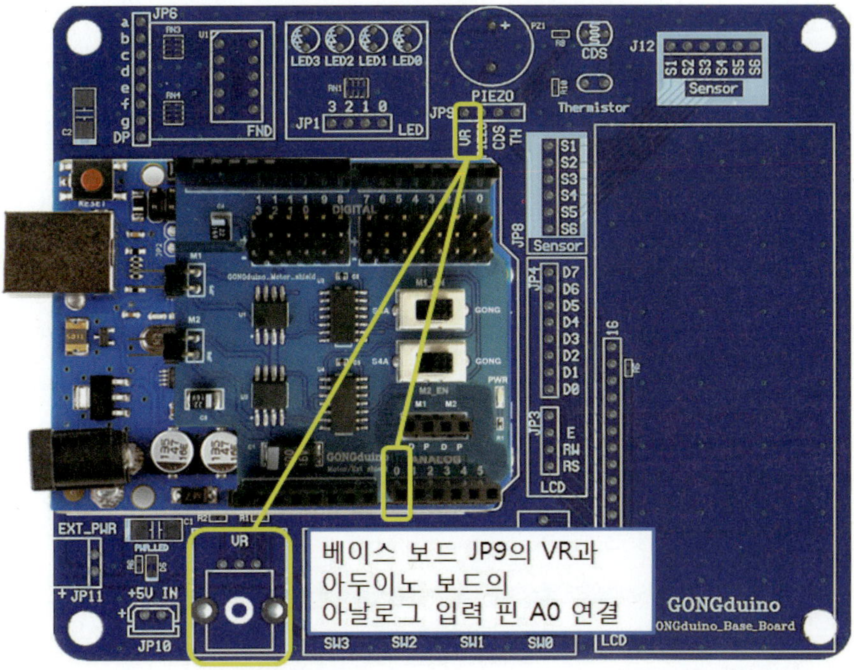

그림 7.13 아두이노 보드와 베이스 보드 연결

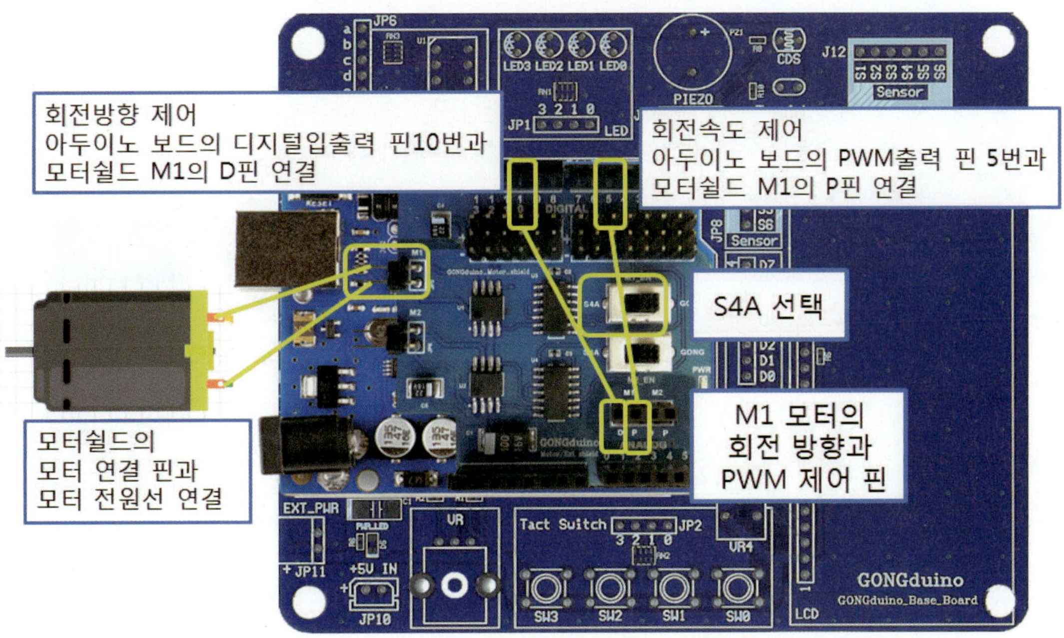

그림 7.14 모터쉴드와 직류모터 연결

[실습순서 2] PC와 아두이노 보드의 연결

USB 케이블을 사용하여 PC와 아두이노 보드로 연결하고 S4A 개발환경에서 연결 상태를 확인한다.

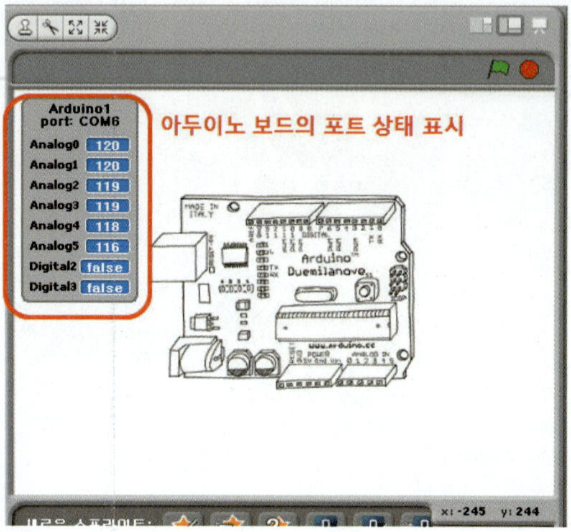

그림 7.15 S4A 개발환경에서 PC와 아두이노 보드 연결 확인

[실습순서 3] 스크래치 구성

S4A 개발환경에서 스크립트를 다음과 같이 구성한다.

① 변수 'k' 를 6장에서 배운 실습 6-2에서와 같이 만든다.
② 다음과 같이 블록명령을 사용하여 그림과 같이 스크립트를 구성한다.

식	K	A0를 통하여 입력되는 값	$\times \frac{1}{4}$
블록명령	k▾ 에 0 저장	value of sensor Analog0▾	( ) / 4

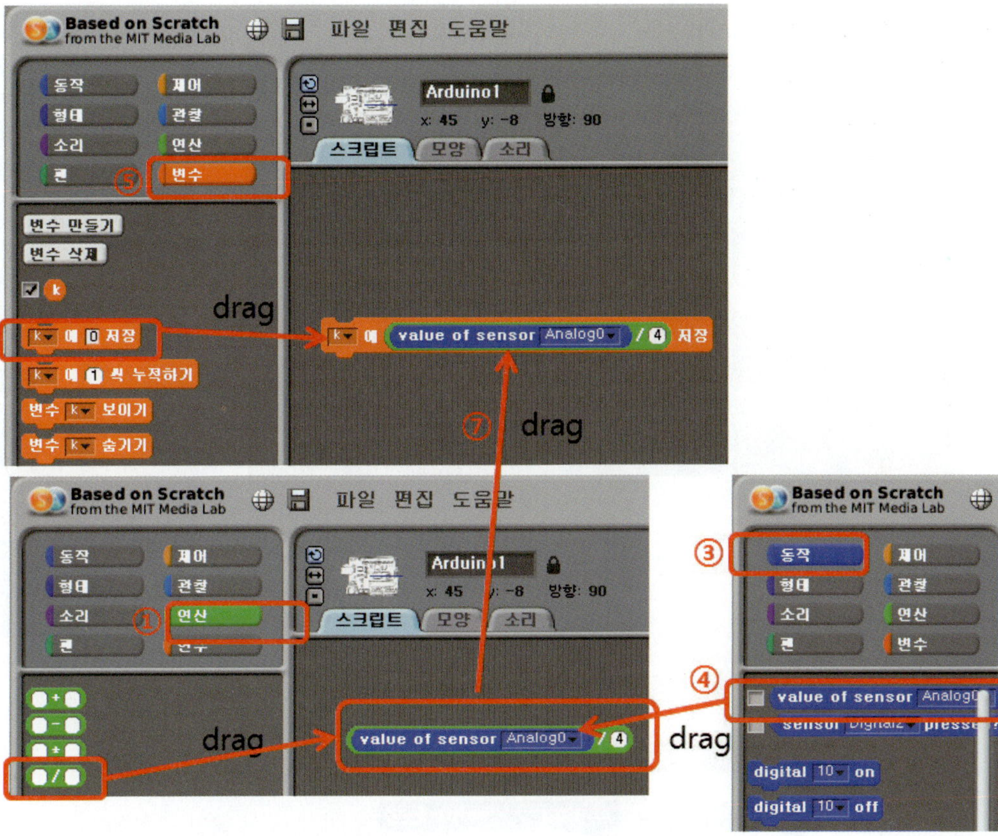

그림 7.16 아날로그 입력의 범위를 PWM 출력 범위로 변환

③ 블록코드  을 선택하여 스크립트 창에 끌어 놓고 결합한다(drag).

④ 동작 블록코드 그룹에서  선택하여 스크립트 창에 끌어 놓고 결합한다(drag).

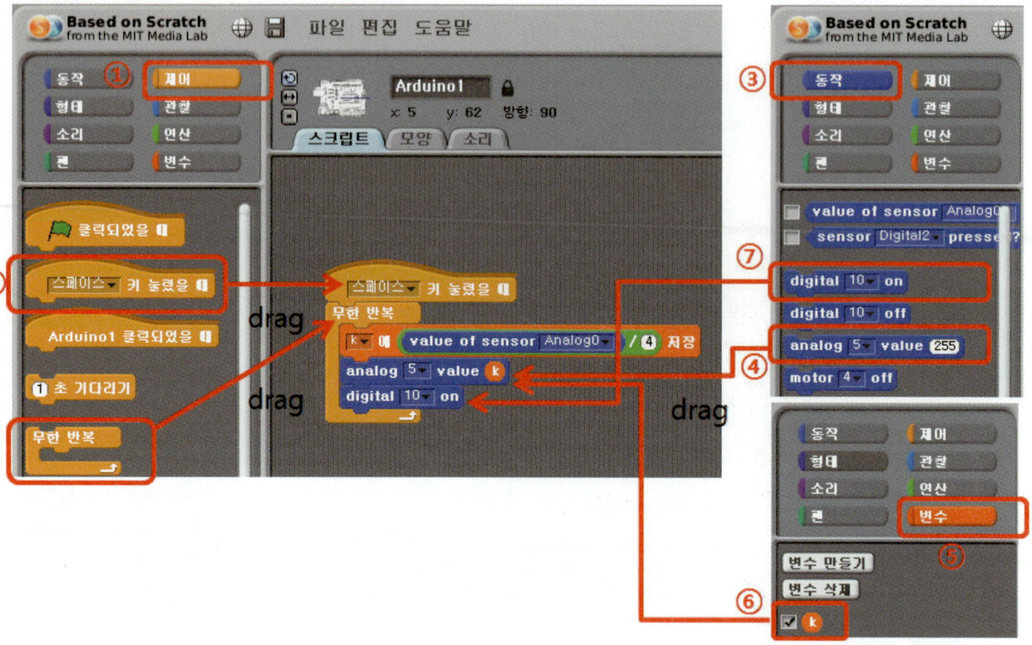

그림 7.17

⑤ 블록코드 analog 5 value 255 와 변수를 선택하여 스크립트 창에 끌어 놓고 결합한다(drag).

⑥ 동작 블록코드 digital 10 on 를 analog 5 value 255 아래에 끌어 놓고 결합한다(drag).

⑦ 완성된 스크립트는 다음과 같다.

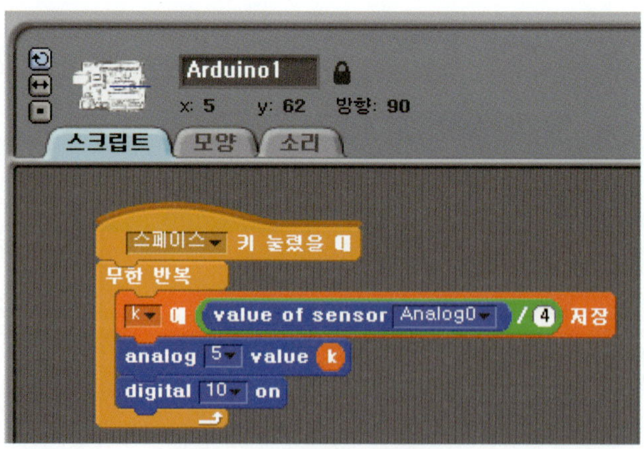

그림 7.18 **완성된 스크립트**

[실습순서 4] 동작확인

아두이노 보드에서 가변저항을 조정하며 직류 모터의 속도 변화를 확인한다.

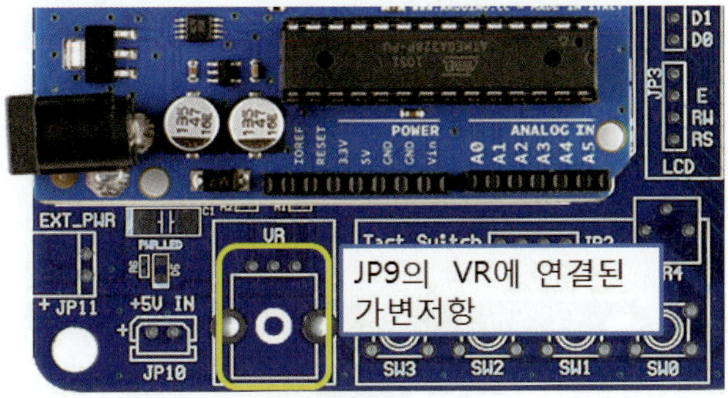

그림 7.19 가변저항 조정

■

실습 7-2 직류모터의 회전방향 변경

아두이노 보드에 모터 드라이버 회로를 연결하고, 버튼 스위치가 눌려지면 모터의 회전 방향이 변경되도록 한다.

[실습순서 1] 아두이노 보드의 구성

[브레드보드 사용] 아두이노 보드의 디지털입출력 핀 2에 버튼 스위치를 연결하고, 디지털입출력 핀 5번(PWM 출력핀)과 10번을 모터 드라이버(L298) 회로의 ENA와 IN1에 각각 연결하고, 모터 드라이버 회로의 모터 연결 단자에 모터를 연결한다.

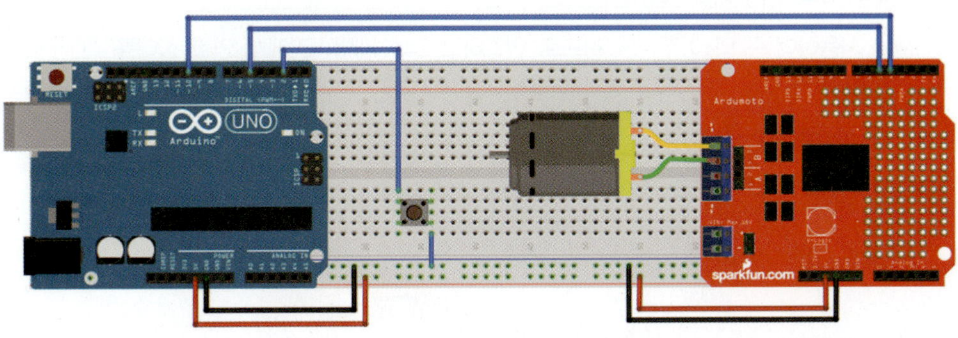

그림 7.20 아두이노 보드와 모터 드라이버 회로를 사용하여 직류모터의 연결

[아두이노 모터쉴드 사용] 실습 7-2에서와 같이 아두이노 보드와 전용 모터쉴드를 적층형으로 결합하고 모터쉴에 모터를 연결한다.

	아두이노 보드	베이스 보드	모터 쉴드
연결선 연결	디지털입출력 핀 2번	JP2 0번	
연결선 연결	디지털입출력 핀 5번		M1의 P
연결선 연결	디지털입출력 핀 10번		M1의 D

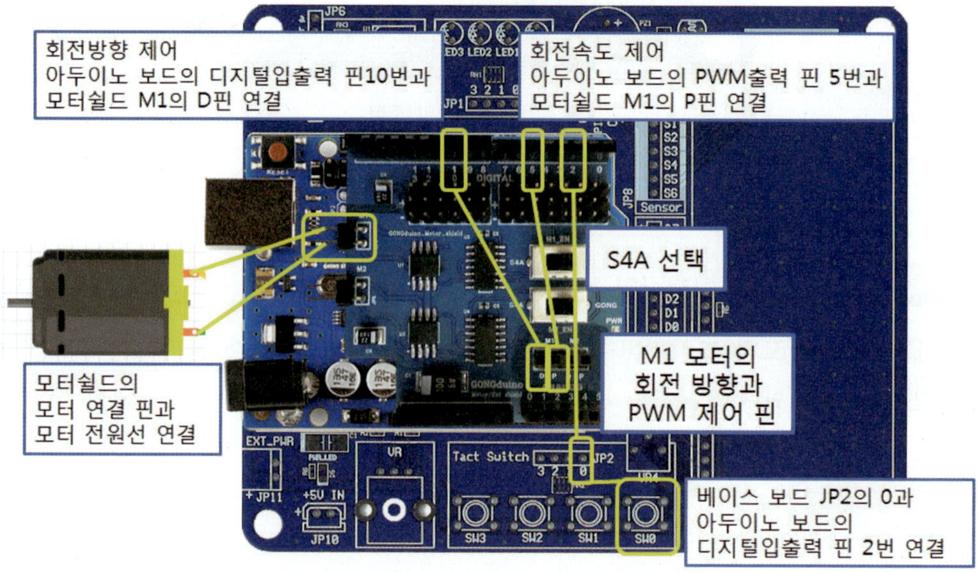

그림 7.21 **아두이노 보드와 베이스 보드, 모터쉴드와 직류모터 연결**

[실습순서 2] PC와 아두이노 보드의 연결

USB 케이블을 사용하여 PC와 아두이노 보드로 연결하고 S4A 개발환경에서 연결 상태를 확인한다.

[실습순서 3] 스크래치 구성

S4A 개발환경에서 스크립트를 다음과 같이 구성한다.

① 제어 블록코드 그룹 선택한다.

② 블록코드 

, 

, 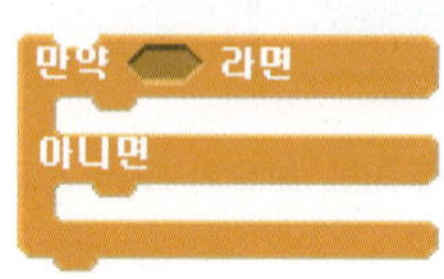

을 선택하여 스크립트 창에 끌어 놓고 결합한다(drag).

③ 동작 블록코드 그룹 선택한다.

④ 블록코드 sensor Digital2 pressed? 를 선택하여 스크립트 창에 drag하고, 만약 ( ) 라면 / 아니면 의 "만약 〈 〉라면" 의 부분에 결합한다.

⑤ 블록코드 digital 10 on 과 digital 10 off 를 선택하여 스크립트 창에 끌어 놓고 결합한다(drag).

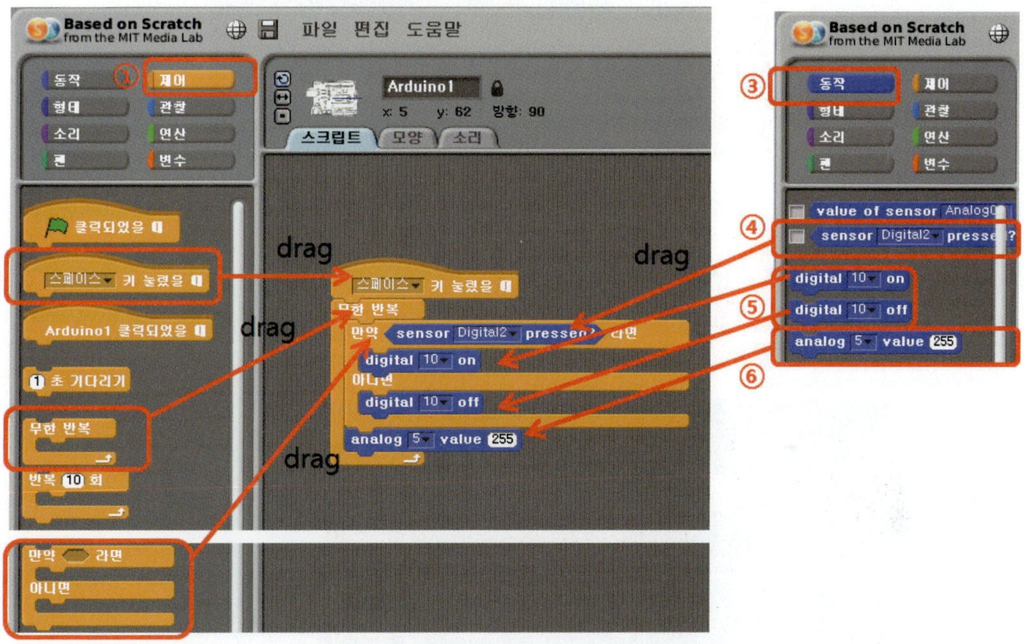

그림 7.22 S4A 개발환경에서 스크립트 구성

⑥ 블록코드 analog 5 value 255 를 선택하여 스크립트 창에 끌어 놓고 그림과 같이 결합한다(drag).

⑦ 완성된 스크립트는 다음과 같다.

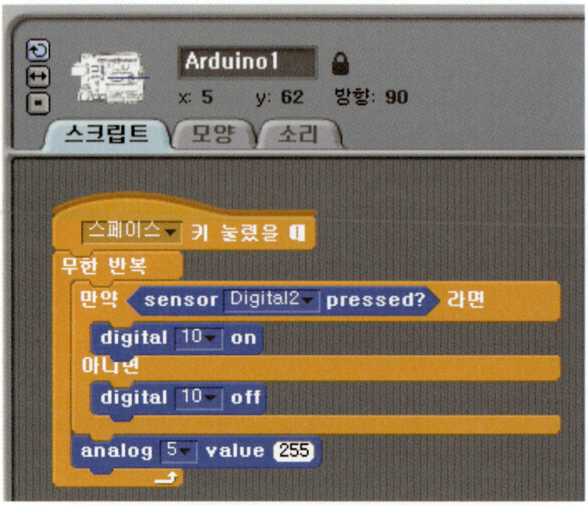

그림 7.23 완성된 스크립트

[실습순서 4] 동작확인

버튼 스위치를 눌러 직류 모터의 회전 변화를 확인한다.

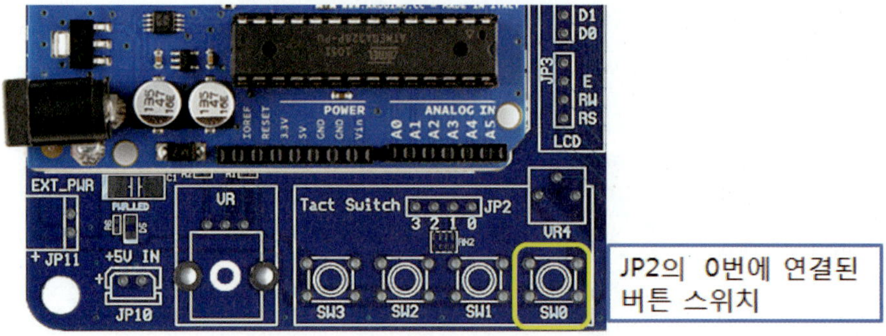

그림 7.24 베이스 보드의 버튼 스위치

■

연습과제 7-1

버튼 스위치에 의하여 직류모터의 회전방향 변경되고, 가변저항(VR)을 사용하여 회전속도가 조정되도록 아두이노 보드와 모터를 결합하고 스크립트를 작성하라.
실습 7-1과 실습 7-2의 기능을 결합하라.

연습과제 7-2

실습 7-1을 참고하여 가변저항(VR) 대신 빛 센서 Cds를 사용하고 모터에 날개를 달아 빛의 세기에 따라 날개의 회전 속도를 조절하라.

연습과제 7-3

가변저항의 값을 판단하여 500 이상이면 직류모터가 시계방향으로 회전하고, 500 미만이면 반시계방향으로 회전하도록 아두이노 보드와 모터를 결합하고 스크립트를 작성하라.

연습과제 7-4

2개의 직류 모터를 사용하여 그림 7.1과 같이 2개의 바퀴로 움직이는 자동차를 만들었을 때 그림 7.2와 같이 버튼 스위치에 의하여 전진과 후진이 가능하도록 아두이노 보드와 모터를 결합하고 스크립트를 작성하라.

Chapter

08

스크래치 게임 만들기 응용

Scratch for Arduino

스크래치를 이용한 플래시 게임 제작 원리를 이해하고 아두이노 보드와 스크래치의 연결과정을 이해하여 아두이노 보드를 사용하여 플래시 게임을 만든다.

1 아두이노 보드로 스크래치 게임하기

S4A에서 제공하는 스크래치 게임 예제를 통하여 아두이노 보드와 스크래치가 연동되는 응용 게임을 만들어 본다.

S4A의 'Pong' 이라는 스크래치 게임을 예로 살펴보면, 그림과 같이 PC 화면에서 마우스의 위치를 인식하여 아래 쪽의 패들을 움직이면 랜덤하게 아래 방향으로 떨어지는 공을 튕기게 하는 기본적인 게임이다.

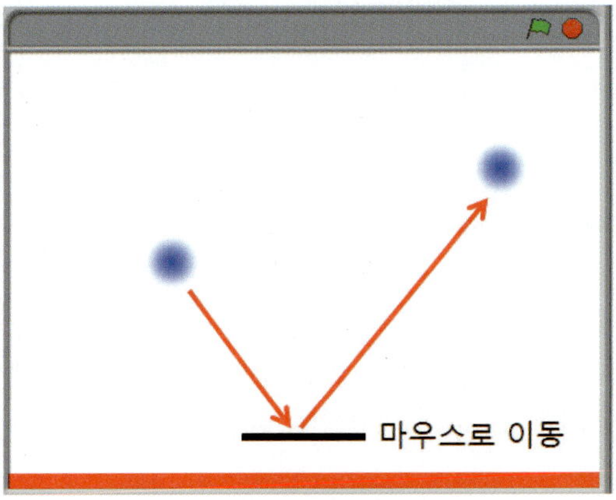

그림 8.1 스크래치 게임 'Pong'

'Pong' 게임은 그림과 같이 S4A 개발환경 위쪽의 툴바에서 '파일 → 열기 → 예제 → Games → 4.Pong → 확인' 순서로 가져올 수 있다.

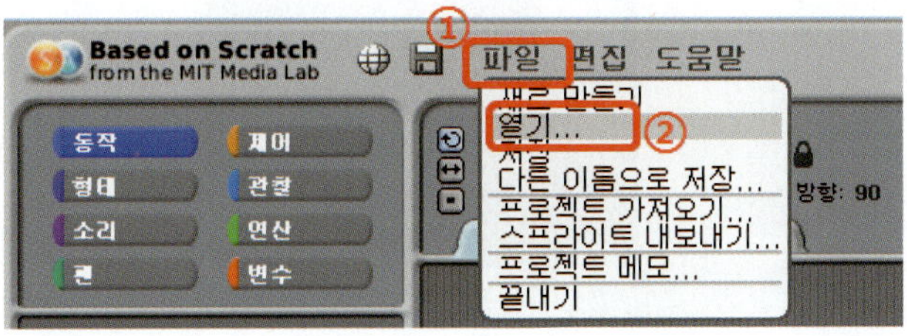

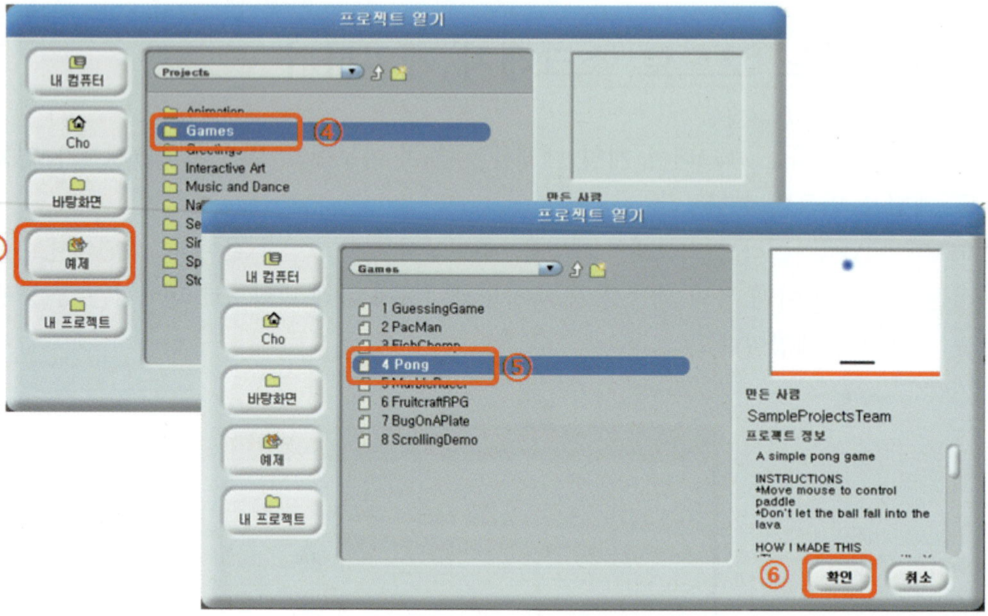

그림 8.2 **스크래치 게임 'Pong' 가져오기**

이 게임은 3가지 구조를 가지고 있다. ① 공(ball)이 벽에 부딪히면 튕겨 나오게 하는 스크립트와 그 공을 튕겨 오르게 하기 위한 ② 패들(paddle)을 움직이는 스크립트 그리고 ③ 무대가 있다.

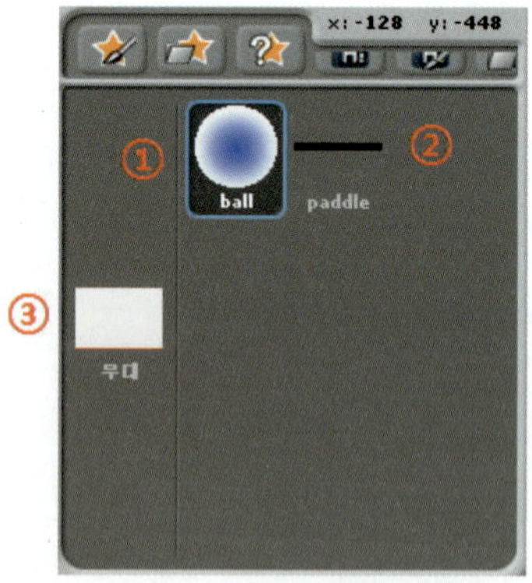

그림 8.3 **'Pong' 의 3가지 구성**

첫 번째 부분인 ① 공(ball)의 스크립트는 3부분으로 공이 바닥에 부딪히면 종료하게 하는 부분과 패들에 부딪히면 공이 튕겨 오르게 하는 부분 그리고 벽에 닿으면 튕기게 하는 부분으로 되어 있다.

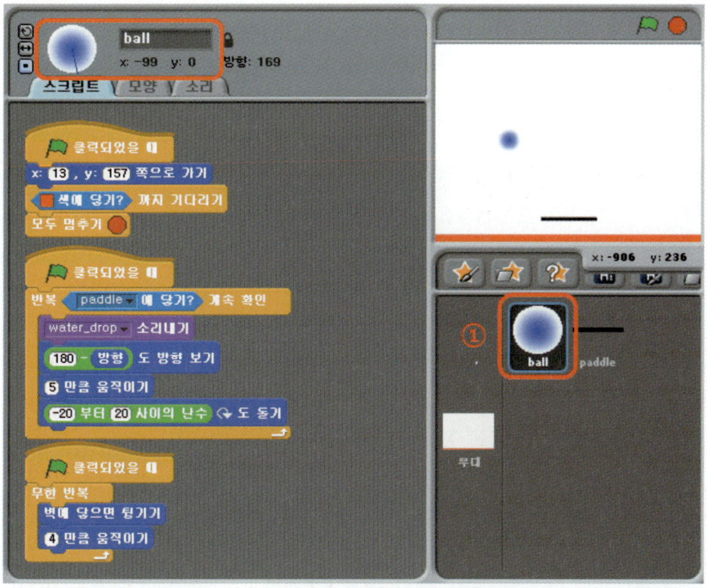

그림 8.4 '공(ball)' 의 스크립트

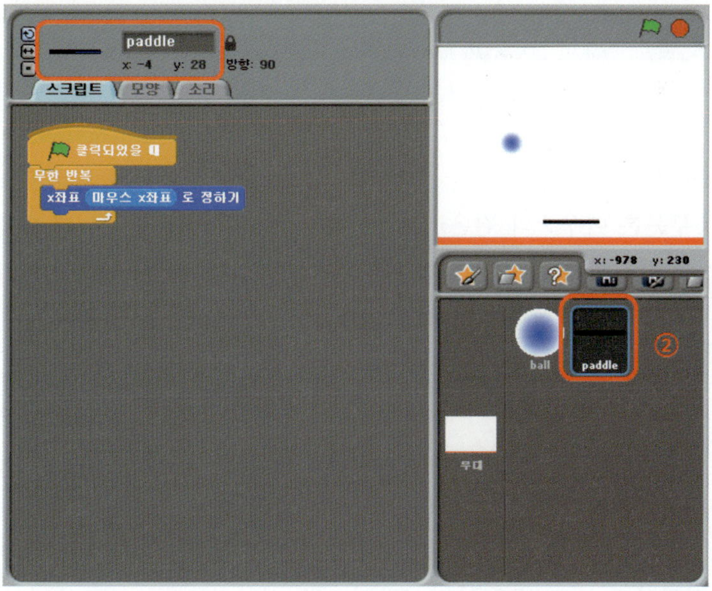

그림 8.5 '패들(paddle)' 의 스크립트

두 번째 부분은 ② 패들(paddle)이 아래 쪽의 고정된 높이에서 마우스의 움직임에 따라 좌우로 움직이도록 되어 있다.

세 번째 부분인 ③ 무대는 공(ball)과 패들(paddle)이 나타나는 공간으로 위쪽의 깃발을 마우스로 클릭하면 게임이 시작된다.

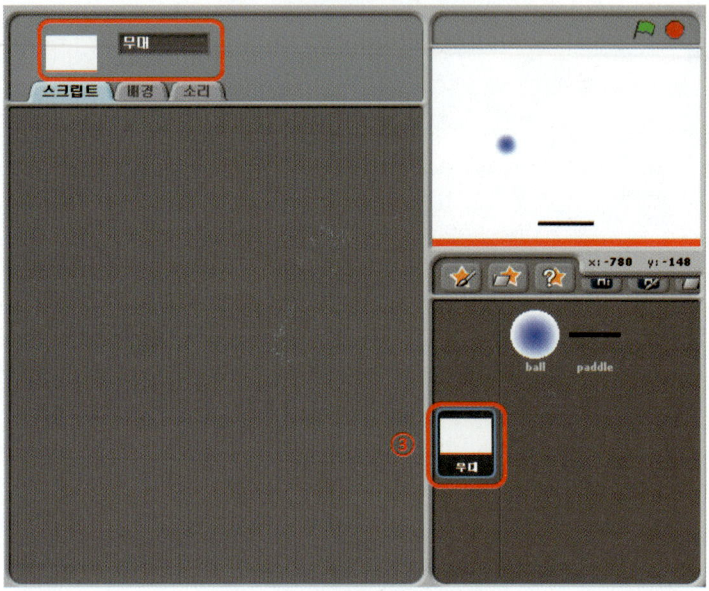

그림 8.6 '무대'의 구성

이들 3부분 가운데 공(ball)과 무대는 스크래치의 플래시 기능으로 화면에 출력하는 부분이고, 패들(paddle) 부분은 마우스와 같은 외부의 입력을 받아들여 플래시에 반영하는 부분이다.

이 'Pong' 게임에서 벽에 공이 부딪힐 때마다 아두이노 보드에 연결된 LED에 불을 켜거나 모터 등을 이용하여 날개가 돌아가게 하고 싶다면 공(ball)의 스크립트 부분에서 아두이노 제어 동작이 일어나도록 해야 한다.

반면 아두이노 보드의 가변저항이나 버튼 스위치를 이용하여 게임을 조정하도록 하려면 패들(paddle)에 아두이노 보드의 제어 부분이 반영되도록 해야 한다.

이것을 구현하기 위하여 아두이노 보드를 S4A 개발환경에 연결하면 다음과 같이 스크립트 창과 무대 창, 스프라이트 창 등 3곳에 아두이노 보드 심볼이 나타난다. 이 아두이노 보드를 원하는 형태로 변경하고 스크립트를 작성하면 아두이노 보드를 스크래치의 플래시 기능과 연결하여 사용할 수 있다.

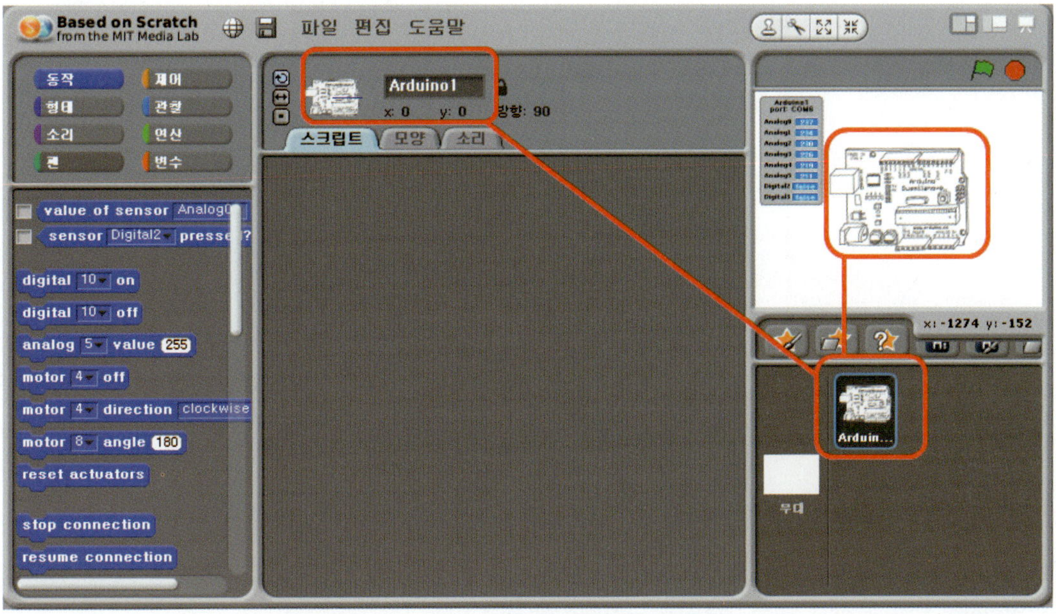

그림 8.7 아두이노 보드가 연결된 S4A의 초기 화면

예를 들면 'Pong' 게임에서 볼이 벽에 부딪힐 때마다 LED에 불이 켜지기 원한다면 LED가 연결된 아두이노 보드의 모양을 볼로 변경하여 볼이 벽에 부딪히는 값이 되면 아두이노 보드를 통하여 LED에 불을 켤 수 있도록 값이 출력되도록 스크립트를 작성하면 된다.

또는 패들을 아두이노 보드에 연결된 가변저항으로 조정하기 원한다면 아두이노 보드의 모양을 패들로 변환하여 스크립트를 작성하고 아두이노 보드의 입력 값을 적용하면 된다.

실습 8-1 가변저항으로 제어하는 게임 만들기

S4A에서 제공하는 예제 게임 'Pong'을 PC 화면에서 마우스가 아닌 아두이노 보드에 연결된 가변저항의 값을 받아 패들(paddle)이 움직이게 하는 게임을 만든다.

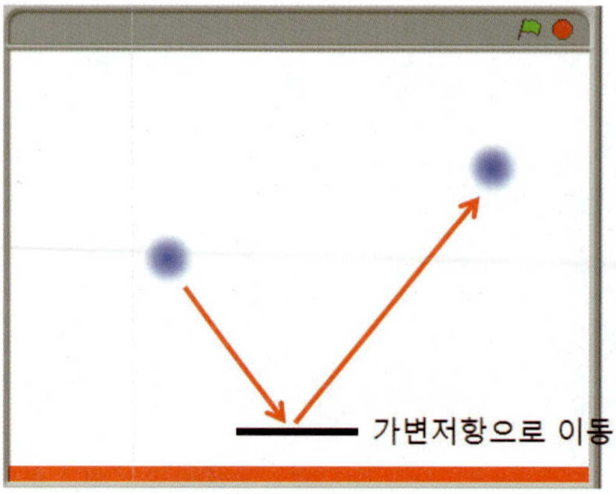

그림 8.8 가변저항으로 조정되는 스크래치 게임 'Pong'

[실습순서 1] 아두이노 보드의 구성

[브레드보드 사용] 아두이노 보드의 디지털입출력 핀 10번에 LED를 연결하고, 아날로그 입력 핀 A0에 가변저항을 연결하여 다음과 같이 브레드 보드에 구성하고 연결한다.

그림 8.9 아두이노 보드와 브레드 보드를 사용하여 LED와 가변저항 연결

[베이스 보드 사용] 아두이노 보드의 디지털입출력 핀과 베이스 보드의 LED와 가변저항을 연결한다.

	아두이노 보드	베이스 보드
연결선 연결	디지털입출력 핀 10번	JP1 커넥터(LED) 0번
연결선 연결	아날로그 입력 핀 A0번	JP9 커넥터 VR

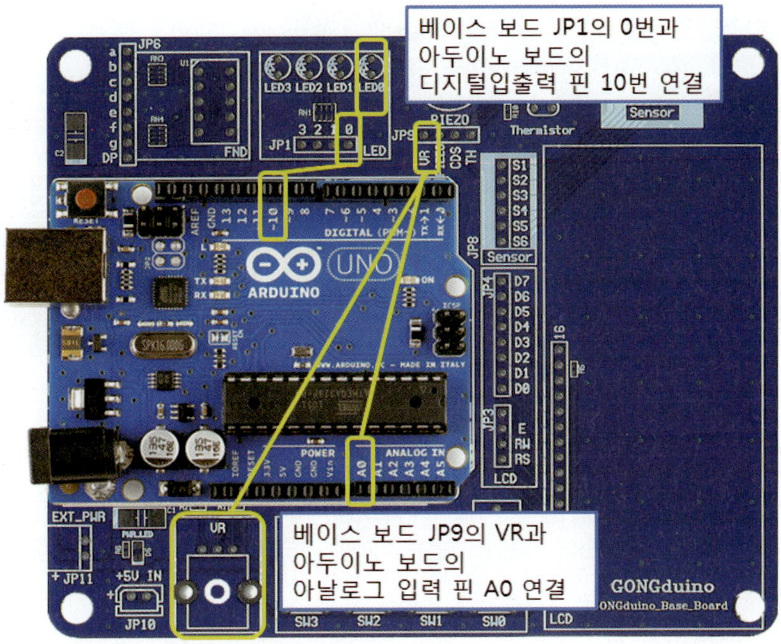

그림 8.10 **아두이노 보드와 베이스 보드 연결**

[실습순서 2] PC와 아두이노 보드의 연결

USB 케이블을 사용하여 PC와 아두이노 보드로 연결하고 S4A 개발환경에서 연결 상태를 확인한다.

[실습순서 3] 스크래치 구성

S4A 개발환경에서 스크립트를 다음과 같이 구성한다.

① 패들을 아두이노 보드에 연결된 가변저항으로 조정하기 위하여 아두이노 보드의 심볼을 패들(paddle)로 변환한다.
그림 8.11과 같이 S4A의 작업창에서 모양 탭 클릭하여 스크립트 창에서 모양 창으로 변경하고 그림을 클릭하면 그림 8.12와 같이 그림창이 생성된다.

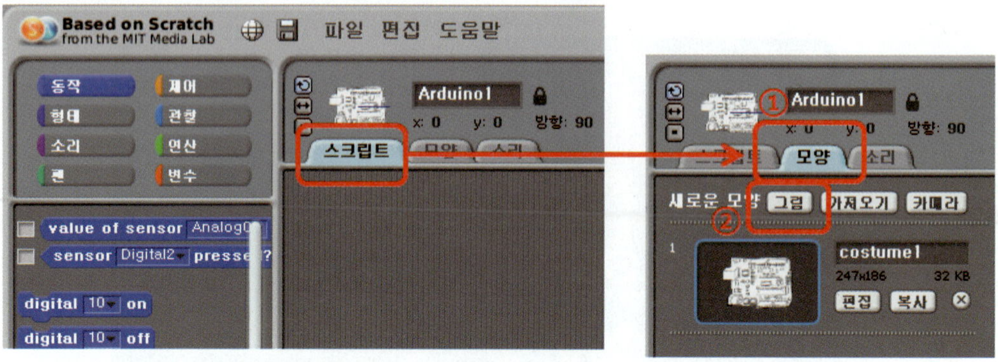

그림 8.11

② 그림판에서 패들로 사용할 모양을 그린다.

먼저 아두이노 보드를 통하여 입력되는 가변저항 값은 0~1023 범위이므로 저항 값이 '0' 일 때 무대의 왼쪽 끝이 될 수 있도록 그림판의 화면 스크롤을 아래쪽 스크롤은 왼쪽 끝까지 오른쪽 스크롤은 아래쪽 끝까지 ③과 같이 조정한다.

그림 8.12의 그림판에서 ④~⑥의 순서로 패들로 사용할 부분을 왼쪽 끝에서부터 적절한 크기로 그린다. 아래쪽은 무대의 바닥 부분을 그릴 수 있도록 적당히 띄워 놓는다.

이렇게 하면 아두이노 보드에 연결된 가변저항을 한쪽으로 끝까지 돌렸을 때의 값인 '0' 일 때 패들이 무대의 왼쪽 끝에 놓이게 된다.

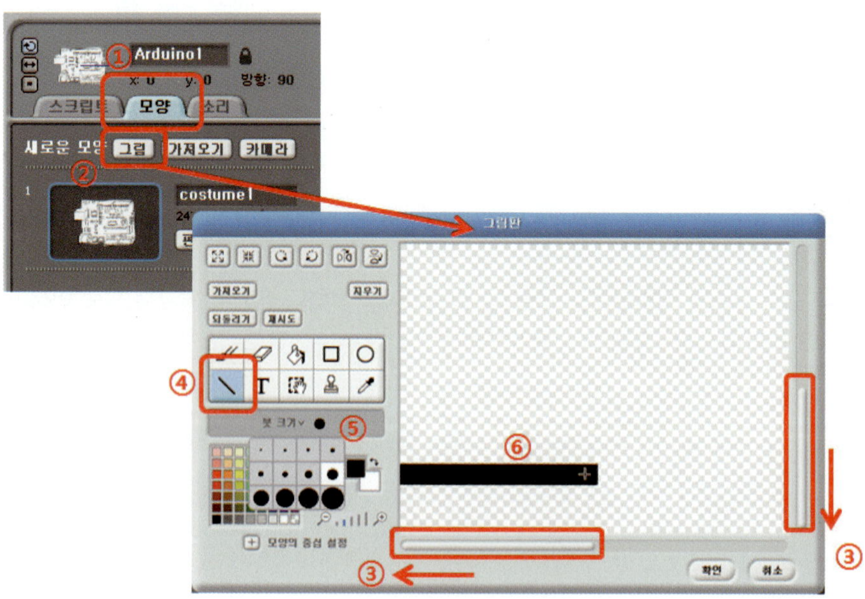

그림 8.12 패들 그리기

③ 그림 8.12의 그림판에서 확인을 누르면 그림판이 닫치고 그림 8.13과 같이 모양창 상태로 돌아온다. 작업창 위쪽과 무대와 스프라이트 창에 아두이노 보드 심볼이 그림판에서 그린 패들로 변경되어 나타나있다. 그림 8.13의 ①과 같이 'Arduino1' 이라는 이름을 'paddle' 이름으로 변경한다.

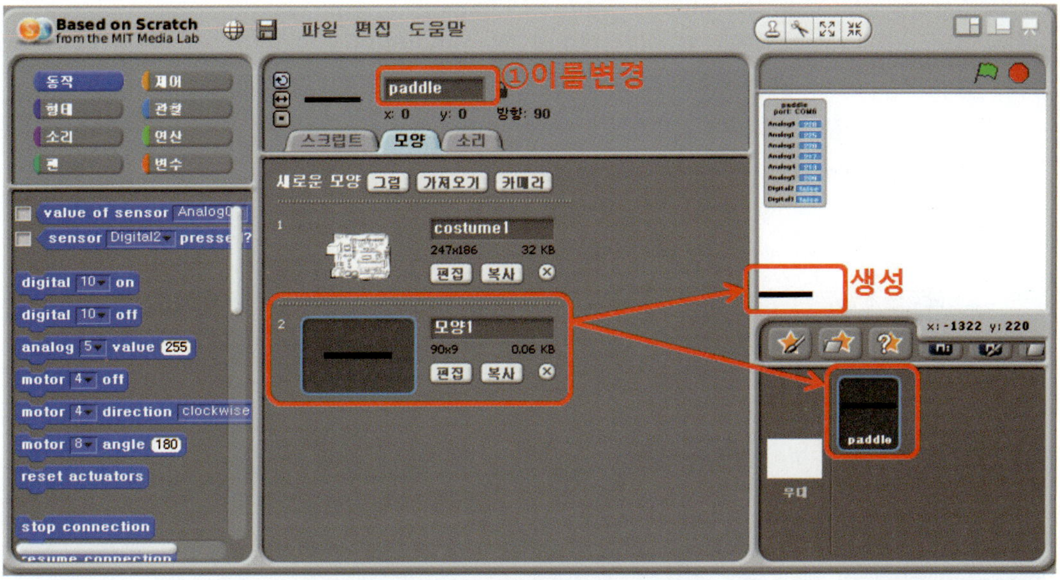

그림 8.13 아두이노 보드의 패들 변환

④ 패들을 위한 스크립트를 다음 그림 8.14와 같이 작성한다.

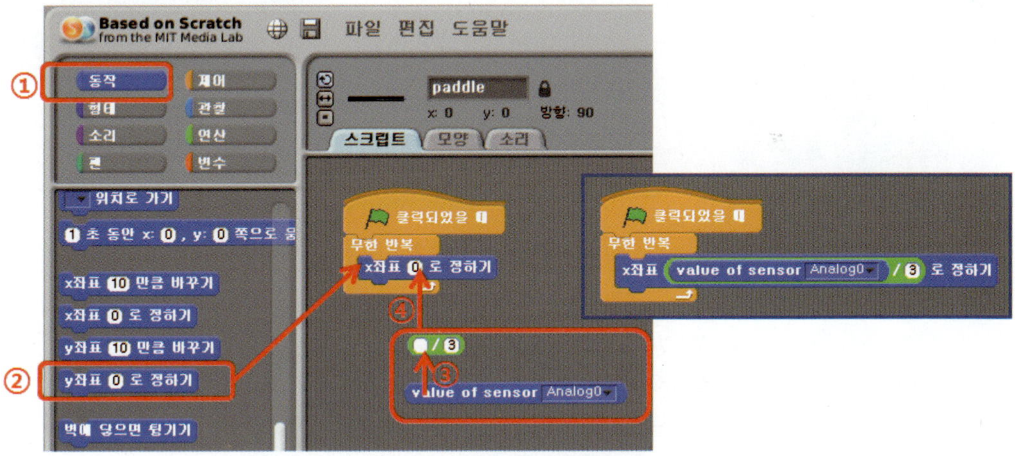

그림 8.14 패들의 스크립트

아두이노 보드의 가변저항이 블록코드 value of sensor Analog0 를 통하여 입력 되며 0~1023의 범위를 가지므로 '무대' 창의 크기에 적합하도록 (/)를 사용하여 값을 조정하여 x좌표 값으로 사용한다.

⑤ 벽이나 패들에 튕기게 될 볼을 만든다.

먼저, 볼이라는 새로운 스프라이트를 생성시켜야 하므로 S4A 개발환경의 오른쪽 아래 스프라이트 창에서 그림 8.15의 ①과 같이 새로운 스프라이트: 를 클릭하면 다시 그림판이 나타난다. 사용할 볼은 그림판에서 패들이 경우처럼 그려서 사용할 수 도 있고, 제공되는 다양한 심볼을 불러와서 사용할 수도 있다.

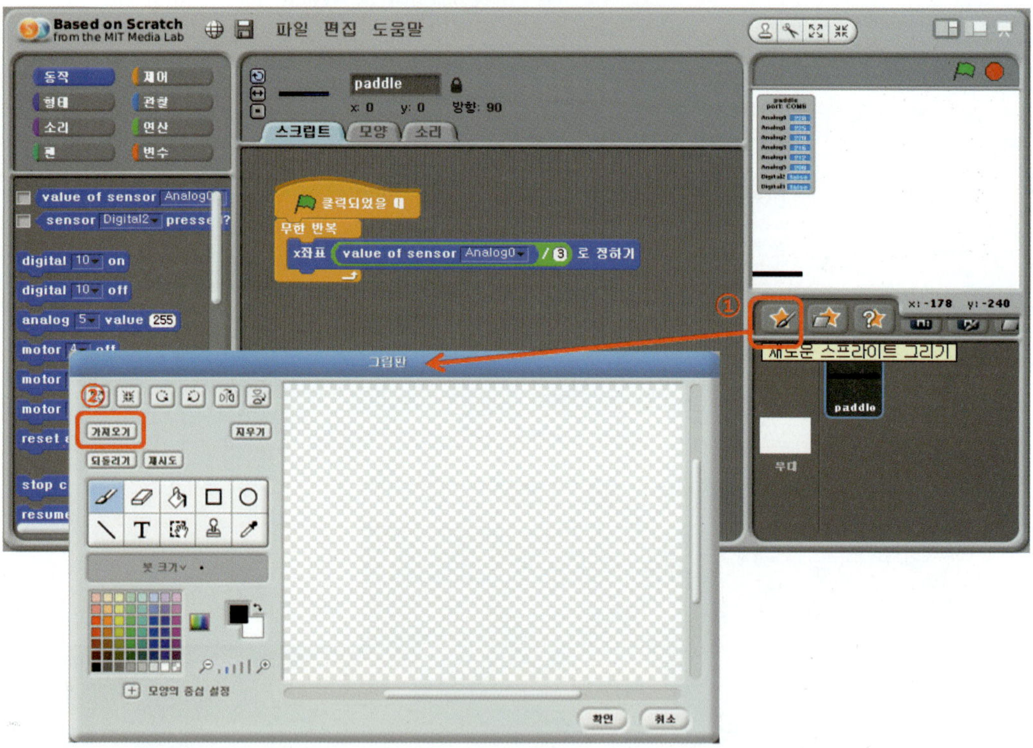

그림 8.15 볼 스프라이트 생성

여기에서는 '가져오기'를 선택하여 그림 8.16과 같이 'beachball'을 가져왔다.

그림 8.16의 그림판에서 확인을 누르면 그림판이 닫치고 그림 8.17과 같이 모양창 상태로 돌아온다. 작업창 위쪽과 무대와 스프라이트 창에 패들 스프라이트 옆에 볼(ball) 나타나있다.

그림 8.17의 ③과 같이 '스프라이트1'이라는 이름을 'Ball' 이름으로 변경한다.

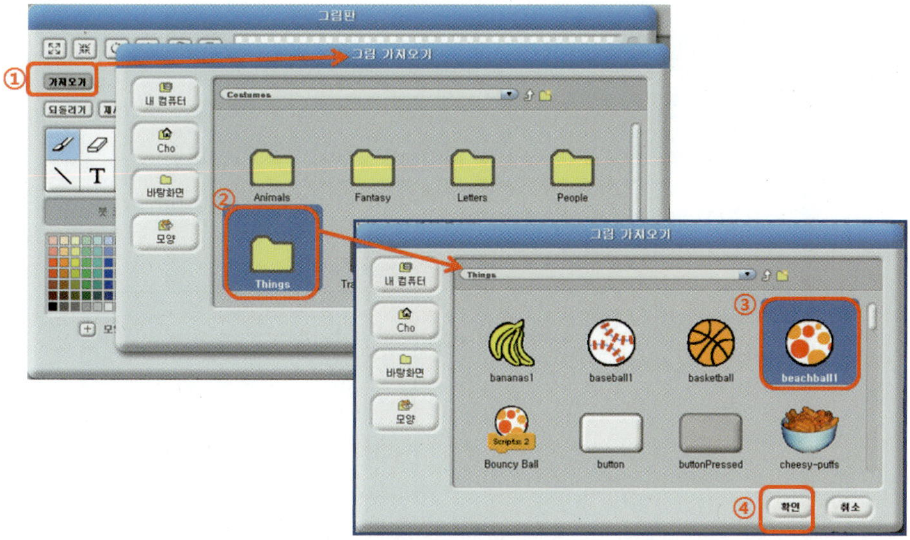

그림 8.16 볼 심볼 생성

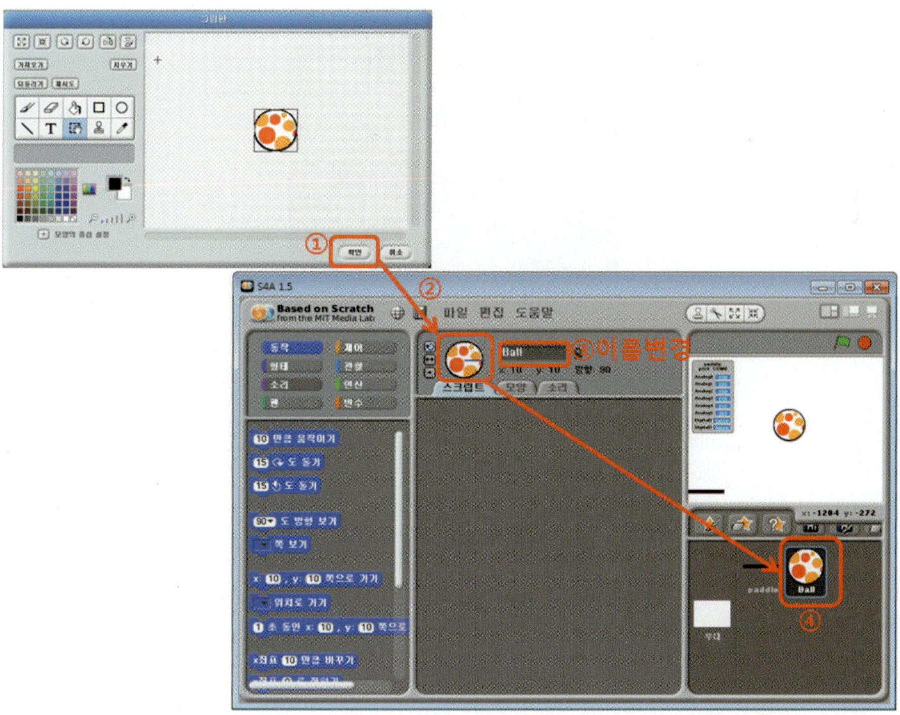

그림 8.17 볼 심볼 생성

⑥ 볼이 벽 등에 붙이 칠 때 소리가 나도록 그림 8.18과 같이 소리창을 열어 적절한 소리를 선택하여 가져온다.

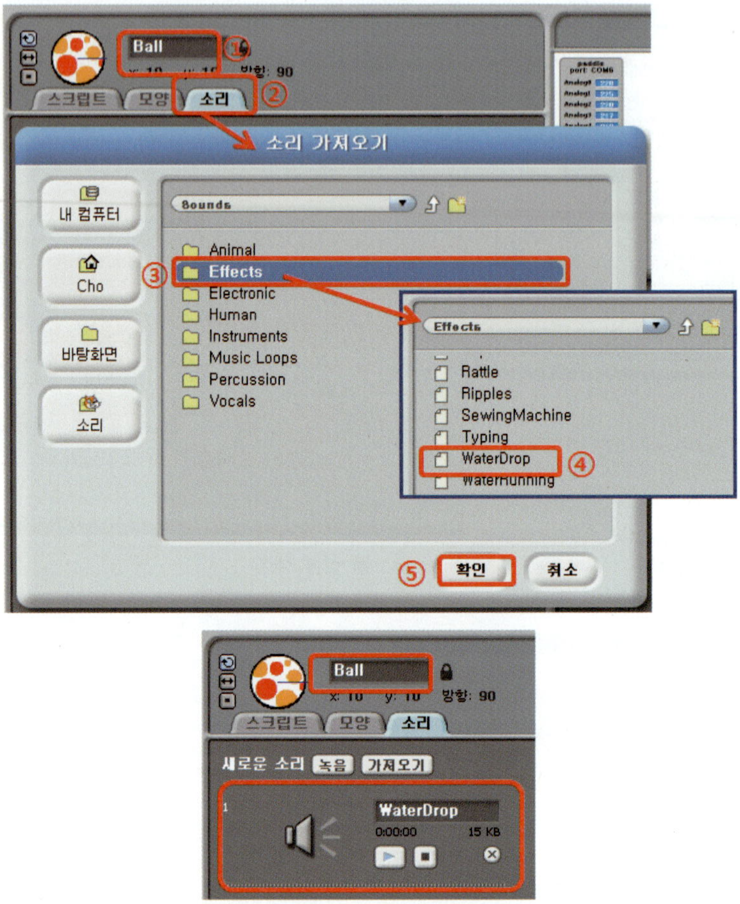

그림 8.18 **소리 생성**

⑦ 볼(ball)을 위한 스크립트는 볼이 바닥에 부딪히면 게임이 종료되도록 하는 부분, 볼이 패들에 부딪히면 튕겨나가는 부분과 벽에 부딪히면 방향을 바꾸어 튕겨나가게 하는 3가지 부분으로 구성하게 된다.
볼이 바닥에 부딪히면 게임이 종료되는 스크립트는 그림 8.19와 같이 구성한다.
볼이 패들에 부딪히면 소리를 내며 튕겨나가는 스크립트는 그림 8.20과 같이 구성한다.
볼이 벽에 부딪히면 방향을 바꾸어 튕겨나가게 하는 스크립트는 그림 8.21과 같이 구성한다.

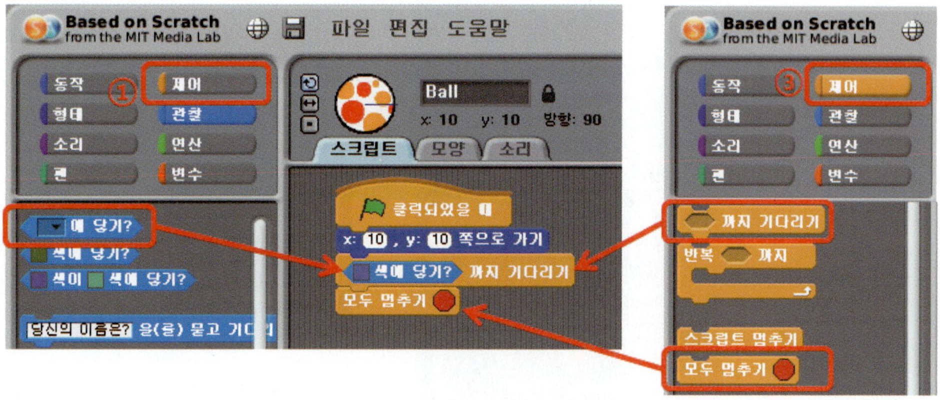

그림 8.19 볼이 바닥에 부딪히면 게임이 종료되는 스크립트

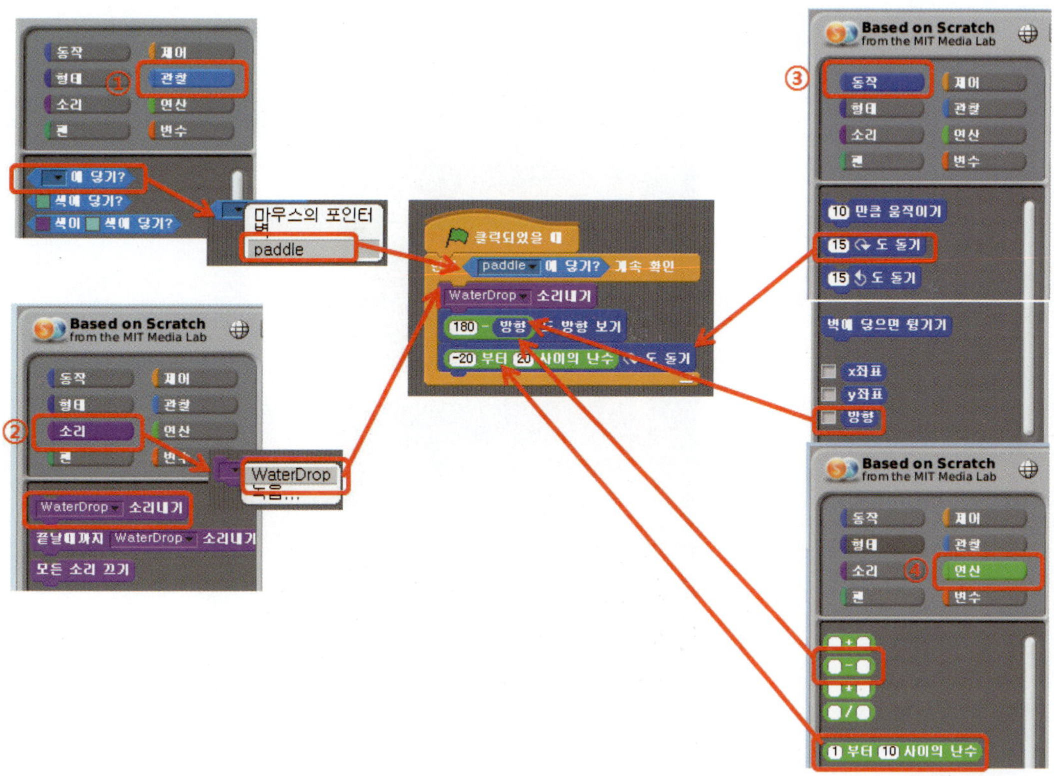

그림 8.20 볼이 패들에 부딪히면 소리를 내며 튕겨나가는 스크립트

그림 8.21 볼이 벽에 부딪히면 방향을 바꾸어 튕겨나가게 하는 스크립트

그림 8.22 볼을 위한 완성된 스크립트

⑧ 볼과 패들이 움직이게 되는 무대를 만든다.

무대는 공(ball)과 패들(paddle)이 나타나는 공간으로 위쪽의 ![green flag]을 마우스로 클릭하면 게임이 시작된다. S4A 개발환경에서 오른쪽 아래에 있는 스프라이트 창에서 그림 8.23의 ①과 같이 무대를 선택하여 클릭한다. 가운데 작업 영역에서 ②, ③의 순서로 배경 창을 열고 편집을 클릭하면 그림 8.24와 같이 그림창이 나타난다.

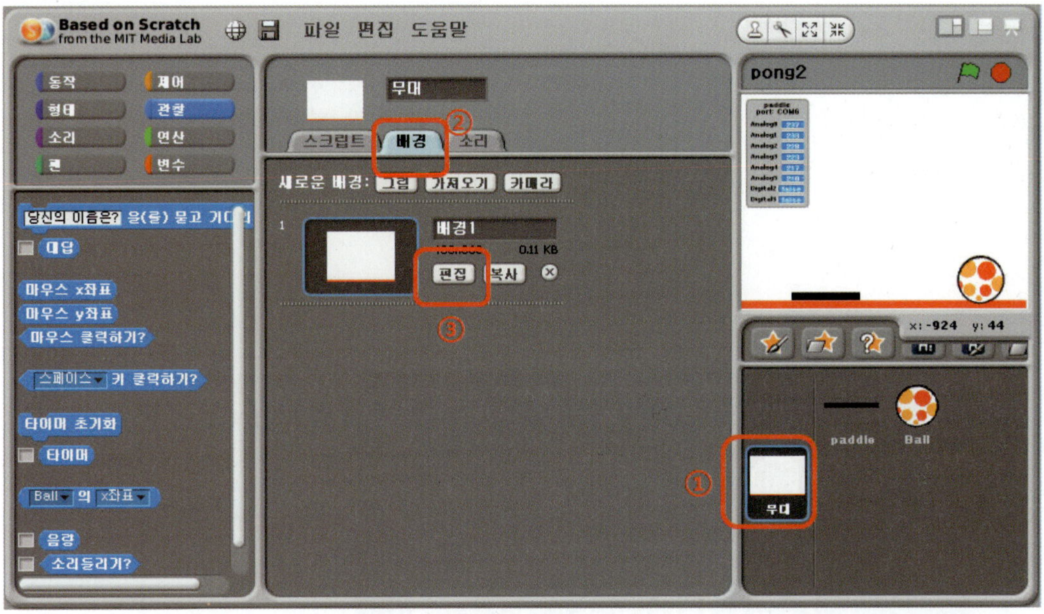

그림 8.23 **무대 편집**

그림 8.24에서 ①에서 도구를 선택하고 무대화면에 ②와 같이 무대를 그리고 ③확인을 눌러 완성한다.

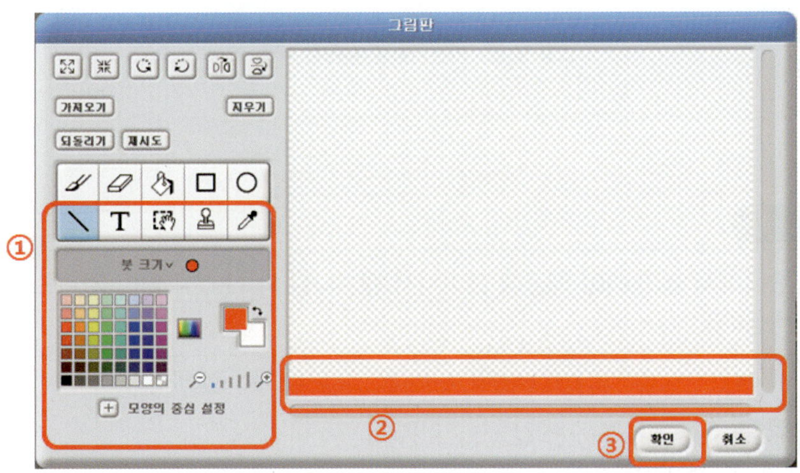

그림 8.24 **무대 그리기**

[실습순서 4] 동작확인

S4A 개발환경에서 그림 8.25의 ①과 같이 오른쪽 무대창의 [녹색 깃발]를 마우스로 클릭하여 스크래치를 실행시키고 ②의 아두이노 보드에 연결된 가변저항으로 패들을 조정하여 플래시 게임을 한다.

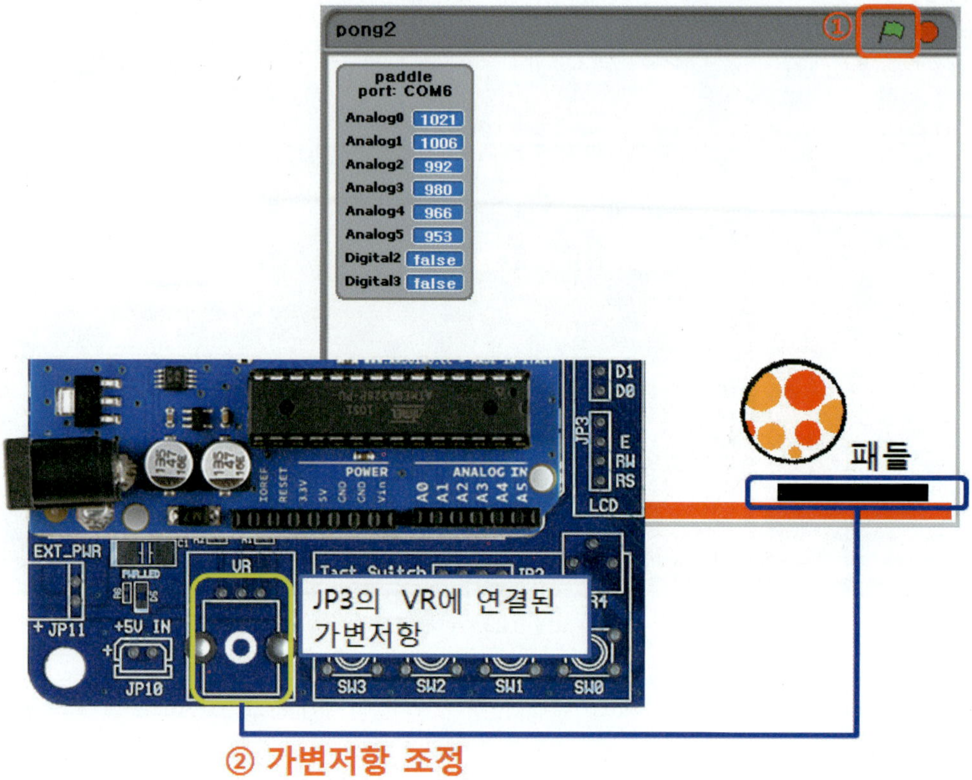

그림 8.25 가변저항을 사용한 패들 조정

■

연습과제 8-1

앞의 실습 8-1에서 볼(Ball)이 패들에 붙이쳐서 튕겨나갈 때 LED에 불이 켜지도록 스크립트를 수정하여 작성하라.

연습과제 8-2

앞의 실습 8-1에서 볼(Ball) 2개를 사용하고, 이 볼 2개를 패들로 튕겨내는 게임이 되도록 스크립트를 수정하여 작성하라.

실습 8-2 버튼 스위치로 제어하는 게임 만들기

S4A에서 제공하는 예제 게임 'MarbleRacer'을 PC 화면에서 키보드의 화살표 키가 아닌 아두이노 보드에 연결된 4개의 버튼 스위치를 사용하여 구슬(Marble)이 경주로를 주행하는 게임을 만든다.

그림 8.26 버튼 스위치로 조정되는 스크래치 게임 'MarbleRacer'

[실습순서 1] 아두이노 보드의 구성

S4A에는 디지털입력핀이 2번과 3번 2개만 지정되어 있으므로, 4개의 버튼 스위치를 연결하기 위해서 버튼 스위치 2개는 아두이노 보드의 디지털입출력핀 2번과 3번에 연결하고 나머자 2개의 버튼 스위치는 아날로그 입력핀 A0와 A1에 연결하여 사용한다.

[브레드보드 사용] 아두이노 보드의 디지털입출력 핀 10~13번에 4개의 LED를 연결하고, 디지털입력 2번, 3번과 아날로그 입력 핀 A0, A1에 버튼 스위치 4개를 연결하여 다음과 같이 브레드 보드에 구성하고 연결한다.

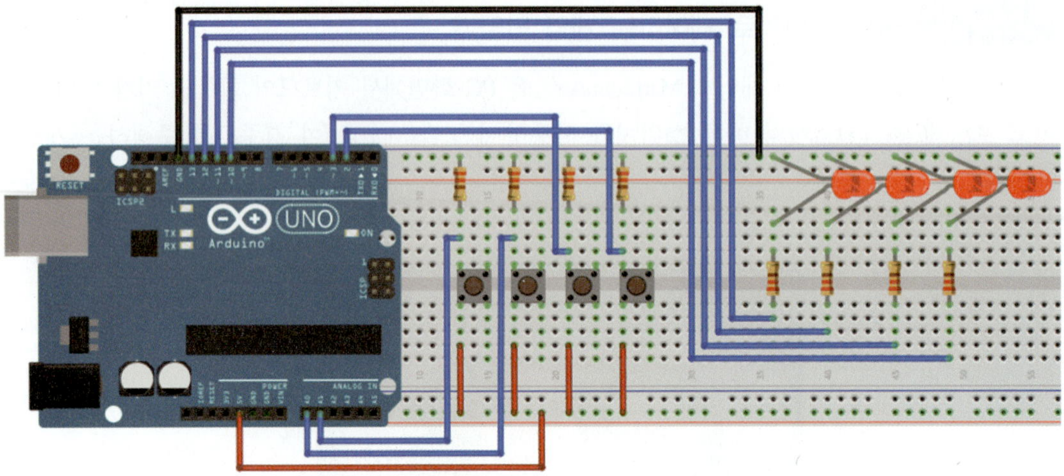

그림 8.27 아두이노 보드와 브레드 보드를 사용하여 LED와 버튼 스위치 연결

[베이스 보드 사용] 아두이노 보드의 디지털입출력 핀과 아날로그 입력핀에 베이스 보드의 LED와 버튼 스위치를 다음과 같이 연결한다.

	아두이노 보드	베이스 보드
연결선 연결	디지털입출력 핀 10번	JP1 커넥터(LED) 0번
연결선 연결	디지털입출력 핀 11번	JP1 커넥터(LED) 1번
연결선 연결	디지털입출력 핀 12번	JP1 커넥터(LED) 2번
연결선 연결	디지털입출력 핀 13번	JP1 커넥터(LED) 3번
연결선 연결	디지털입출력 핀 2번	JP2 커넥터(Test Switch) 0번
연결선 연결	디지털입출력 핀 3번	JP2 커넥터(Test Switch) 1번
연결선 연결	아날로그 입력 핀 A0번	JP2 커넥터(Test Switch) 2번
연결선 연결	아날로그 입력 핀 A1번	JP2 커넥터(Test Switch) 3번

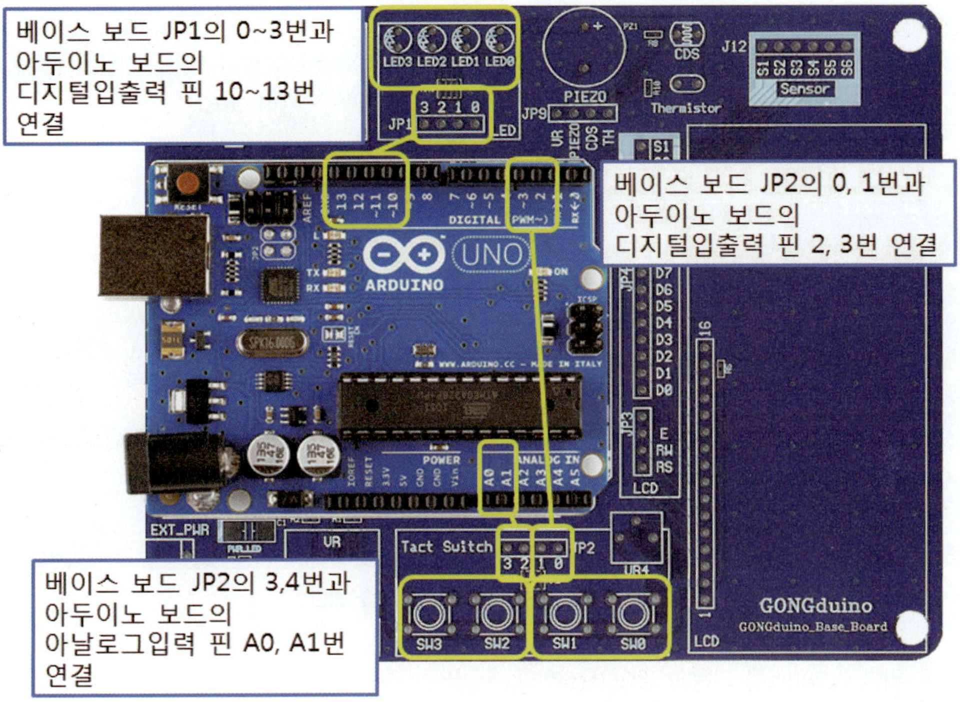

그림 8.28 아두이노 보드와 베이스 보드 연결

[실습순서 2] PC와 아두이노 보드의 연결

USB 케이블을 사용하여 PC와 아두이노 보드로 연결하고 S4A 개발환경에서 연결 상태를 확인한다.

[실습순서 3] 스크래치 구성

S4A 개발환경에서 앞의 실습 9-1을 참고하여 스크립트를 다음과 같이 구성한다.

① 구슬을 아두이노 보드에 연결된 4개의 버튼 스위치 조정하기 위하여 아두이노 보드의 심볼을 구슬(Marble)로 변환한다.

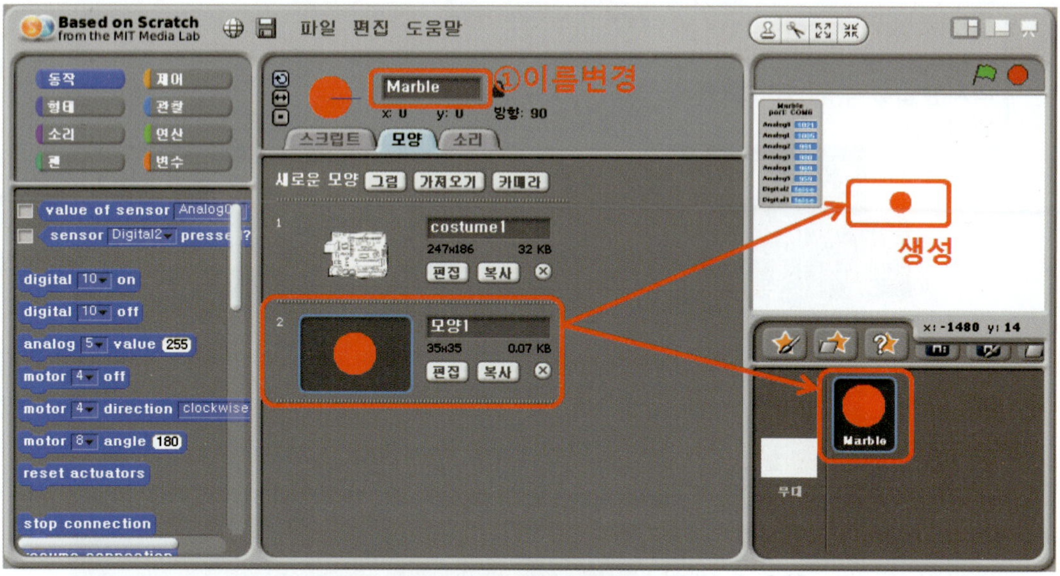

그림 8.29 아두이노 보드의 구슬 변환

② 구슬을 위한 스크립트를 다음과 같이 작성한다.

구슬의 이동속도를 조정하기 위하여 x축 이동 속도와 y축 이동 속도를 지어하기 위한 변수를 만들어 사용한다.

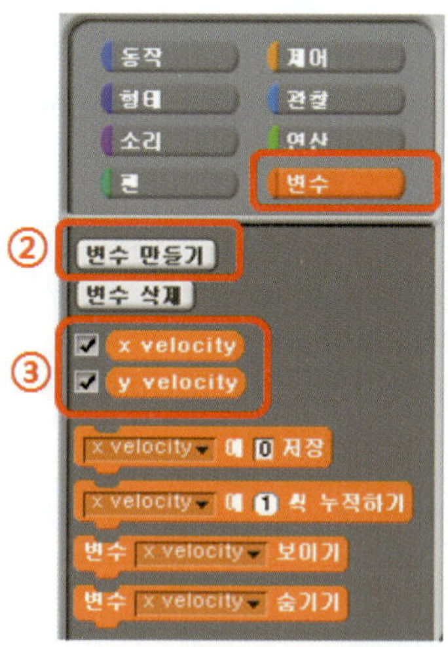

그림 8.30 구슬의 x축과 y축 이동속도 변수

③ 구슬의 출발위치를 지정하는 스크립트를 작성한다.

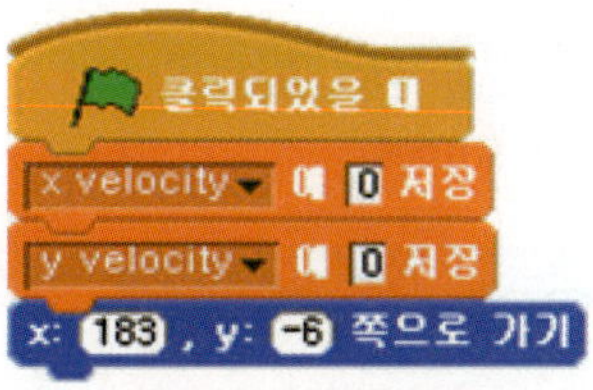

그림 8.31 구슬의 출발위치

④ 구슬의 이동속도를 지정하는 스크립트 작성한다.

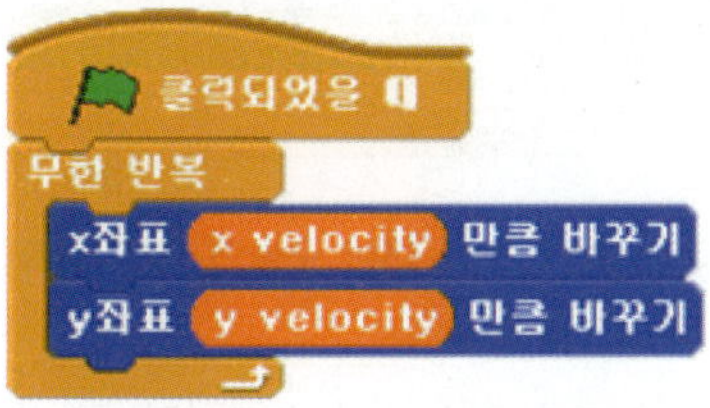

그림 8.32 구슬의 위치 이동

⑤ 아두이노 보드에 연결된 버튼 스위치 입력에 따라 이동방향을 조정하는 스크립트를 작성한다. 전진과 후진을 위한 버튼 스위치는 디지털입력핀 2번과 3번에 각각 연결되어 있으므로 사용에 문제가 없으나 오른 쪽과 왼쪽으로 이동하는 버튼 스위치는 아날로그 입력핀 A0와 A1에 연결되어 있으므로 버튼이 눌려질 때 0 또는 1023의 값으로 입력되어진다.

그러므로 아두이노 보드의 버튼 스위치가 눌려질 때, 명령블록 value of sensor Analog0 을 통하여 읽혀지는 값은 1023의 값을 가진다. 아날로그 입력의 감도 조정등을 고려하여 그림 8.33과 같이 값을 변형하여 사용한다.

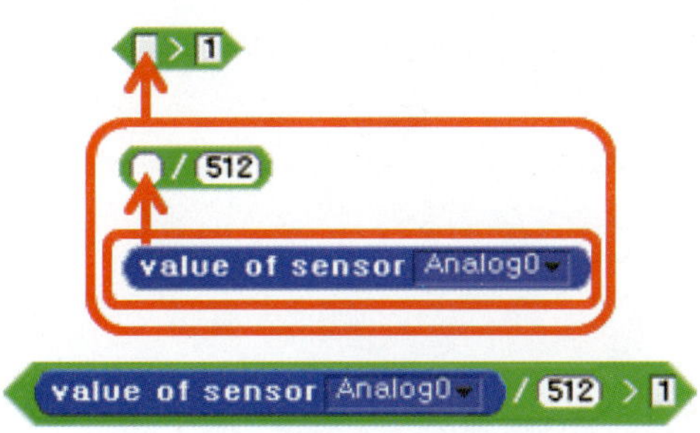

그림 8.33 아날로그 입력 값의 조절

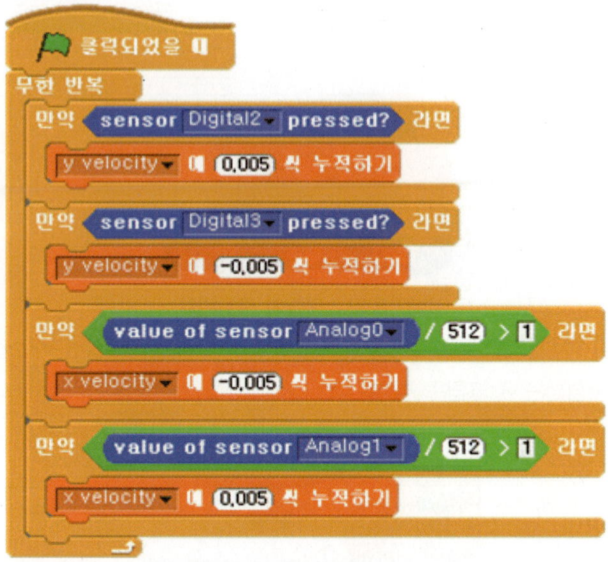

그림 8.34 **버튼 스위치 입력에 대한 구슬의 이동 좌표 x와 y값의 조정**

⑥ 구슬이 경로를 이탈하였을 때 이동속도를 감속하는 스크립트 작성한다.

그림 8.35 **구슬의 경로를 이탈 했을 때 좌표 x와 y값의 조정**

구슬의 출발 위치와 버튼 스위치에 의하여 이동경로가 바뀌게 하거나 경로를 이탈한 경우에 대하여 구슬의 이동 좌표를 조정하는 완성된 스크립트는 그림 8.36과 같다.

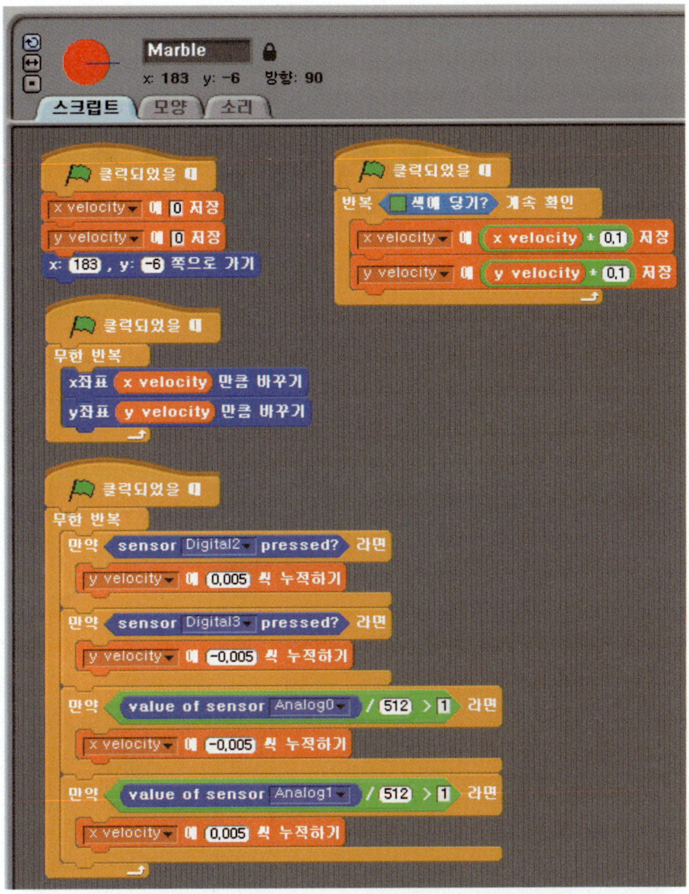

그림 8.36 **완성된 구슬의 위치 이동을 위한 스크립트**

⑦ 결승선을 만든다.

먼저, 결승선(finish line)이라는 새로운 스프라이트를 생성시켜야 하므로 S4A 개발환경의 오른쪽 아래 스프라이트 창에서 

를 클릭하여 새로운 스프라이트를 생성시키고 그림판에서 그림 8.37과 같이 결승선을 만든다.

그림 8.38은 생성된 결성선 스프라이트이다.

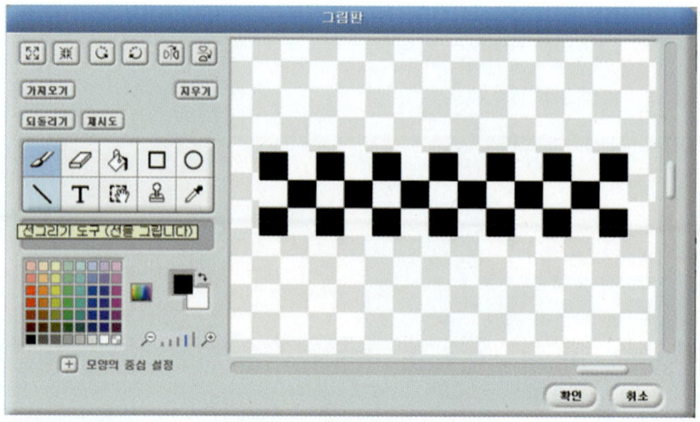

그림 8.37 결승선 그리기

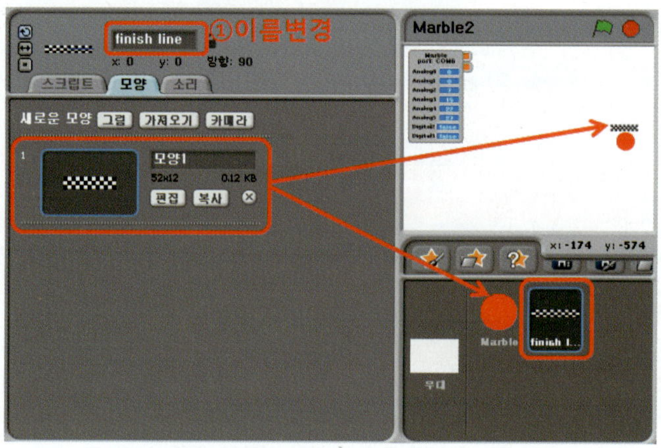

그림 8.38 결승선 스프라이트 생성

⑧ 결승선에서의 스크립트를 그림 8.39와 같이 작성한다.

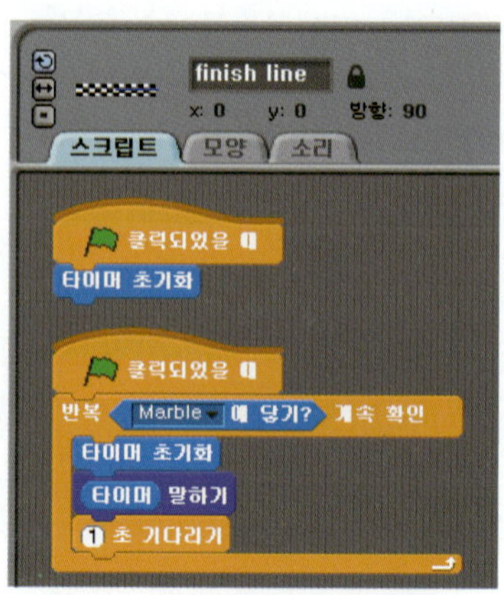

그림 8.39 결승선 스크립트

⑨ 구슬이 움직이게 되는 무대를 만든다.

무대는 구슬(Marble)이 버튼 스위치에 따라 이동하게 되는 주행 경기장을 나타내는 공간으로 구성하고 위쪽의 을 마우스로 클릭하면 게임이 시작된다.

S4A 개발환경에서 오른쪽 아래에 있는 스프라이트 창에서 그림 8.40의 ①과 같이 무대를 선택하여 클릭한다. 가운데 작업 영역에서 ②, ③의 순서로 배경 창을 열고 편집을 클릭하여 그림판에서 그림 8.41과 같이 그린다.

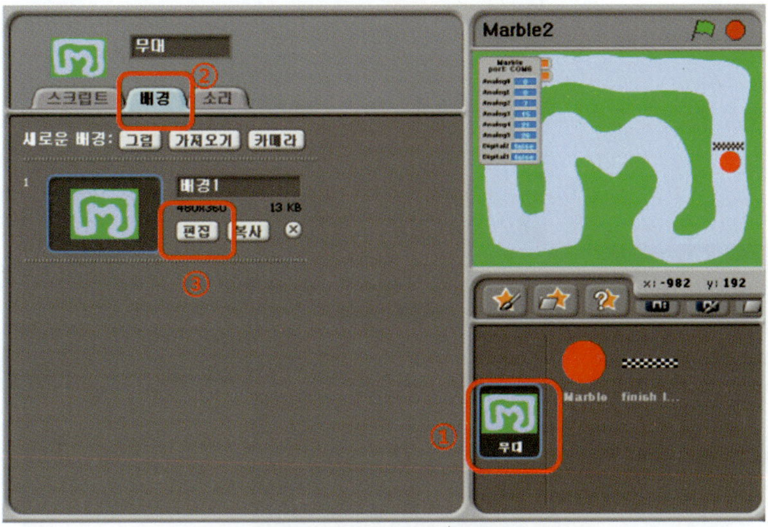

그림 8.40 결승선과 경주로를 포함한 무대 편집

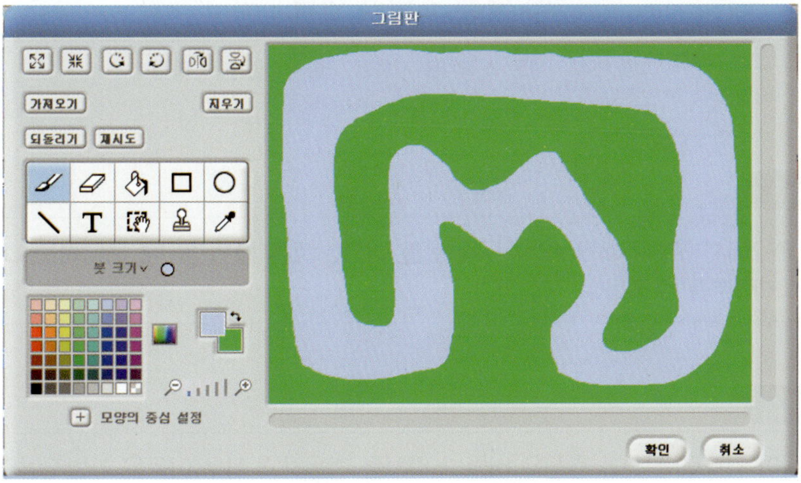

그림 8.41 결승선과 경주로를 포함한 무대 그리기

[실습순서 4] 동작확인

S4A 개발환경에서 그림 8.42의 ①과 같이 오른쪽 무대창의 (깃발)를 마우스로 클릭하여 스크래치를 실행시키고 ②의 아두이노 보드에 연결된 4개의 버튼 스위치로 구슬의 이동을 조정하여 플래시 게임을 한다.

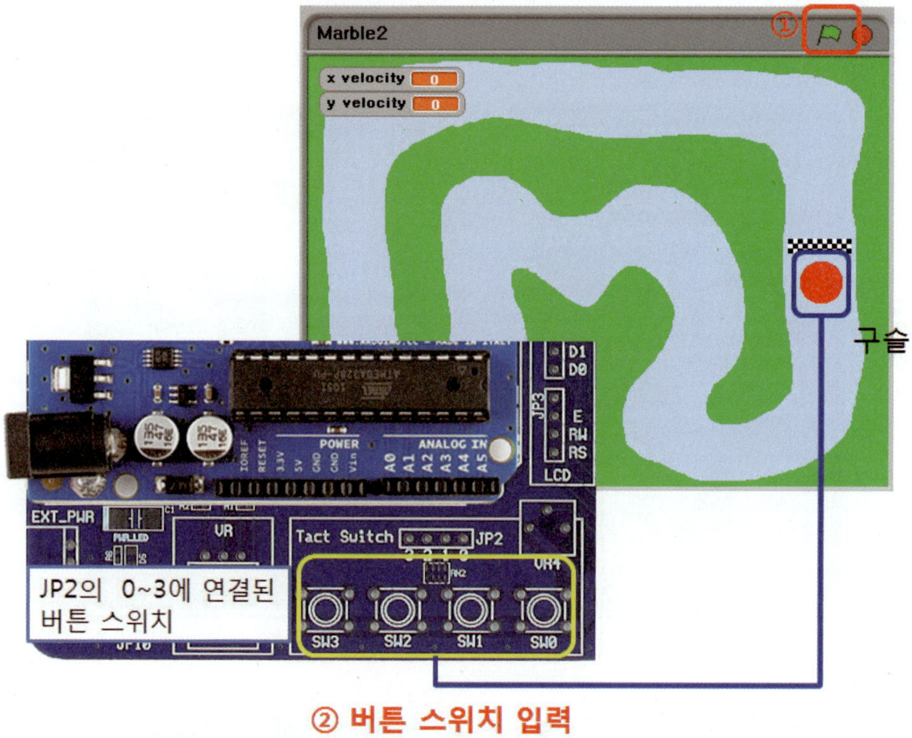

그림 8.42 버튼 스위치를 사용한 구슬의 이동경로 조정

■

연습과제 8-3

앞의 실습 8-2에서 구슬(Marble)의 이동경로를 버튼 스위치를 누를 때 해당하는 LED에 불이 켜지도록 스크립트를 수정하여 작성하라.

연습과제 8-4

구슬(Marble)이 경로를 전진과 후진은 버튼 스위치를 이용하고 좌우 이동은 가변저항으로 조종되도록 구성하고 스크립트를 수정하여 작성하라.

Chapter

09

스크래치 블루투스 무선 제어

Scratch for Arduino

USB 케이블 없이 블루투스로 무선으로 통신하여 제어하는 방법을 학습하여, PC나 스마트폰에서 블루투스 기능을 활용하여 무선으로 아두이노 보드를 제어 하여 본다.

1 블루투스 활용

블루투스는 블루투스 기능이 있는 디지털 기기에서 블루투스 통신 기능을 가진 다른 주변기기와 일대일로 연결되어 정보를 제공하거나 받을 수 있게 하여준다.

아두이노 보드와 블루투스 모듈을 함께 사용하면, 스마트 폰과 같은 모바일 기기를 통하여 무선으로 아두이노 보드를 제어할 수 있다.

아두이노 보드를 블루투스로 제어하려면, 아두이노 보드와 개발용 PC가 시리얼 통신을 통하여 정보를 주고받는 것처럼 아두이노 보드가 블루투스 모듈을 통하여 통신이 이루어지도록 하면 된다.

아두이노 보드는 그림 9.1과 같이 블루투스 모듈을 통하여 스마트 폰이나 블루투스 기능을 가진 PC와 통신을 할 수 있다. 즉, 아두이노 보드에 블루투스 모듈을 설치하면, 시리얼 통신을 하여 스마트 폰이나 블루투스 기능을 가진 PC으로 아두이노 보드를 제어할 수 있게 된다.

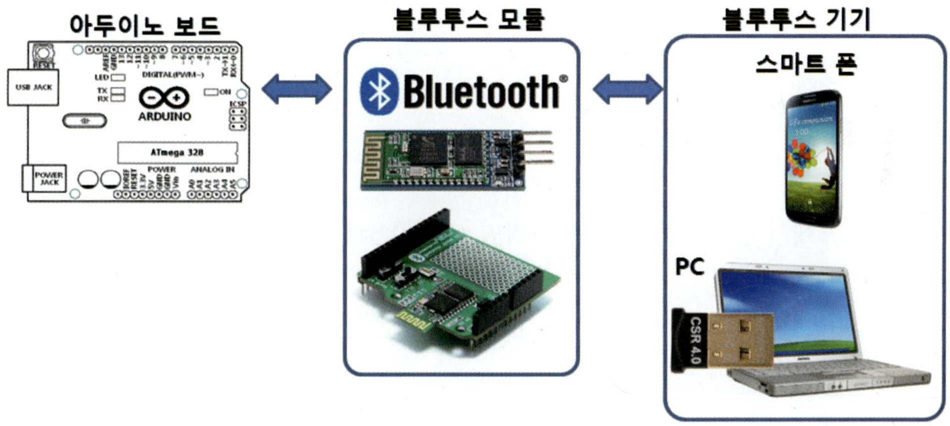

그림 9.1 블루투스 연결

2 S4A를 블루투스 통신으로 제어하기

지금까지 PC에 S4A를 설치하고 USB 케이블를 통하여 아두이노 보드에 연결하여 아두이노 보드에 연결된 LED, 스위치, 모터 등을 제어하였다. 그런데 아두이노 보드에 모터를 연결하여 로봇 등을 만들면 PC에 연결된 USB 케이블로 인하여 자유롭게 움직이기 어렵다.

이 장에서는 블루투스 기능이 있는 PC에서 무선으로 아두이노 보드를 제어하는 방법을 다루어 보자. 그림 9.2와 같이 PC에 블루투스 동글을 사용하고 아두이노 보드에 블루투스 모듈을 연결하면 USB 케이블을 연결하지 않고 무선으로 S4A를 사용할 수 있다. PC와 아두이노 보드가 블루투스 동글과 모듈로 연결되기 위한 방법과 절차를 살펴본다.

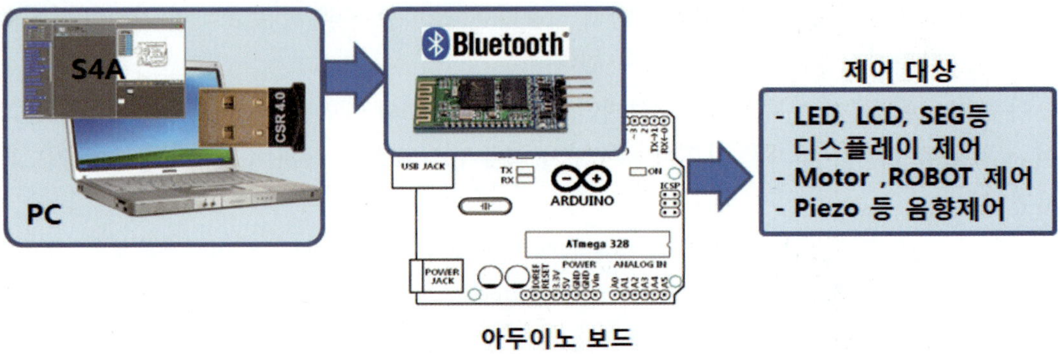

그림 9.2 블루투스를 사용한 S4A 연결

3 블루투스 모듈

아두이노 보드에서 블루투스 통신을 하려면 그림 9.3과 같은 블루투스 모듈이나 아두이노 보드용 쉴드가 필요하다.

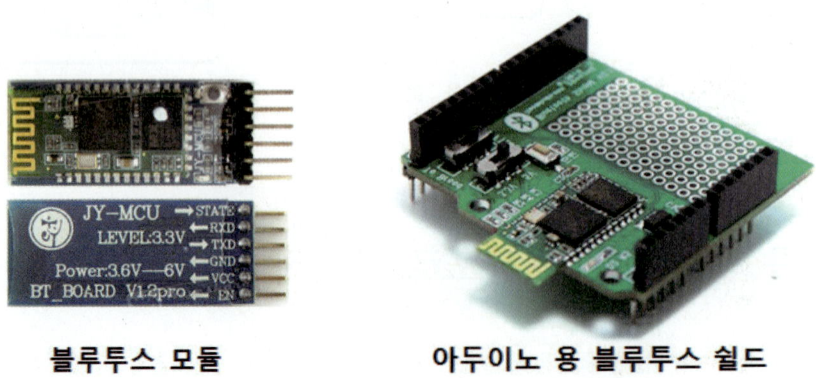

그림 9.3 블루투스 모듈과 아두이노 전용 쉴드

블루투스 모듈은 범용으로 전원(Vcc 와 접지)과 시리얼 통신선(TXD와 RXD)을 블루투스 기능을 활용하기 위한 장치들에 연결하면 쉽게 사용할 수 있다. 그러나 아두이노 보드에 연결하려면 별도 공간과 하드웨어적인 연결이 필요하다. 반면 아두이노 전용 쉴드는 아두이노 보드에 그림 9.4와 같이 적층형으로 끼워 넣으면 쉽게 사용할 수 있다.

그림 9.4 아두이노 보드와 쉴드 설치

4 아두이노 보드와 블루투스 모듈의 연결

S4A에서 블루투스 통신을 통하여 아두이노 보드를 제어하려면, 먼저 S4A가 설치된 PC에 블루투스 통신 기능이 있어야 하고, 아두이노 보드에는 블루투스 모듈이나 쉴드가 설치되어 있어야 한다. 그리고 PC와 아두이노 보드에 블루투스로 연결(페어링)이 될수 있도록 설정을 맞추어 주어야 한다.

이 과정은 다소 복잡하고 어려울 수 있지만 S4A에서 블루투스로 아두이노 보드를 제어하기 위해서는 반드시 필요한 과정으로 부록 B에 자세히 과정을 설명하여 놓았다.

그 과정을 실습용 베이스 보드를 중심으로 간단하게 살펴보면 다음과 같다.

3-1 블루투스 모듈의 설정

아두이노 보드에 빈 스케치를 업로드하여 S4A펌웨어를 제거하고, 아두이노 보드의 D0(RX)와 블루투스 모듈의 RXD을 연결하고, 아두이노 보드 D1(TX)와 블루투스 모듈의 TXD을 연결한다.

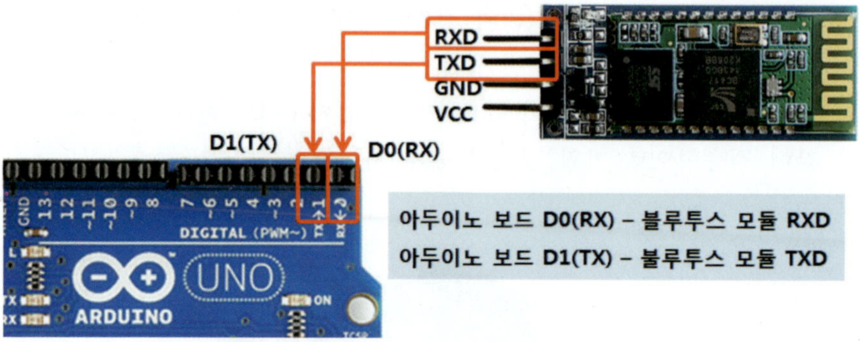

그림 9.5 아두이노 보드와 블루툿 모듈 연결(BT설정용)

아두이노 개발환경의 시리얼모니터 창을 열어 AT명령어를 사용하여 블루투스 모듈의 이름과 전송속도를 변경한다.

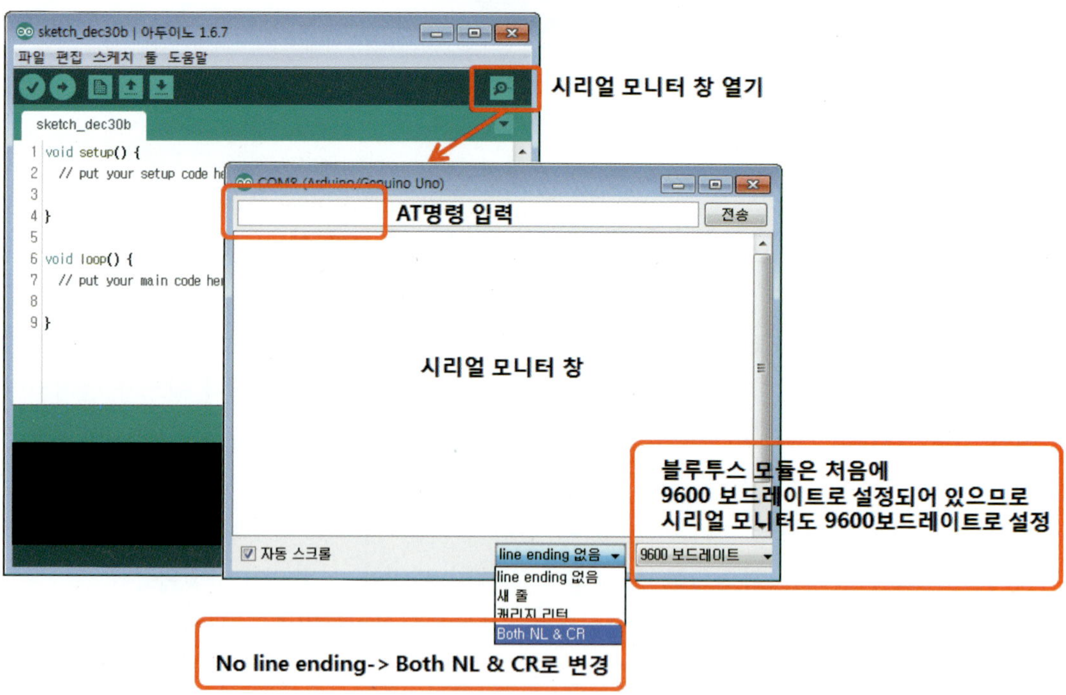

그림 9.6 아두이노 개발환경과 시리얼모니터

예를 들면 블루투스 모듈의 이름을 'S4A1' 이라고 하고, S4A펌웨어의 시리얼 전송속도 38,400bps에 맞도록 설정한다.

통신속도(BaudRate)	AT 명령
블루투스 모듈 이름을 'S4A1' 으로 설정	AT+NAME "S4A1"
통신속도 38,400bps설정	AT+BAUD6

블루투스 설정이 끝났으면 PC에서 S4A로 아두이노 보드를 제어하기 위하여 아두이노 보드에 S4A펌웨어를 다시 업로드 한다.

아두이노 개발환경에서 아두이노 보드로 스케치를 업로드 하기 위해서는 반드시 블루투스 모듈의 연결을 제거하여야 한다.

아두이노 보드의 블루투스 모듈의 설정을 완료하고 다시 S4A펌웨어 업로드를 업로드 하였으면 아두이노 보드에 블루투스 모듈을 다시 연결한다.

이때 주의할 것은 앞에서 블루투스 모듈을 설정할 때와 다르게 아두이노 보드의 RX(D0핀)와 블루투스 모듈의 TDX가 연결되고, 아두이노 보드의 TX(D1핀)와 블루투스 모듈의 RDX가 연결되도록 그림 9.7과 같이 연결해야 한다는 것이다.

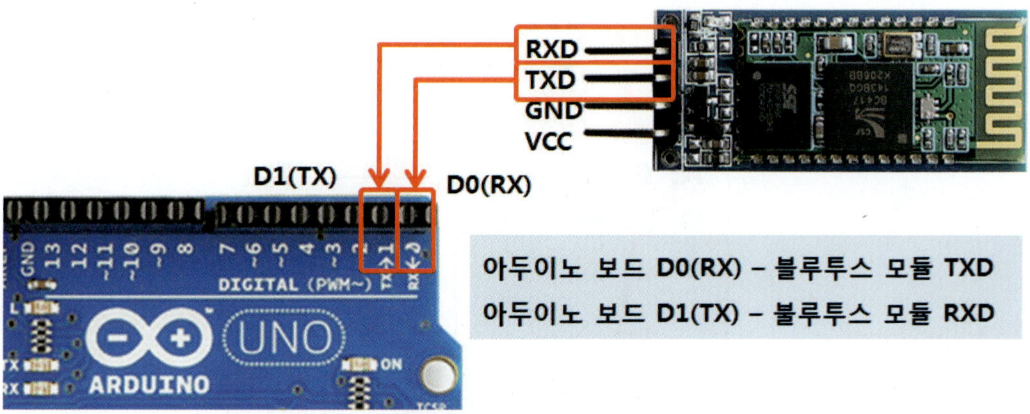

그림 9.7 S4A를 위한 아두이노 보드와 블루툿 모듈 연결

3-2 블루투스 동글 설정과 페어링

S4A가 설치된 PC가 블루투스 기능을 내장하고 있다면 바로 블루투스 기기 검색을 통하여 아두이노 보드의 블루투스를 찾아 연결하면 되고, 블루투스 기능이 제공되지 않는 PC라면 그림 9.8과 같은 USB형 블루투스 동글을 사용하여 블루투스 기능을 부여 사용한다.

그림 9.8 USB 블루투스 동글

대부분의 경우 PC의 USB 포트에 USB 블루투스 동글을 끼워 넣으면 자동으로 인식과 드라이버 설치가 이루어진다.

S4A가 설치된 PC에서 그림 9.9와 같이 블루투스 장치 추가를 선택하여 아두이노 보드의 블루투스 모듈을 찾아 페어링 한다.

자세한 설치 방업이나 페어링 방법은 부록B의 3절을 참고하기 바란다.

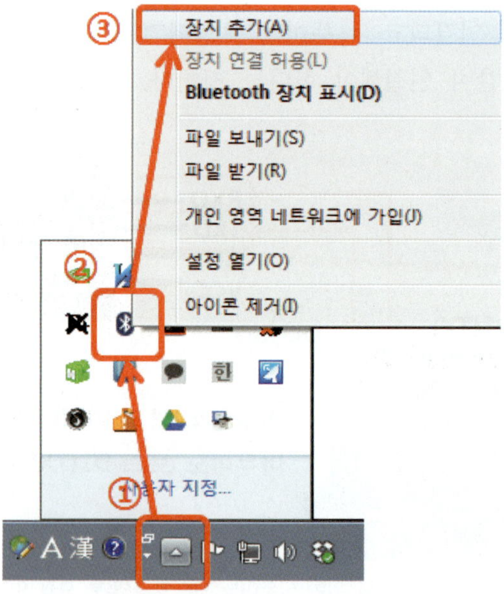

그림 9.9 블루투스 장치 페어링

3-3 S4A에서 블루투스로 아두이노 보드와 연결하기

이제까지 아두이노 보드는 PC에서 USB게이블을 통하여 전원을 공급받아 동작하였다. 그러나 S4A로 모터에 의하여 구동되는 로봇 등을 제어하기 위하여 USB 케이블을 제거하고 PC와 블루투스로 무선으로 연결하기 위하여 별도의 전원을 연결할 필요가 있다. 이를 위하여 그림 9.10과 같이 1.5V 건전지 4개를 사용하여 6V를 연결할 수 있는 장치를 사용한다.

그림 9.10 건전지 전원

그림 9.11은 아두이노 보드에 블루투스 모듈을 설치하고 건전지로 전원을 공급할 수 있도록 구성한 것이다.

그림 9.11 건전지로 전원을 연결한 아두이노 보드

PC에서 S4A를 실행시켜 블루투스 통신을 통하여 아두이노 보드가 제대로 연결이 되었는지 확인하여 보자.

USB 케이블이 아닌 외부 전원이 연결된 블루투스 모듈이 설치된 아두이노 보드를 PC에서 블루투스로 페어링한 후 S4A를 실행시킨다.

S4A가 블루투스를 통하여 아두이노 보드와 연결에 성공하면 그림 9.12와 같이 센서 포트를 통한 입력값이 나타난다.

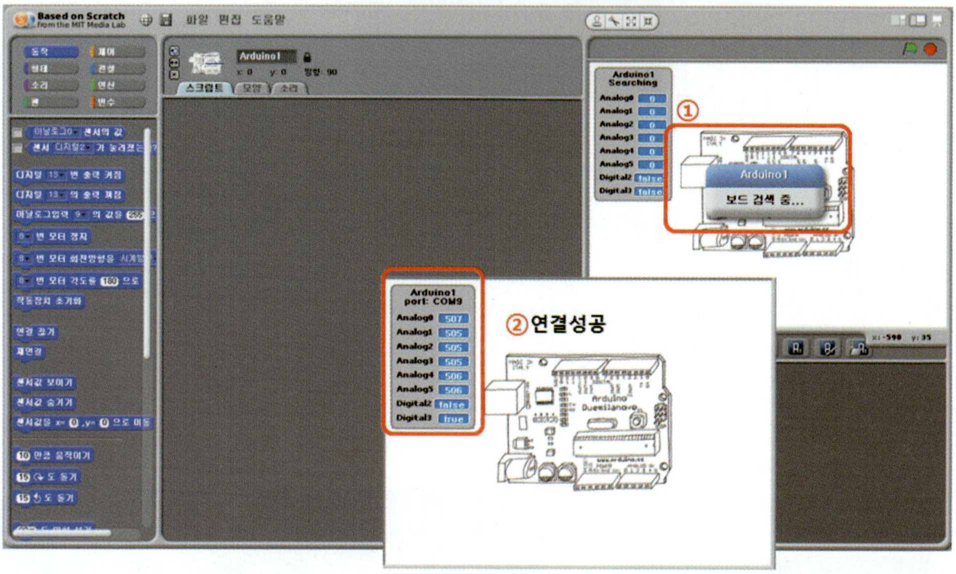

그림 9.12 S4A의 실행

실습 9-1 LED를 3번 깜빡이기

블루투스를 사용하여 PC의 스크래치에서 스페이스 바를 누를 때마다 LED가 1초간 3번 켜지고 꺼지는 스크립트를 작성해 본다.

[실습순서 1] 아두이노 보드의 구성

[브레드보드 사용] 아두이노 보드의 디지털입출력 핀 10번과 LED와 버튼 스위치를 다음과 같이 브레드 보드에 구성하고 연결한다.

그림 9.13 아두이노 보드와 브레드 보드를 사용하여 LED연결

[베이스 보드 사용] 아두이노 보드의 디지털입출력 핀과 베이스 보드의 LED를 연결한다.

	아두이노 보드	베이스 보드
연결선 연결	디지털입출력 핀 10번	JP1 커넥터(LED) 0번

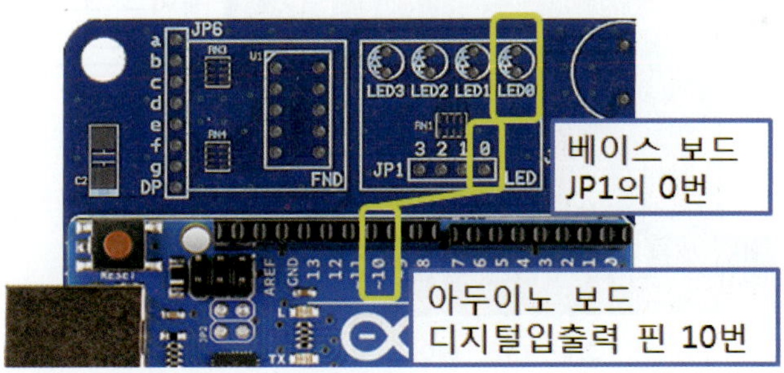

그림 9.14 아두이노 보드와 베이스 보드 연결

[실습순서 2] PC와 아두이노 보드의 연결

블루투스를 사용하여 PC와 아두이노 보드로 연결하고 S4A 개발환경에서 연결 상태를 확인한다.

[실습순서 3] 스크래치 구성

S4A 개발환경에서 스크립트를 다음과 같이 구성한다.

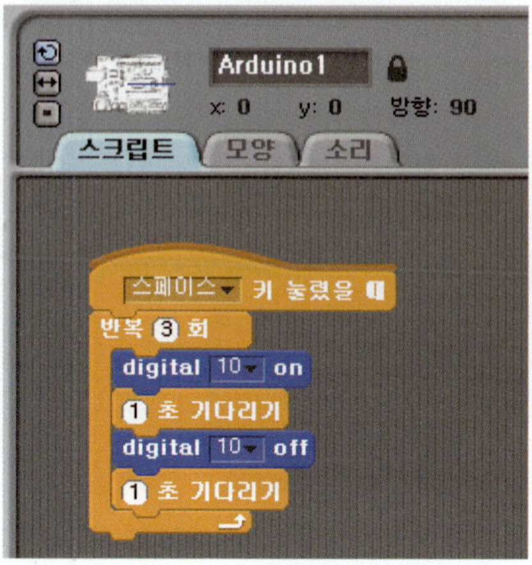

그림 9.15 완성된 스크립트

[실습순서 4] 동작확인

PC의 스페이스 바를 눌러 베이스 보드의 LED 변화 확인한다.
블루투스 모듈이 연결된 아두이노 보드를 PC와 일정 거리 이상 떨어지게 하여 베이스 보드의 LED 변화 확인한다.

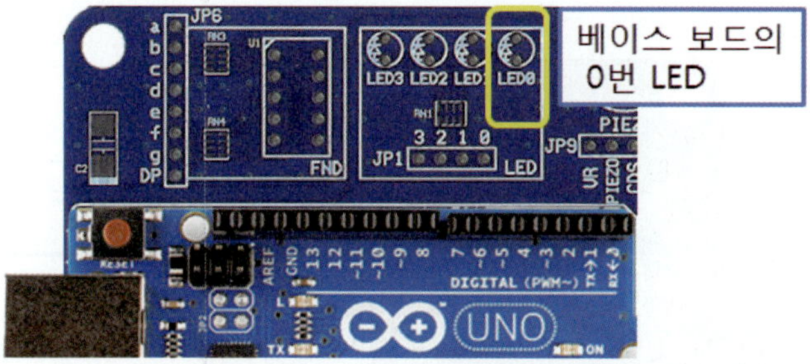

그림 9.16 베이스 보드의 LED 확인

■

실습 9-2 버튼 스위치가 눌려지면 LED가 켜지도록 만들기

블루투스를 사용하여 버튼 스위치가 눌릴 때마다 LED가 켜지고, 눌리지 않으면 꺼지는 스크립트를 작성해 본다.

[실습순서 1] 아두이노 보드의 구성

[브레드보드 사용] 아두이노 보드의 디지털입출력 핀 10번에 LED를 연결하고, 디지털입출력 핀 2번에 버튼 스위치를 연결하여 다음과 같이 브레드 보드에 구성하고 연결한다.

그림 9.17 아두이노 보드와 브레드 보드를 사용하여 LED와 버튼 스위치 연결

[베이스 보드 사용] 아두이노 보드의 디지털입출력 핀과 베이스 보드의 LED와 버튼 스위치를 연결한다.

	아두이노 보드	베이스 보드
연결선 연결	디지털입출력 핀 10번	JP1 커넥터(LED) 0번
연결선 연결	디지털입출력 핀 2번	JP2 커넥터(Test Switch) 0번

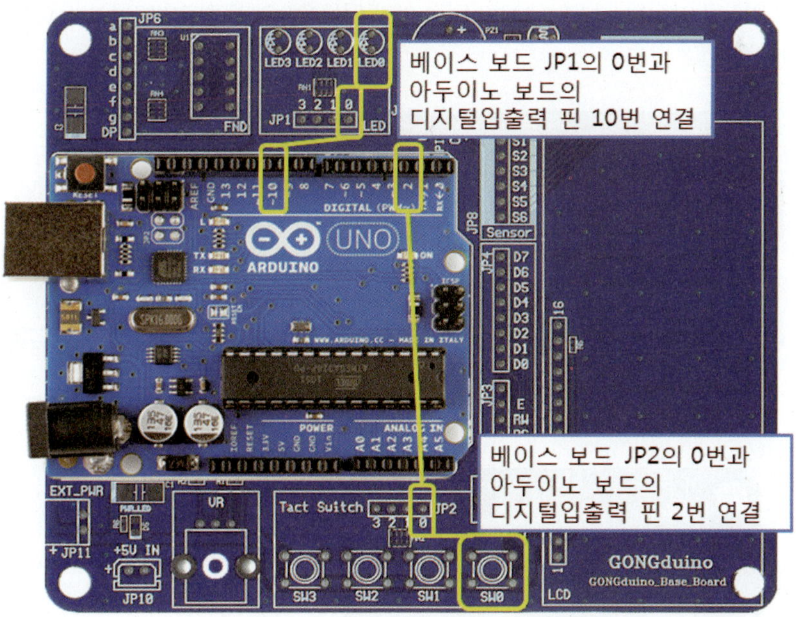

그림 9.18 아두이노 보드와 베이스 보드 연결

[실습순서 2] PC와 아두이노 보드의 연결

블루투스를 사용하여 PC와 아두이노 보드로 연결하고 S4A 개발환경에서 연결 상태를 확인한다.

[실습순서 3] 스크래치 구성

S4A 개발환경에서 스크립트를 다음과 같이 구성한다.

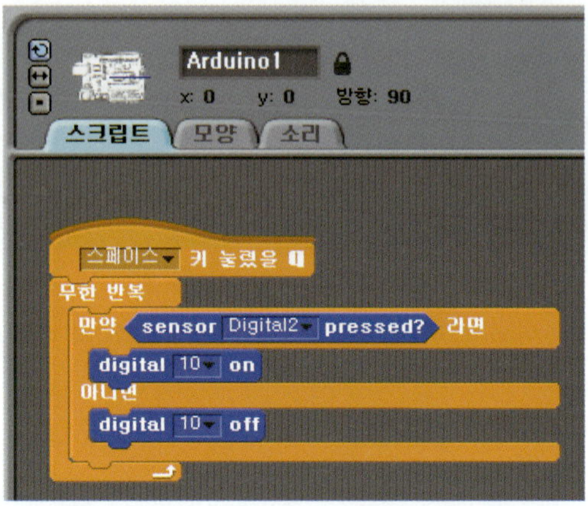

그림 9.19 완성된 스크립트

[실습순서 4] 동작확인

버튼 스위치를 눌러 베이스 보드의 LED 변화를 확인한다.

블루투스 모듈이 연결된 아두이노 보드를 PC와 일정 거리 이상 떨어지게 하고 베이스 보드에서 버튼 스위치를 눌러 LED 변화 확인한다.

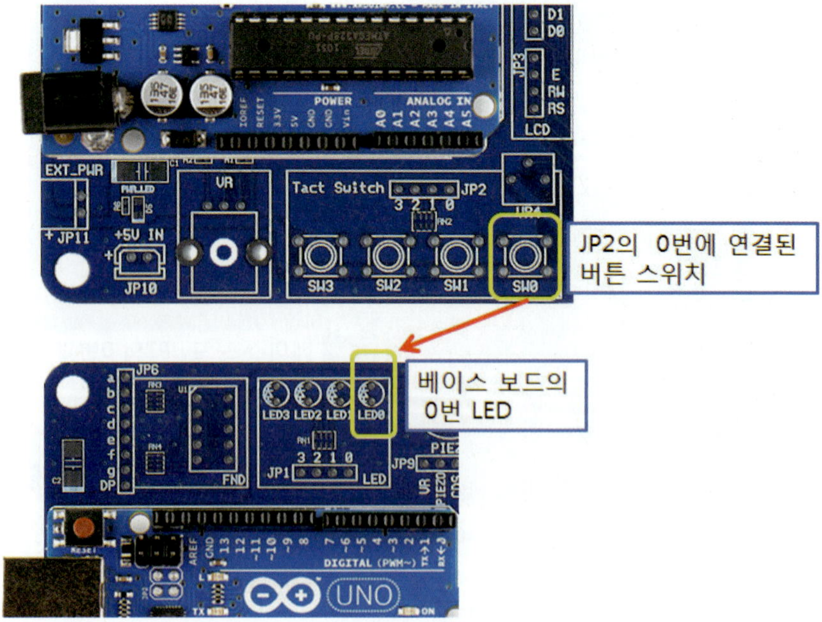

그림 9.20 베이스 보드의 버튼 스위치와 LED 확인

■

실습 9-3 LED의 밝기가 변하도록 만들기

블루투스를 사용하여 PWM 신호에 의하여 LED의 밝기가 0~255 범위에서 밝기가 변하도록 하기 위하여 PWM 값을 0, 10, 50, 100, 126, 200, 255으로 변경하여 LED밝기를 조정하여 본다.

[실습순서 1] 아두이노 보드의 구성

[브레드보드 사용] 아두이노 보드의 디지털입출력 핀 5번(PWM 출력핀)에 LED를 연결한다.

그림 9.21 아두이노 보드 PWM 출력핀과 브레드 보드를 사용하여 LED 연결

[베이스 보드 사용] 아두이노 보드의 디지털입출력 핀과 베이스 보드의 LED를 연결한다.

	아두이노 보드	베이스 보드
연결선 연결	디지털입출력 핀 5번	JP1 커넥터(LED) 0번

그림 9.22 아두이노 보드와 베이스 보드 연결

[실습순서 2] PC와 아두이노 보드의 연결

블루투스를 사용하여 PC와 아두이노 보드로 연결하고 S4A 개발환경에서 연결 상태를 확인한다.

[실습순서 3] 스크래치 구성

S4A 개발환경에서 스크립트를 다음과 같이 구성한다.

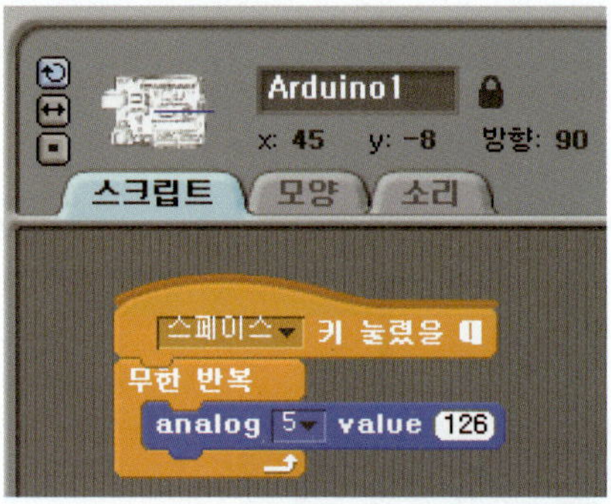

그림 9.23 완성된 스크립트

[실습순서 4] 동작확인

S4A에서  의 값을 0, 10, 50, 100, 126, 200, 255으로 변경하며 베이스 보드의 LED 변화 확인한다.

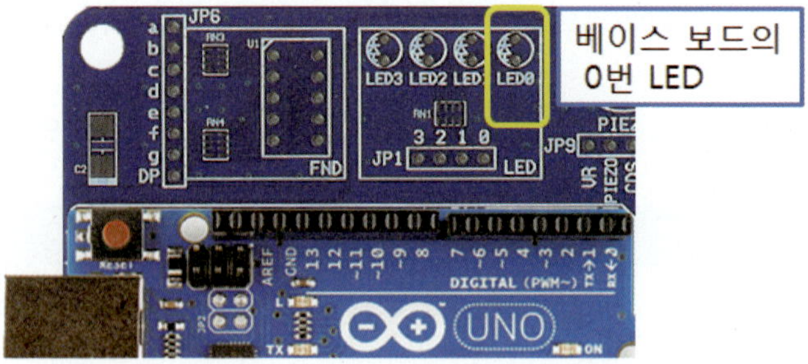

그림 9.24 베이스 보드의 LED 확인

■

이외에도 앞의 1~6장에 다룬 모든 예제를 블루투스 통신 기능을 활용하여 만들어 볼 수 있다.

Chapter

10

블루투스를 이용한 로봇 제어

Scratch for Arduino

PC에서 S4A와 블루투스를 이용하여 무선으로 아두이노 보드에 연결된 모터를 제어하는 방법을 학습한다. 아두이노 보드와 모터 쉴드로 제작된 2바퀴 이동 로봇을 대상으로 제어하여 본다.

1 블루투스로 직류모터 회전제어

앞의 7장에서 S4A로 스크래치의 블록명령을 사용하여 아두이노 보드와 모터 쉴드를 통하여 모터의 회전방향과 회전속도를 제어하는 방법을 다루었다.

회전방향은 시계 방향 아니면 반시계 방향이므로 아두이노 보드의 디지털입출력핀을 통하여 '0' 또는 '1' 의 신호를 출력하는 것으로 제어가 가능하고, 회전 속도는 아두이노 보드의 PWM 출력핀을 사용하면 0~255단계로 회전 속도를 조절할 수 있었다.

그림 10.1 아두이노 보드와 모터모듈을 이용한 회전제어

실습 10-1 직류모터의 회전속도 조정

블루투스를 이용하여 아두이노 보드에 모터 드라이버 회로를 연결하고 가변저항으로 PWM 신호를 0~255 범위에서 조정하여 직류모터의 회전 속도가 변하도록 하여 본다.

[실습순서 1] 아두이노 보드의 구성

[아두이노 모터쉴드 사용] 아두이노 보드와 모터 드라이버 회로를 통한 제어를 편리하도록 다음과 같은 아두이노 보드/S4A용 전용 모터쉴드를 사용한다.

그림 10.2 아두이노 보드와 모터쉴드의 적층 연결

표 10.1 아두이노 보드-직류모터 쉴드-베이스 보드 연결

	아두이노 보드	베이스 보드	모터 쉴드
연결선 연결	아날로그 입력 핀 A0번	JP9 커넥터 VR	
연결선 연결	디지털입출력 핀 5번		M1의 P
연결선 연결	디지털입출력 핀 10번		M1의 D

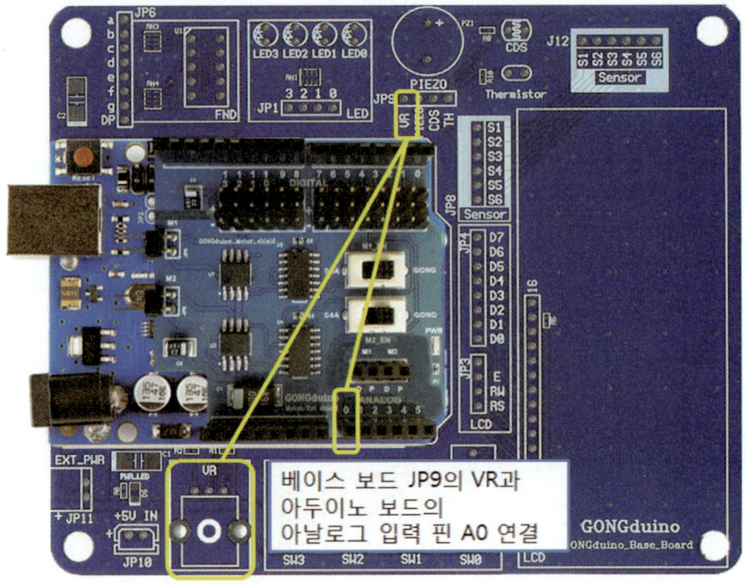

그림 10.3 아두이노 보드와 베이스 보드 연결

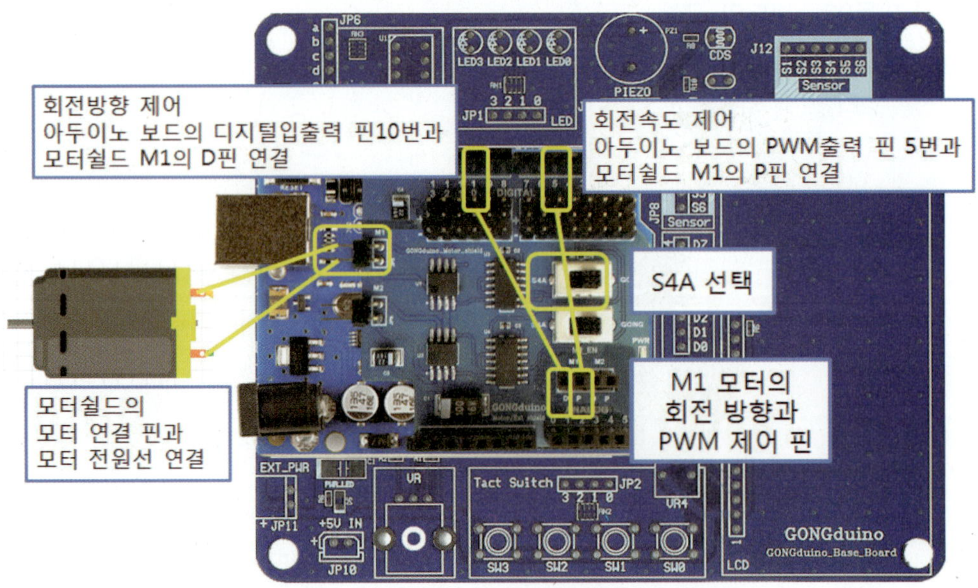

그림 10.4 모터쉴드와 직류모터 연결

[실습순서 2] PC와 아두이노 보드의 연결

블루투스를 사용하여 PC와 아두이노 보드로 연결하고 S4A 개발환경에서 연결 상태를 확인한다.

[실습순서 3] 스크래치 구성

S4A 개발환경에서 스크립트를 다음과 같이 구성한다.

그림 10.5 **완성된 스크립트**

[실습순서 4] 동작확인

아두이노 보드에서 가변저항을 조정하며 직류 모터의 속도 변화를 확인한다.

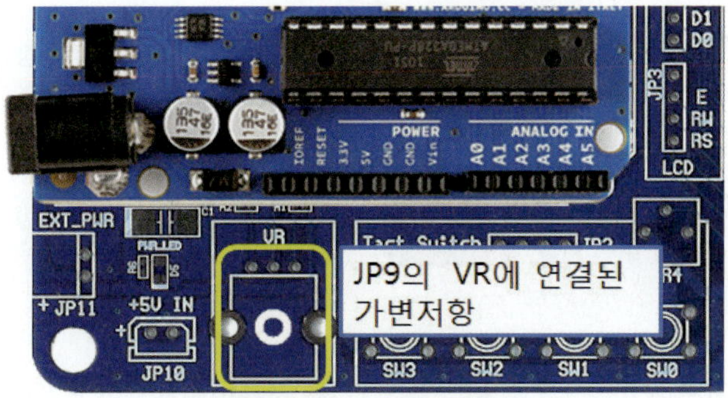

그림 10.6 **가변저항 조정**

■

2 2바퀴 로봇자동차 제작

아두이노 보드와 모터 쉴드를 이용하여 블루투스로 제어되는 그림 10.7과 같은 형태의 2개의 바퀴로 이동이 가능한 로봇자동차를 만들어 보자.

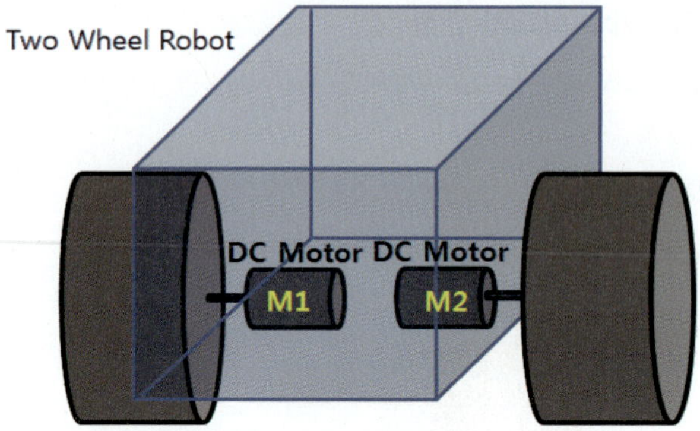

그림 10.7 2개의 바퀴로 움직이는 로봇자동차

2개의 모터에 각각 바퀴를 달아 그림 10.7과 같은 구조로 만들어 모터 M1과 M2를 제어하면 전지, 후진, 좌우회전이 가능하게 만들 수 있다.

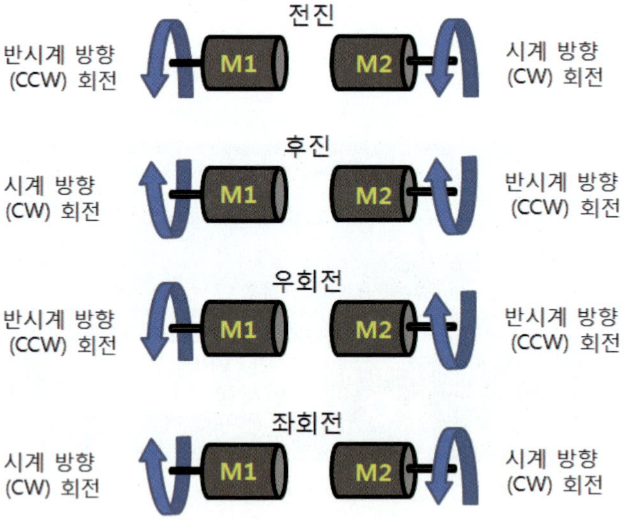

그림 10.8 2개의 모터회전에 따른 방향 조정

그림 10.7과 같은 구조로 만들기 위하여 그림 10.9에 나타낸 것과 같이 2개의 직류모터에 각각 바퀴가 연결할 수 있고, 건전지로 전원을 공급할 수 있는 장치를 결합한 2바퀴 로봇자동차 베이스를 사용하였다.

그림 10.9 **2개의 모터에 바퀴와 건전지 전원**

이 로봇자동차 베이스는 그림 10.10과 같이 아두이노 보드와 블루투스 모듈이 설치된 베이스 보드를 결합하기 편리한 구조로 제작되어 있어서 아두이노 보드를 활용하여 다양한 2바퀴 로봇자동차 실험하기에 편리하다.

실습용 베이스보드에 블루투스 모듈을 연결하고, 아두이노 보드에는 직류모터 쉴드를 그림 10.2와 같이 적층형으로 결합하여 그림 10.9의 로봇자동차 베이스에 올려놓아 그림 10.11과 같이 조립한다.

그림 10.10 **아두이노 보드와 블루투스 모듈이 설치된 베이스 보드**

그림 10.11 아두이노 보드와 베이스 보드가 결합된2바퀴 로봇자동차

3 2바퀴 로봇자동차의 회로연결

직류모터 쉴드의 M1과 M2에 각 직류모터의 전원선을 그림 10.12와 같이 연결한다. 이때 로봇자동차에 결합되어 있는 직류모터가 그림 10.8의 전지, 후진, 좌회전, 우회전이 가능하도록 2개 모터의 연결 위치나 각 모터의 전원선의 위치를 변경하여 맞춘다.

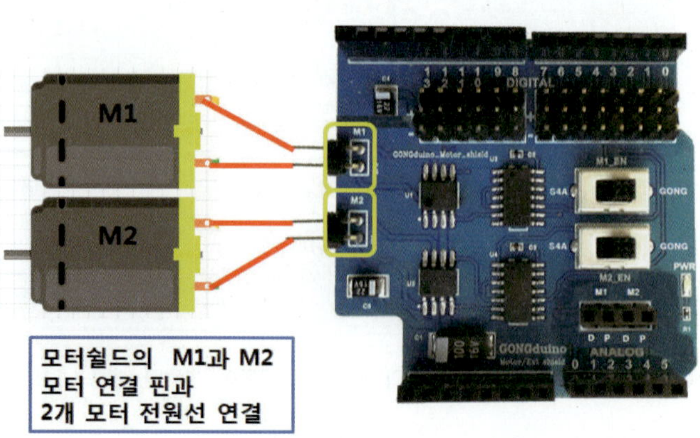

그림 10.12 직류모터 쉴드와 직류모터의 연결

표 10.2 아두이노 보드와 직류모터 쉴드의 연결

아두이노 보드	직류모터 쉴드	직류모터
디지털 D5핀(PWM)	M1의 P	M1 모터의 회전속도 결정
디지털 D6핀(PWM)	M2의 P	M2 모터의 회전속도 결정
디지털 D10핀	M1의 D	M1 모터의 회전방향
디지털 D11핀	M2의 D	M2 모터의 회전방향

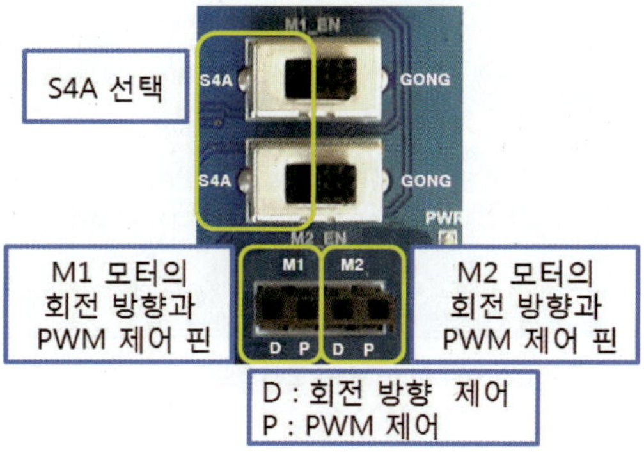

그림 10.13 아두이노 보드 모터쉴드

아두이노 보드, 직류모터 쉴드, 베이스 보드, 블루투스 모듈, 직류모터를 연결하는 방법을 정리하면 다음 표와 같다.

표 10.3 아두이노 보드-직류모터 쉴드-베이스보드-블루투스 모듈의 연결

아두이노 보드	직류모터 쉴드	베이스 보드	블루투스 모듈
디지털 D0핀(RX)		JP8 커넥터 S3	JP12 커넥터 S3(TXD)
디지털 D1핀(TX)		JP8 커넥터 S2	JP12 커넥터 S2(RXD)
디지털 D5핀(PWM)	M1의 P		
디지털 D6핀(PWM)	M2의 P		
디지털 D10핀	M1의 D		
디지털 D11핀	M2의 D		
GND	적층형으로 결합	JP8 커넥터 S4	JP12 커넥터 S4(GND)
VCC	적층형으로 결합	JP8 커넥터 S5	JP12 커넥터 S5(VCC)

아두이노 보드, 직류모터 쉴드와 직류모터 M1의 연결 방법은 그림 10.14와 같다.

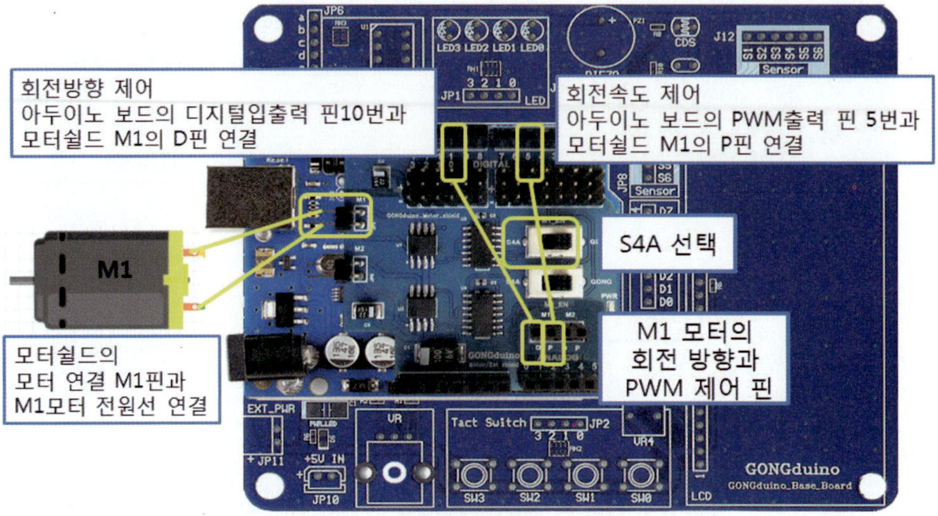

그림 10.14 **아두이노 보드 모터쉴드와 M1 모터 연결**

아두이노 보드, 직류모터 쉴드와 직류모터 M2의 연결 방법은 그림 10.15와 같다.

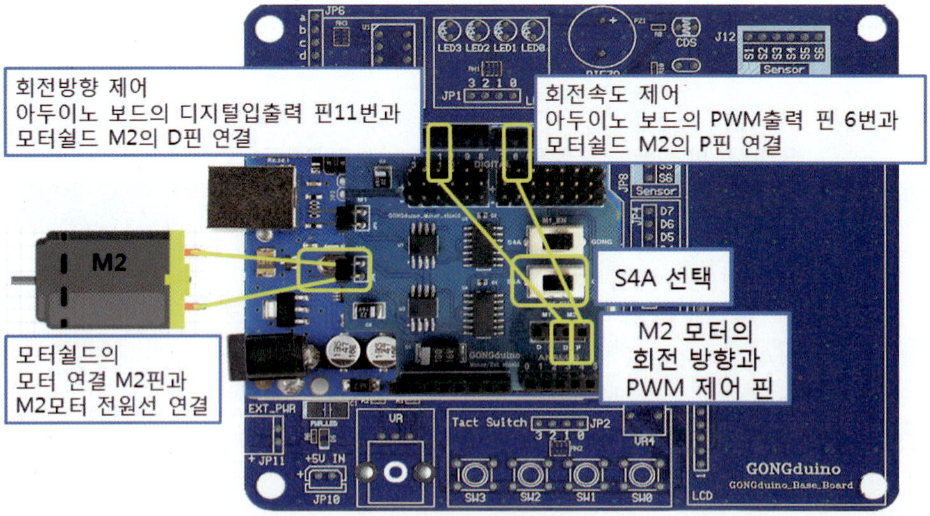

그림 10.15 **아두이노 보드 모터쉴드와 M2 모터 연결**

아두이노 보드, 베이스 보드와 블루투스 모듈의 연결 방법은 그림 10.16과 같다.

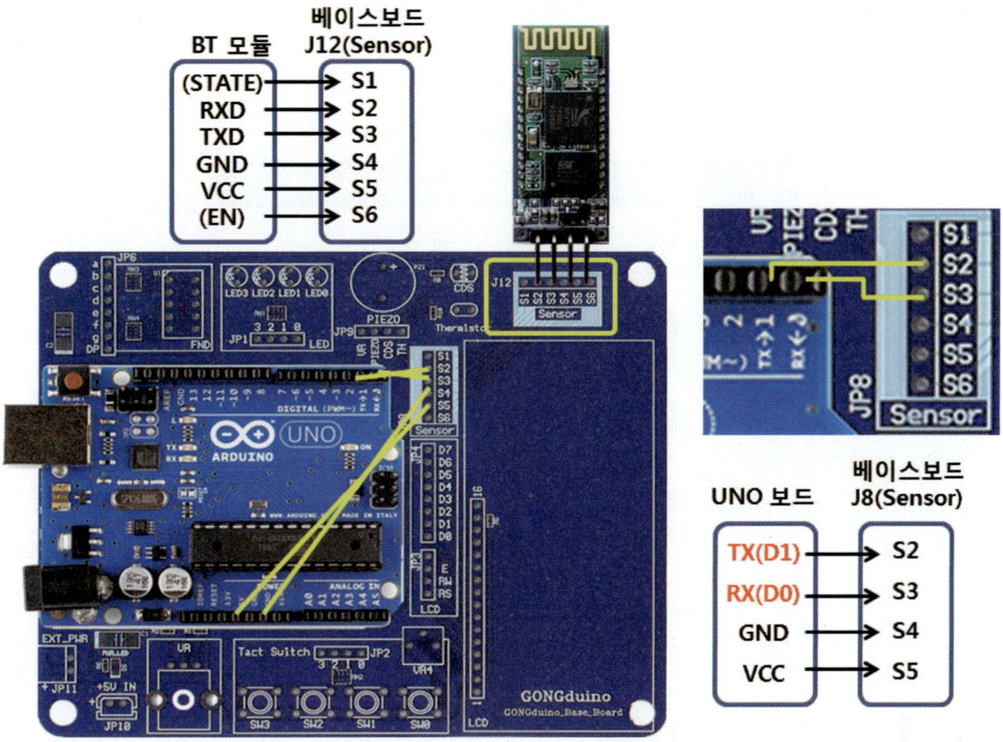

그림 10.16 아두이노 보드–베이스 보드–블루투스 모듈 연결

실습 10-2 블루투스로 로봇자동차 제어하기

블루투스를 통하여 PC에서 키보드 입력으로 로봇자동차를 조정하여 보자.

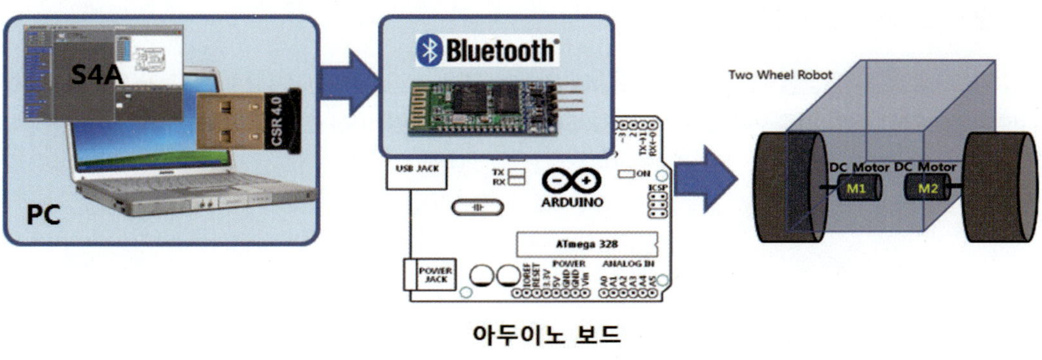

그림 10.17 블루투스를 사용한 S4A 연결

다음 표와 같이 PC의 키보드로 ↑ ↓ → ←나 스페이스 바를 입력하면 각각 전지, 후진, 우회전 좌회전과 정지가 되도록 스크래치를 구성하고 블루투를 통하여 무선으로 로봇자동차가 조정되도록 한다.

표 10.4 로봇자동차 제어 명령

PC의 키보드 입력	로봇자동차 이동
↑	전진
↓	후진
→	우회전
←	좌회전
스페이스 바	정지

[실습순서 1] 아두이노 보드의 구성

그림 10.11과 같이 로봇자동차를 구성하고 아두이노 보드, 직류모터 쉴드, 베이스 보드, 블루투스 모듈, 직류모터를 그림 10.14~16을 따라 연결한다.

[실습순서 2] PC와 아두이노 보드의 연결

블루투스를 사용하여 PC와 아두이노 보드로 연결하고 S4A 개발환경에서 연결 상태를 확인한다.

[실습순서 3] 스크래치 구성

PC의 키보드로 ↑ ↓ → ←와 스페이스 바에 의하여 전지, 후진, 우회전 좌회전과 정지가 되도록 하려면 키보드가 눌려졌을 때의 값을 변수를 지정하여 저장하고 그 변수 값에 따라 모터가 제어되도록 구성하면 된다.

① 먼저 앞의 6장 2절에서 배운 것처럼 다음과 같이 변수 k를 만든다.

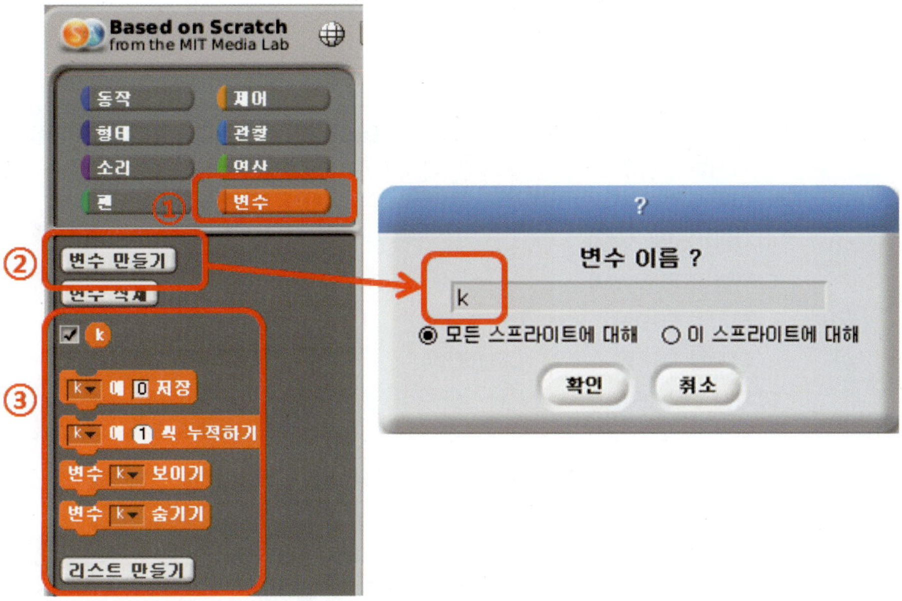

그림 10.18 변수 k 만들기

② PC의 키보드에서 나 스페이스 바가 눌려지면 변수 k의 값이 F, B, R, L, S 값을 가지도록 다음 표와 같이 스크래치를 구성한다.

표 10.5 PC의 키보드 입력에 대한 변구 k의 값 지정

로봇자동차 이동	PC의 키보드 입력	변수 k의 값	스케치 구성
전진		F	위쪽 화살표 키 눌렀을 때 k 에 F 저장
후진		B	아래방향 화살표 키 눌렀을 때 k 에 B 저장
우회전		R	오른쪽 화살표 키 눌렀을 때 k 에 R 저장
좌회전		L	왼쪽 화살표 키 눌렀을 때 k 에 L 저장
정지	스페이스 바	S	스페이스 키 눌렀을 때 k 에 S 저장

③ 그림 10.8과 같이 동작하도록 직류모터 쉴드에 2개의 모터가 연결되어 있다면, 로봇자동차를 전진, 후진, 우회전 좌회전, 정지시키기 위하여 아두이노 보드가 모터 쉴드에 값을 주도록 다음 표 10.6과 같이 스크래치를 구성한다.

표 10.6 **로봇자동차 제어 스크래치 구성**

로봇자동차	아두이노 보드	출력 값	스크래치 구성
전진	디지털 D10핀	ON(HIGH)	디지털 10 번 출력 켜짐
	디지털 D11핀	ON(HIGH)	디지털 11 의 출력 꺼짐
	디지털 D5핀(PWM)	1~255	아날로그입력 5 의 값을 200 으로
	디지털 D6핀(PWM)	1~255	아날로그입력 6 의 값을 200 으로
후진	디지털 D10핀	OFF(LOW)	디지털 10 의 출력 꺼짐
	디지털 D11핀	OFF(LOW)	디지털 11 번 출력 켜짐
	디지털 D5핀(PWM)	1~255	아날로그입력 5 의 값을 200 으로
	디지털 D6핀(PWM)	1~255	아날로그입력 6 의 값을 200 으로
우회전	디지털 D10핀	ON(HIGH)	디지털 10 번 출력 켜짐
	디지털 D11핀	OFF(LOW)	디지털 11 번 출력 켜짐
	디지털 D5핀(PWM)	1~255	아날로그입력 5 의 값을 150 으로
	디지털 D6핀(PWM)	1~255	아날로그입력 6 의 값을 150 으로
좌회전	디지털 D10핀	OFF(LOW)	디지털 10 의 출력 꺼짐
	디지털 D11핀	ON(HIGH)	디지털 11 의 출력 꺼짐
	디지털 D5핀(PWM)	1~255	아날로그입력 5 의 값을 150 으로
	디지털 D6핀(PWM)	1~255	아날로그입력 6 의 값을 150 으로
정지	디지털 D5핀(PWM)	0	아날로그입력 5 의 값을 0 으로
	디지털 D6핀(PWM)	0	아날로그입력 6 의 값을 0 으로

④ 제어 명령어 블록 중 판단블록을 사용하여 다음과 같이 변수 k 값에 따라 각 부분이 실행이 될 수 있도록 구성한다.

그림 10.19 **키보드 입력에 따른 모터제어 선택**

그림 10.19에 표 10.6을 결합하여 다음과 같이 스크래치를 완성한다.

그림 10.20 **완성된 스크래치**

[실습순서 4] 동작확인

구성된 로봇자동차의 건전지 전원을 연결하고 블루투스 기능을 활성화 시켜 PC의 S4A와 연결하고 PC에서 을 마우스로 클릭하여 스크래치를 동작시킨다.

PC의 키보드에서 ↑ ↓ → ←나 스페이스 바를 누르면 로봇자동차가 이동한다.

■

실습 10-3 로봇자동차로 즐기는 MableRacer 만들기

8장에서 다룬 S4A에서 제공하는 예제 게임 'MarbleRacer'을 PC 화면에서 키보드의 화살표 키를 사용하여 구슬(Marble)이 경주로를 주행하는 게임을 무선으로 제어되는 로봇자동차와 연동되도록 만든다.

또한 로봇자동차가 전지, 후진, 우회전 좌회전을 할 때에 LED를 사용하여 그 상태를 나타내어 동작을 확인할 수 있도록 한다.

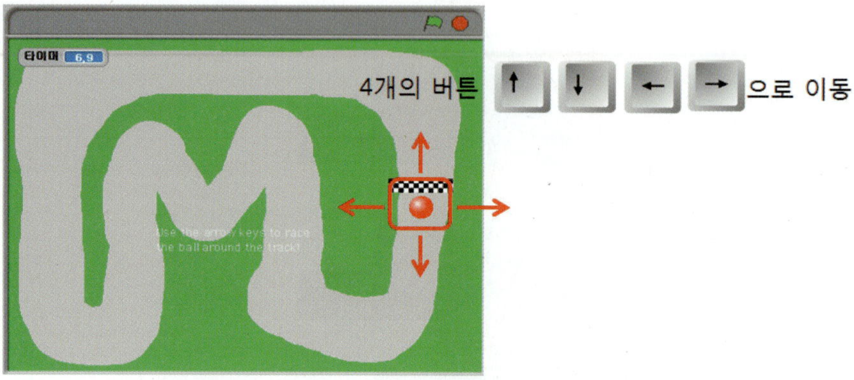

그림 10.21 화살표키로 조정되는 스크래치 게임 'MarbleRacer'

[실습순서 1] 아두이노 보드의 구성

[브레드보드 사용] 아두이노 보드의 디지털입출력 핀 13, 12번에 LED를 연결하고, 디지털입력 0번(RX), 1번(TX)에 블루투스 모듈의 TXD와 RXD를 각각 연결하여 다음과 같이 브레드 보드에 구성하고 연결한다.

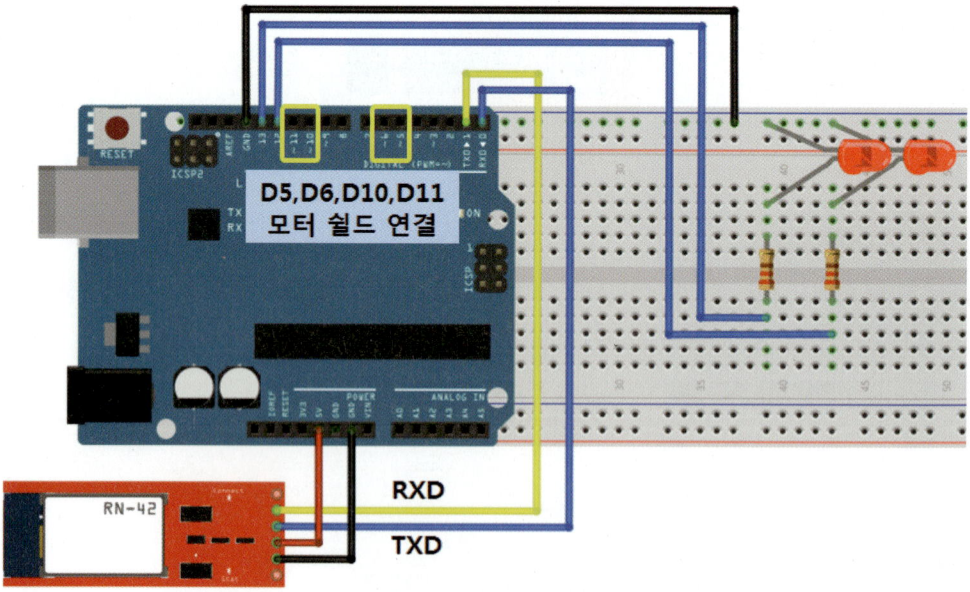

그림 10.22 아두이노 보드와 브레드 보드를 사용하여 LED와 블루투스 모듈 연결

[베이스 보드 사용] 아두이노 보드의 디지털입출력 핀과 아날로그 입력핀에 베이스 보드의 LED와 버튼 스위치를 다음과 같이 연결한다.

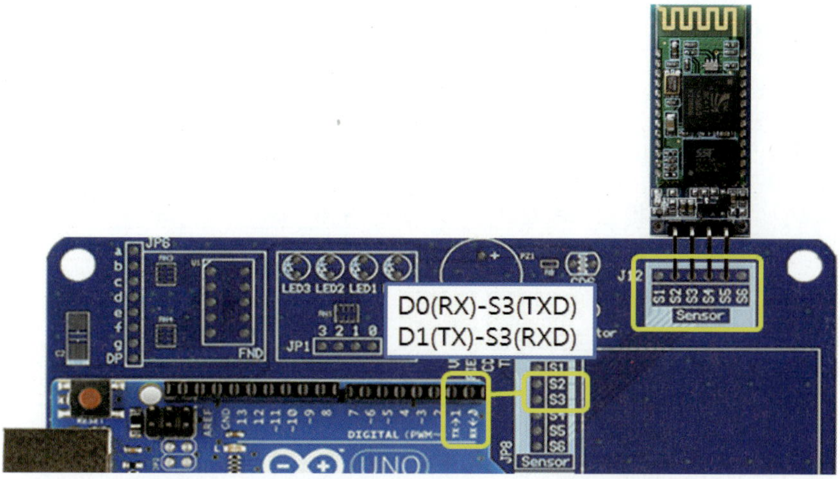

그림 10.23 아두이노 보드와 베이스 보드 연결(블루투스 모듈)

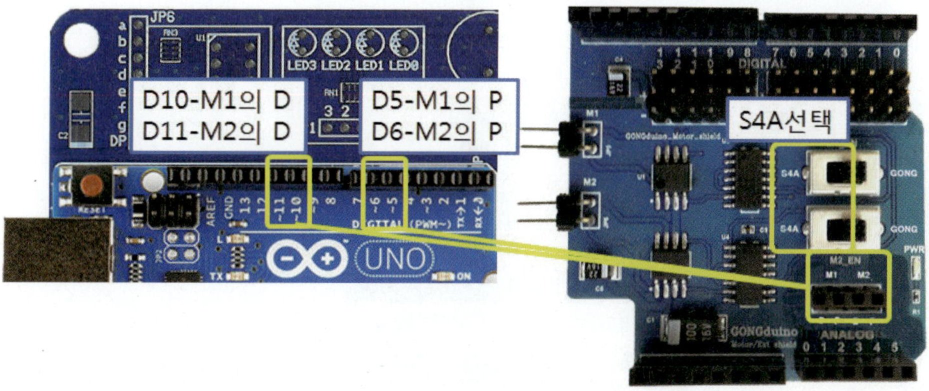

그림 10.24 아두이노 보드와 직류모터 쉴드 연결

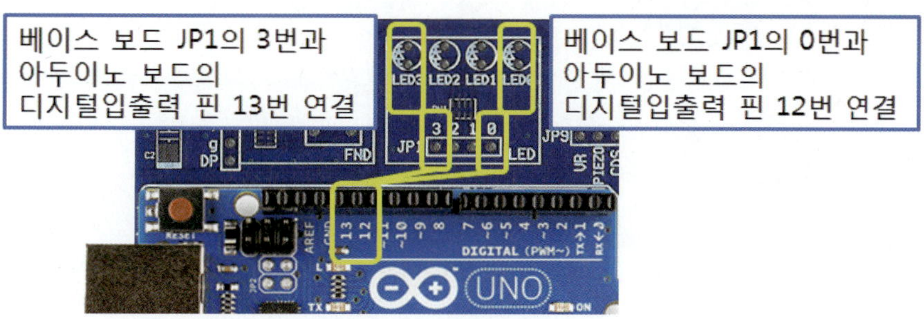

그림 10.25 아두이노 보드와 베이스 보드 연결(LED)

표 10.7 베이스 보드를 활용한 아두이노 보드 연결

아두이노 보드	직류모터 쉴드	베이스 보드	블루투스 모듈
디지털 D0핀(RX)		JP8 커넥터 S3	JP12 커넥터 S3(TXD)
디지털 D1핀(TX)		JP8 커넥터 S2	JP12 커넥터 S2(RXD)
디지털 D5핀(PWM)	M1의 P		
디지털 D6핀(PWM)	M2의 P		
디지털 D10핀	M1의 D		
디지털 D11핀	M2의 D		
디지털 D12핀		JP1 커넥터(LED) 0번	
디지털 D13핀		JP1 커넥터(LED) 3번	
GND	적층형으로 결합	JP8 커넥터 S4	JP12 커넥터 S4(GND)
VCC	적층형으로 결합	JP8 커넥터 S5	JP12 커넥터 S5(VCC)

[실습순서 2] PC와 아두이노 보드의 연결

블루투스를 사용하여 PC와 아두이노 보드로 연결하고 S4A 개발환경에서 연결 상태를 확인한다.

[실습순서 3] 스크래치 구성

S4A 개발환경에서 8장의 실습 8-2와 실습 10-1을 참고하여 스크립트를 구성한다.

① 먼저 S4A에서 제공하는 예제 게임 'MarbleRacer'을 다음과 같은 방법으로 가져온다.

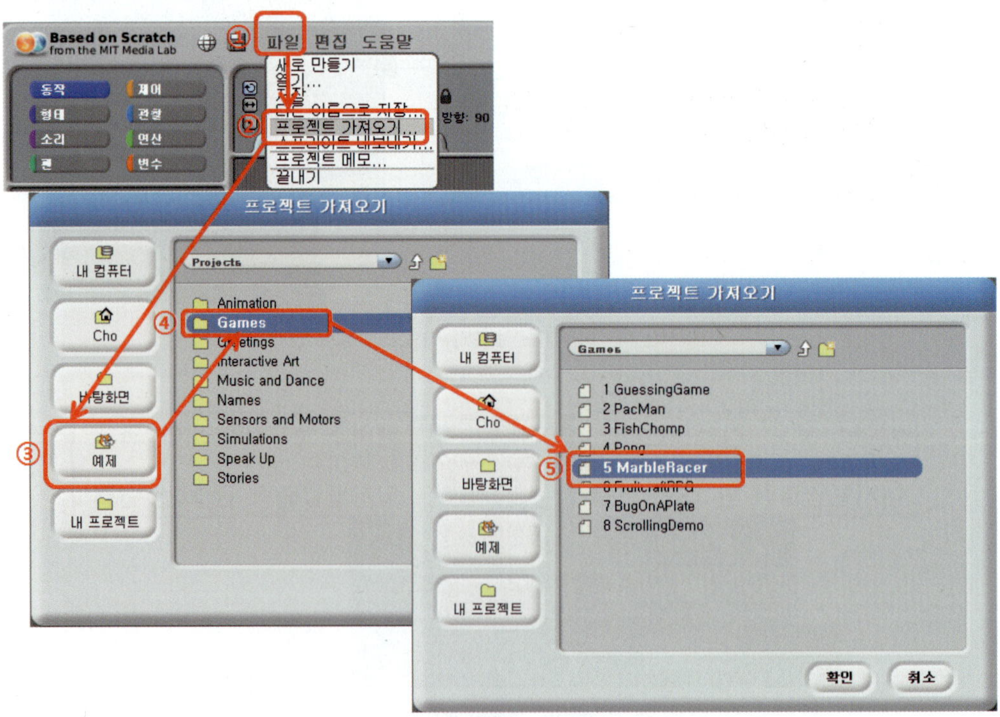

그림 10.26 게임예제 MarbleRacer

이 게임예제의 스크레치 구성 방법은 8장의 실습 8-2을 참고한다.
MarbleRacer의 여러 개의 스프라이트로 구성되어 있는 것을 볼 수 있으며 각 스프라이트의 스크림트, 모양과 소리를 살펴보면 다음과 같다.

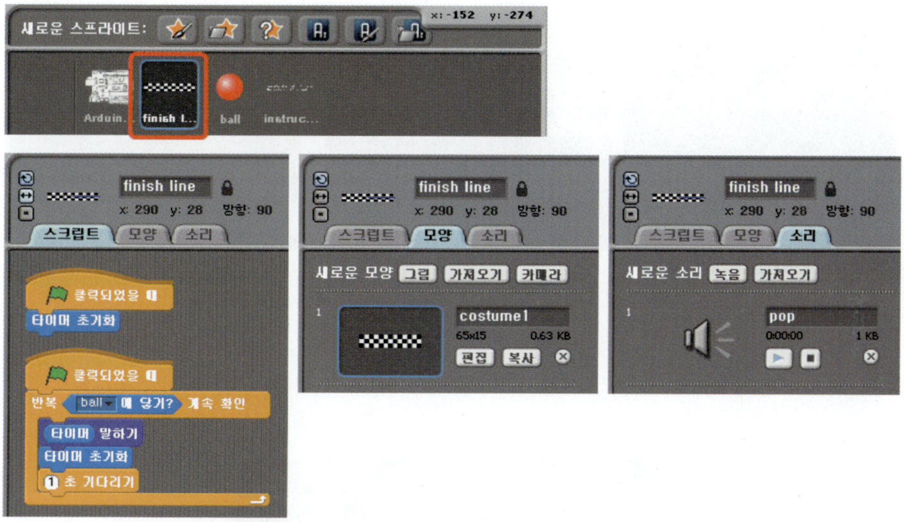

그림 10.27 MarbleRacer의 결승선 스프라이트 구성

그림 10.28 MarbleRacer의 ball 스프라이트 구성

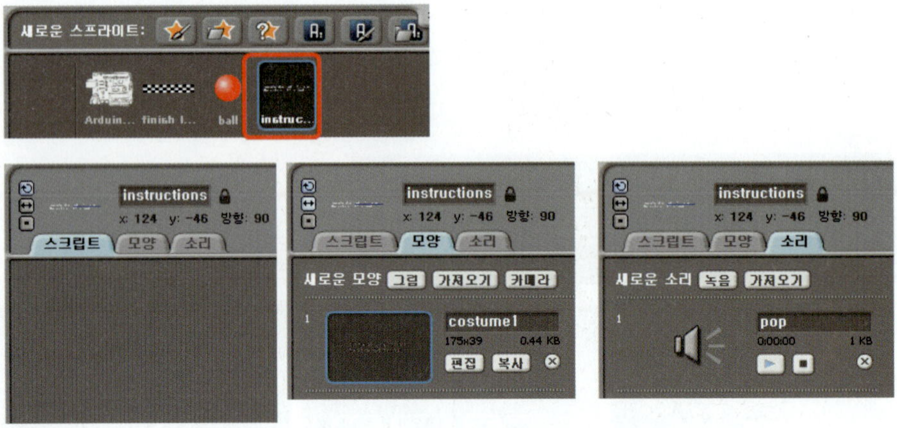

그림 10.29 MarbleRacer의 instructions 스프라이트 구성

MarbleRacer의 아두이노 스프라이트는 스크립트, 모양과 소리가 모두 비어있다.

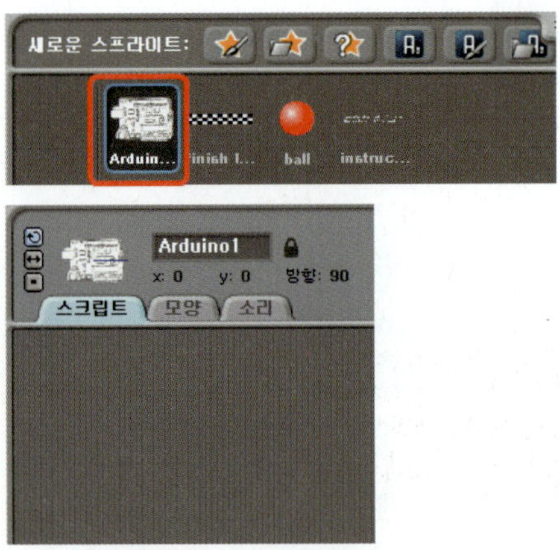

그림 10.30 MarbleRacer의 아두이노 스프라이트 구성

마지막으로 무대스프라이트가 그림과 같이 되어 있는데 스페이스 바를 누르면 무대가 1, 2, 3으로 전환된다.

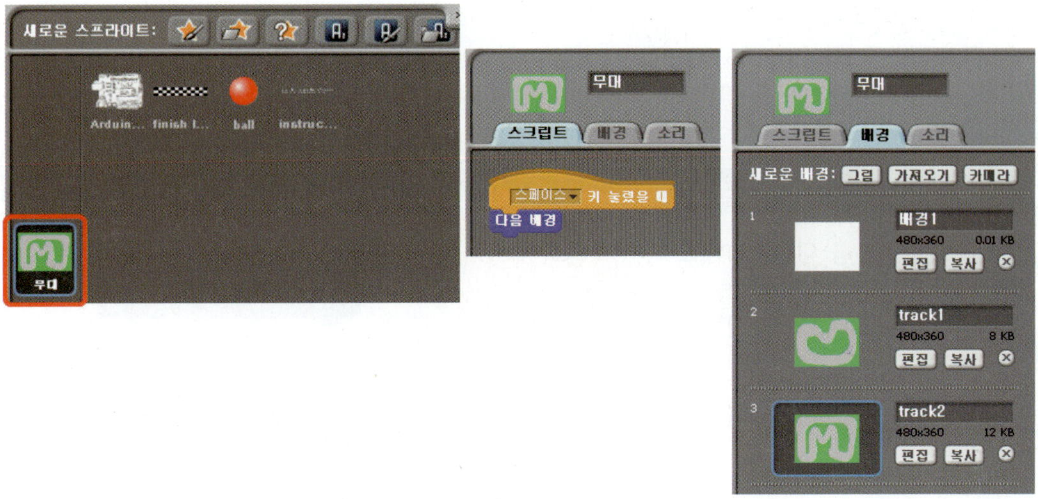

그림 10.31 MarbleRacer의 무대 스프라이트 구성

② 아두이노 스프라이트의 스크립트 작성

앞의 실습 10-1에서 작성한 스크립트를 MarbleRacer의 아두이노 스프라이트에 작성한다.

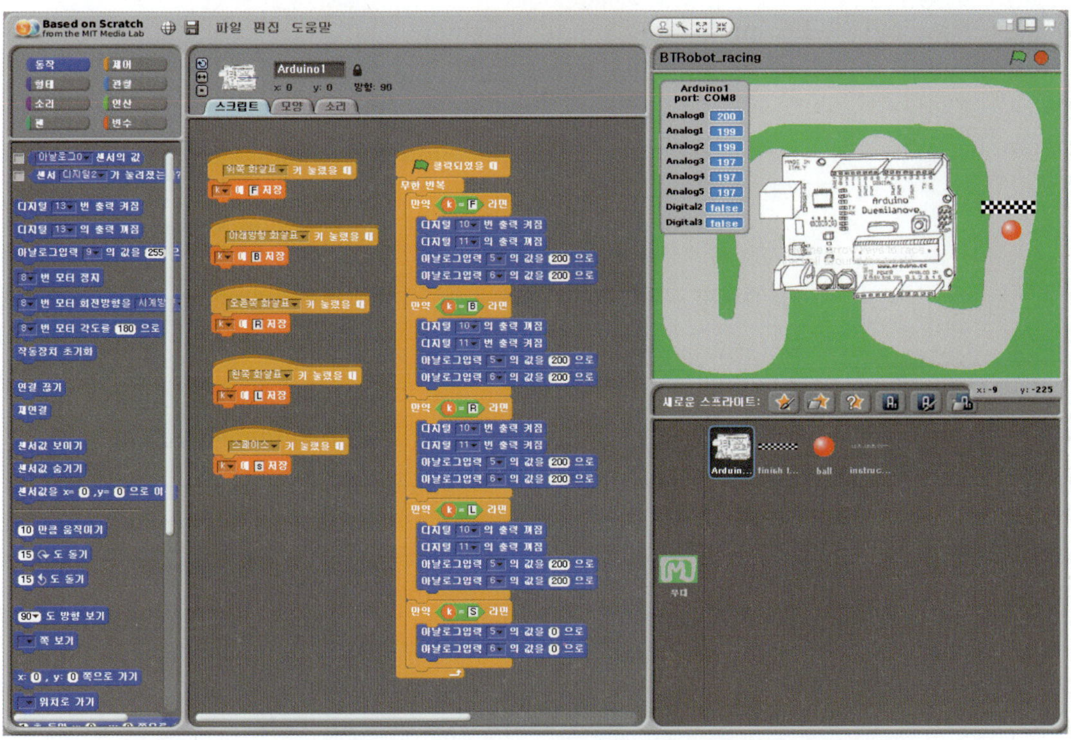

그림 10.32 MarbleRacer의 무대 스프라이트 구성

③ 아두이노 스크립트에 로봇자동차가 전지, 후진, 우회전 좌회전을 할 때에 LED를 사용하여 그 상태를 나타낼 수 있도록 다음 표와 같이 스크립트를 추가한다.

표 10.8 LED 표시제어 스크래치 구성

로봇자동차	아두이노 보드	출력 값	스크래치 구성
전진	디지털 D13핀	ON(HIGH)	디지털 13 번 출력 켜짐 디지털 12 번 출력 켜짐
	디지털 D12핀	ON(HIGH)	
후진	디지털 D13핀	ON/OFF (점멸)	디지털 13 의 출력 꺼짐 디지털 12 의 출력 꺼짐 0.1 초 기다리기 디지털 13 번 출력 켜짐 디지털 12 번 출력 켜짐 0.1 초 기다리기
	디지털 D12핀	ON/OFF (점멸)	
우회전	디지털 D13핀	OFF(LOW)	디지털 13 의 출력 꺼짐 디지털 12 번 출력 켜짐 0.2 초 기다리기 디지털 12 의 출력 꺼짐 0.2 초 기다리기
	디지털 D12핀	ON/OFF (점멸)	
좌회전	디지털 D13핀	ON/OFF (점멸)	디지털 13 번 출력 켜짐 0.2 초 기다리기 디지털 13 의 출력 꺼짐 0.2 초 기다리기 디지털 12 의 출력 꺼짐
	디지털 D12핀	OFF(LOW)	
정지	디지털 D13핀	OFF(LOW)	디지털 13 의 출력 꺼짐 디지털 12 의 출력 꺼짐
	디지털 D12핀	OFF(LOW)	

④ 완성된 스크립트

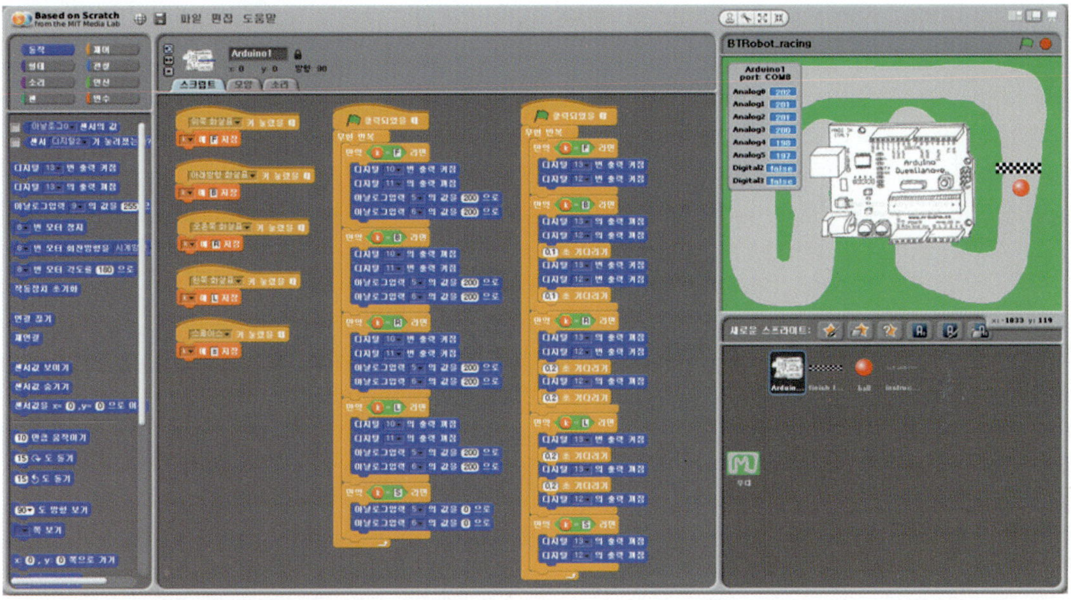

[실습순서 4] 동작확인

S4A 개발환경에서 오른쪽 무대창의 를 마우스로 클릭하여 스크래치를 실행시키면, 아두이노 보드를 포함한 MarbleRacer의 모든 스프라이트의 스크립트가 동시에 실행된다.

PC의 키보드에서 ↑ ↓ → ←나 스페이스 바를 누르면 PC 모니터의 무대에서 구슬이 움직이고, 블루투스로 연결된 로봇자동차도 같이 이동한다.

■

Chapter

11

S4A와 아두블록(ArduBlock)

Scratch for Arduino

아두블록의 활용방법을 학습하고, S4A와 아두블록의 유사성을 이해한다. 아두이노 보드와 아두블록을 사용하여 다양한 제어를 해본다.

1 아두블록(ArduBlock)과 S4A

아두블록(ArduBlock)은 스크래치와 같이 블록명령으로 아두이노를 프로그래밍 할 수 있는 도구이다.

그림 11.1은 아두이노 보드의 디지털입출력 핀 10번에 연결된 LED를 1초 간격으로 켜고 끄는 프로그램을 각각 스크래치의 블록명령과 아두블록의 불록명령으로 구현한 것이다.

아두이노 보드의 디지털입출력 핀 10번에 연결된 LED를 1초 간격으로 켜고 끄는 프로그램	

스크래치로 구현	아두블록으로 구현

그림 11.1 **스크래치와 아두블록**

S4A가 스크래치에서 아두이노 보드를 통신을 통하여 제어하는 방식이라면, 아두블록은 아두이노 개발환경에서 아두블록 툴(tool)을 설치하고 그 기능을 활용하여 프로그래밍 하는 방식이다. 더욱이 아두블록으로 구현된 프로그램은 아두이노 보드에 컴파일하는 과정에서 아두이노 스케치를 동시에 생성시켜 주며, 이를 활용할 수도 있어서 좀 더 차원 높은 응용도 가능하다.

그러므로 S4A보다 아두블록이 아두이노 보드를 활용하여 제어하기에 더 편리하고 확장성이 크다.

아두이노 보드를 처음 다루어 보는 사용자나 10장에서처럼 스크래치의 플래시 기능 등과 연동하여 사용하는 경우에는 S4A가 유용하지만 아두이노 보드를 사용하여 좀 더 다양한 제어를 원한다면 아두블록을 활용하는 것이 유리하다.

2 ArduBlock 프로그램 설치

Ardublock은 Sparkfun에서 제공하근 그림 11.2와 같이 다음의 사이트에 접속하면 ArduBlock 프로그램의 다운로드와 설치, 사용 방법 등이 잘 소개되어 있다.

https://learn.sparkfun.com/tutorials/alternative-arduino-interfaces/ardublock

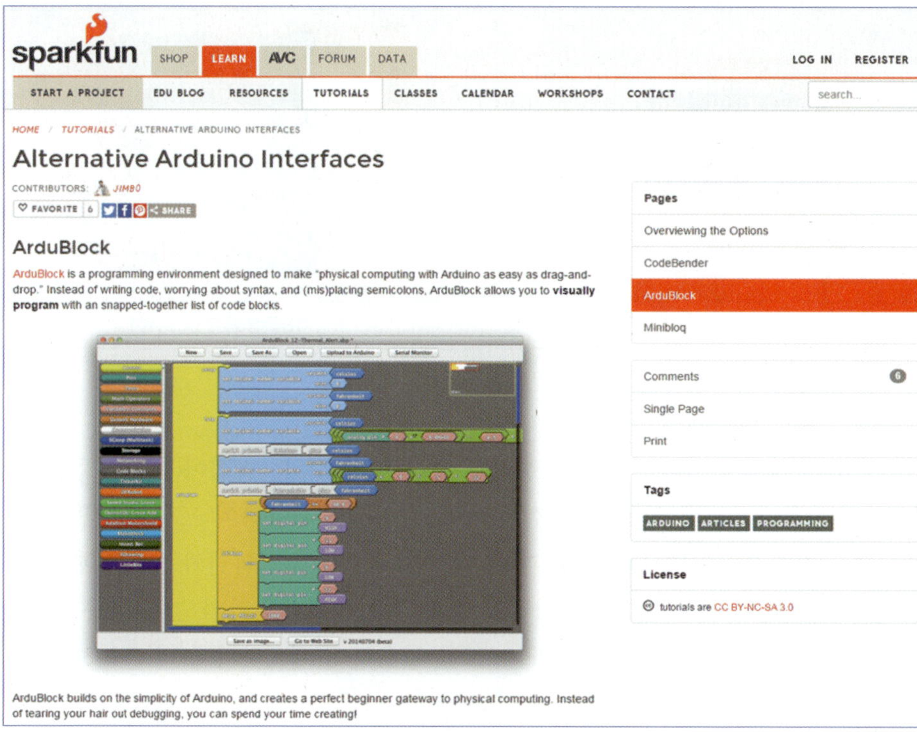

그림 11.2 Ardublock의 설치

ArduBlock의 다운로드는 다양한 곳에서 받을 수 있으나 SparkFun에서는 다음의 사이트에 연결시켜 놓았다.

http://sourceforge.net/projects/ardublock/

다운로드하면 "ardublock-***.jar" 과 같은 압축파일 형태로 받아진다.

Installing ArduBlock

ArduBlock is something of an "add-on" to Arduino, so it requires that you have the Arduino IDE installed. The benefit of that, though, is – because Arduino is multi-platform – ArduBlock **works on Windows, Mac, or Linux**. Plus, having Arduino already present makes the transition from visual programming to text programming easier, when the inevitability approaches.

Installing ArduBlock can be a little tricky – there's no installer, just a Java file that needs to be stored in a very specific location. Follow the steps below to install it:

1. **Download and Install Arduino** (if you haven't already) – Ardublock is an extension of the default Arduino IDE, so you'll need to have Arduino installed on your computer to run it. Check out our Installing Arduino IDE tutorial for help with that.
2. **Download ArduBlock** – Click the link to the left, or head over to the ArduBlock Sourceforge page to find the latest and greatest version.
3. **Identify your Arduino Sketchbook location** – This is a folder on your computer where your sketches and libraries are saved by default. To find your sketchbook location, run Arduino, and **open Preferences** by going to File > Preferences. The contents of the top text box defines your sketchbook location. Memorize that location and close Arduino.

그림 11.3 ardublock–all.jar

아두블록을 아두이노 개발환경에 설치하여 사용할 수 있도록 설치하는 방법은 다음과 같다.

[STEP 1] 아두이노가 설치되어 있는 arduino-1.6.7-windows 폴더에 "ArduBlockTool" 폴더 생성

[STEP 2] ₩arduino₩tools₩ArduBlockTool 폴더에 "tool" 폴더 생성

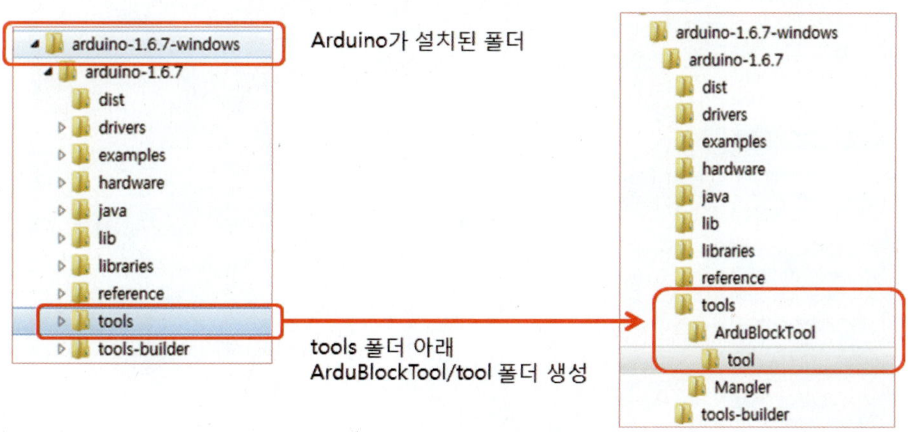

그림 11.4 아두블록 설치 폴더 생성

[STEP 3] ₩arduino₩tools₩ArduBlockTool₩tool 폴더에 아두블록 사이트에서 다운로드 받은 ardublock-*.jar 복사**

아두블록의 프로그램을 복사한 후 아두이노 개발환경을 실행시켜, 상단 툴바의 도구를 열어 보면, 그림 11.5와 같이 ArduBlock의 탭이 만들어진다.

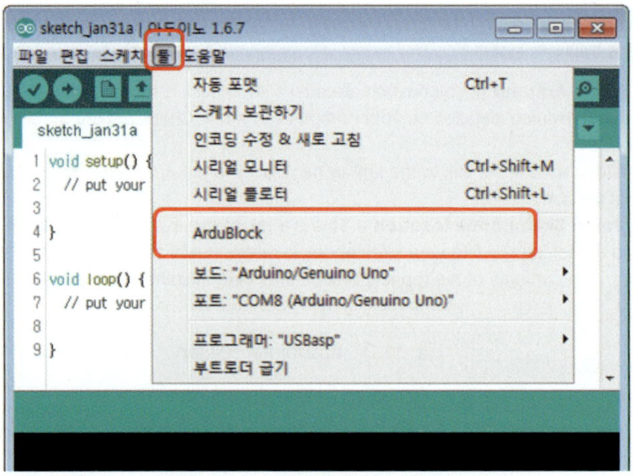

그림 11.5 아두블록 설치 폴더 생성

ArduBlock를 실행시키면 그림 11.6과 같은 창이 생성된다.

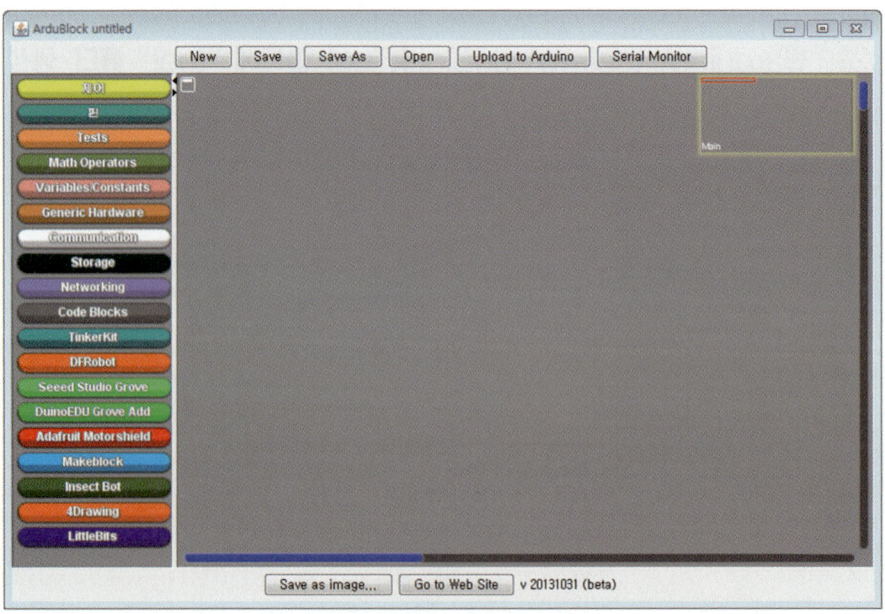

그림 11.6 ArduBlock의 실행 창

3 S4A와 아두블록(ArduBlock)의 블록명령

스크래치로 아두이노 보드를 제어하기 위하여 S4A 사용한 블록명령과 아두블록의 블록명령은 유사한 구조로 되어 있다.

먼저 S4A에서 블록명령을 스크립트 창으로 끌어다(drag) 놓으며 프로그램을 구성하는 것처럼 아두블록도 동일한 방법을 사용한다.

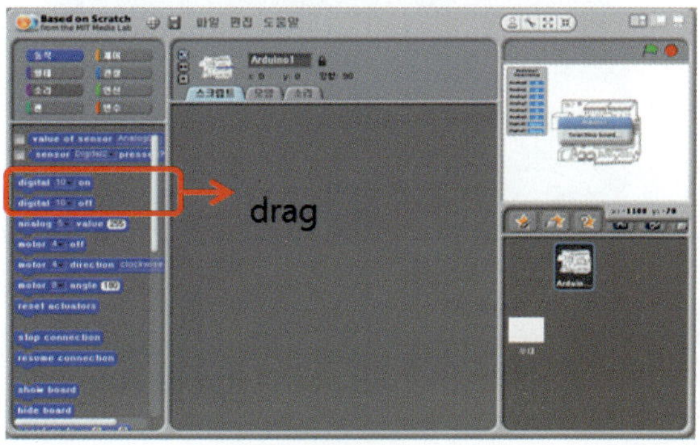

S4A 개발환경

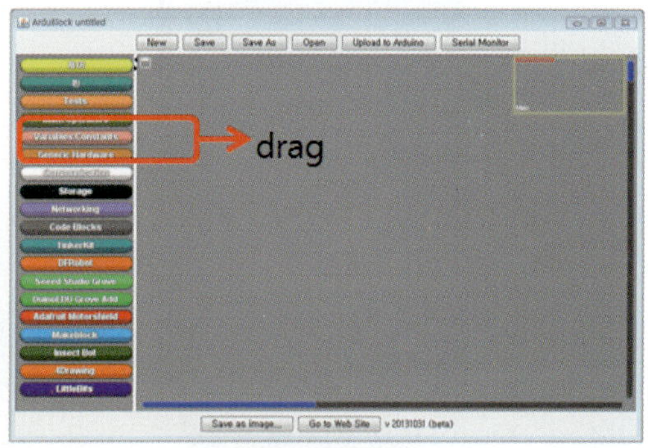

아두블록 개발환경

그림 11.7 블록명령으로 프로그램 작성

S4A의 블록명령 그룹

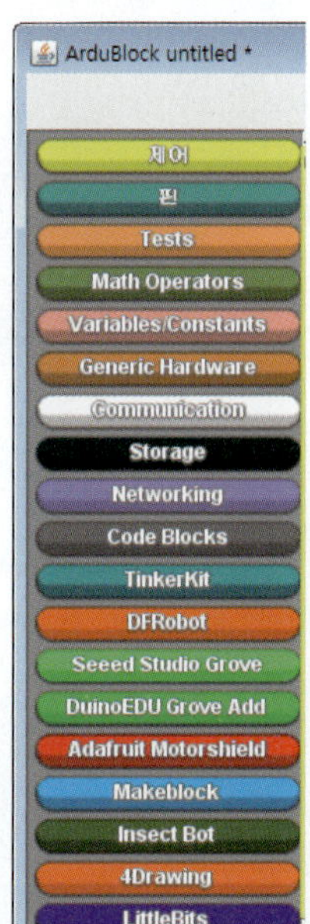

아두블록의 블록명령 그룹

그림 11.8 블록명령 그룹

아두이노 보드의 핀들을 사용하는 블록 명령

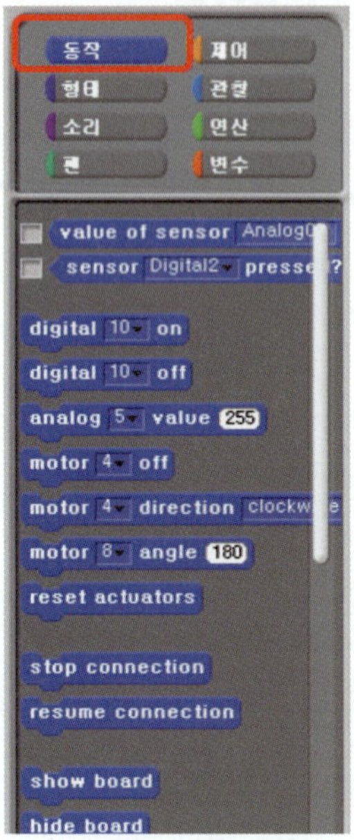

S4A의 동작 블록명령

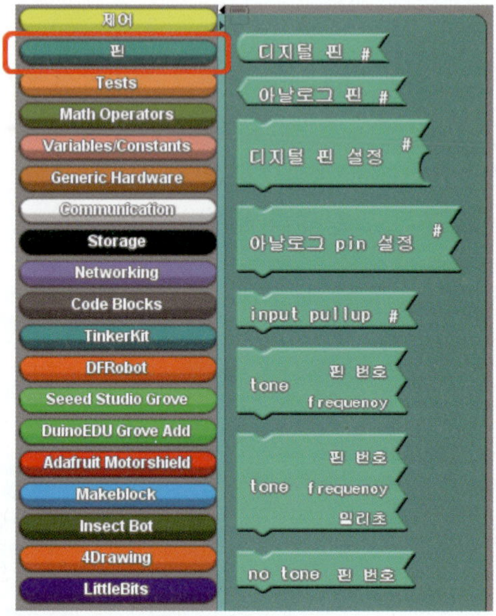

아두블록의 핀 블록명령

그림 11.9 **동작 블록명령**

반복이나 판단을 위한 블록 명령

S4A의 제어 블록명령

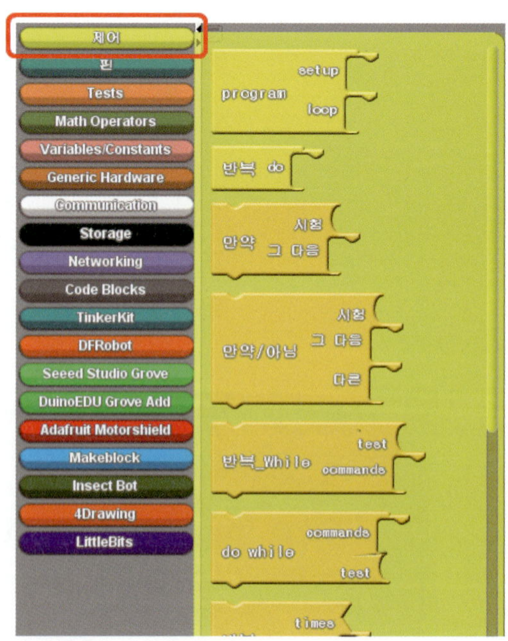

아두블록의 제어 블록명령

그림 11.10 **제어 블록명령**

시간지연을 위한 블록 명령

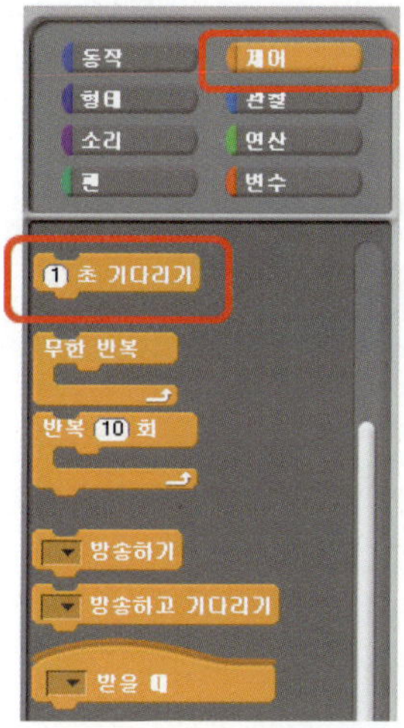

S4A의 제어 블록명령

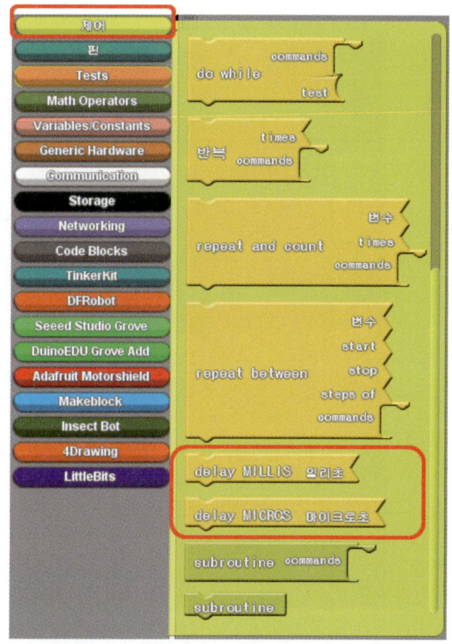

아두블록의 제어 블록명령

그림 11.11 **제어 블록명령**

산술 연산을 위한 블록 명령

S4A의 연산 블록명령

아두블록의 연산자 블록명령

그림 11.12 **산술 연산 블록명령**

논리 연산을 위한 블록 명령

S4A의 연산 블록명령

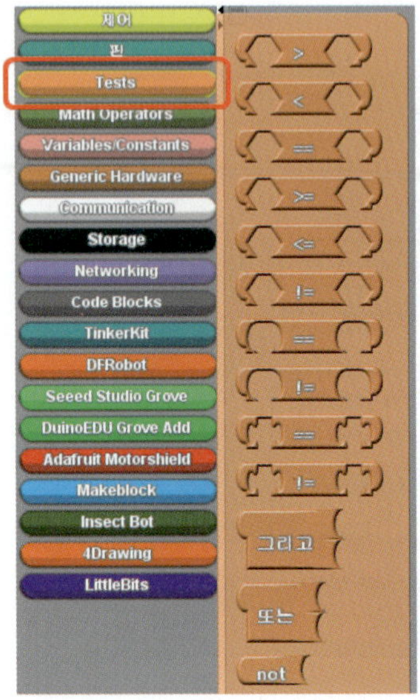

아두블록의 연산자 블록명령

그림 11.13 **논리 연산 블록명령**

변수사용을 위한 블록 명령

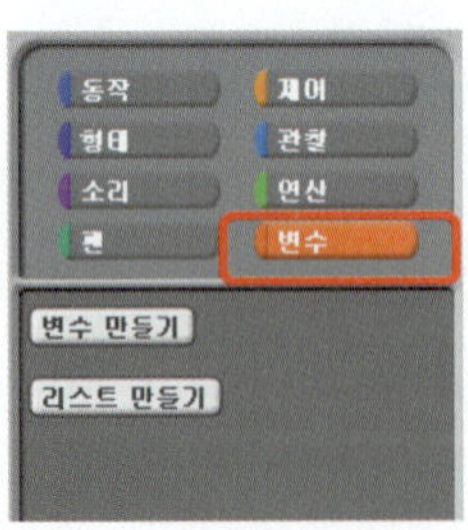

S4A의 변수 블록명령

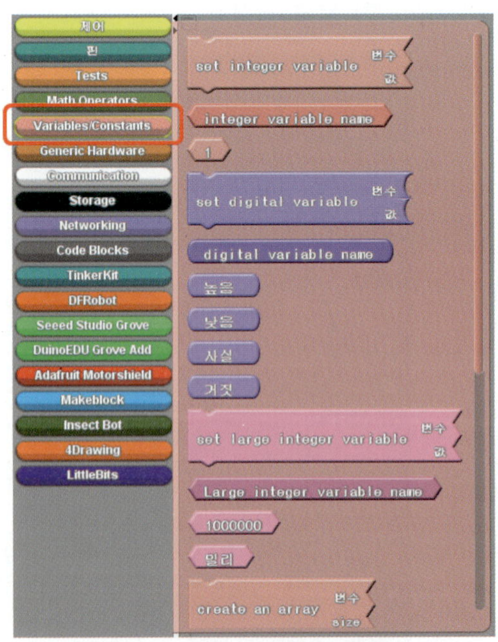

아두블록의 숫자/상수 블록명령

그림 11.14 **변수 블록명령**

4 아두블록(ArduBlock)의 프로그래밍

아두블록을 이용하여 S4A에서와 같이 아두이노 보드의 디지털입출력 핀 13번에 연결된 LED를 1초 간격으로 켜고 끄는 프로그램을 작성하여보자.

① 반복 실행을 위하여 아두블록의 왼쪽 창의 가장 위에 있는 제어 를 클릭하여 반복 do 를 선택하여 그림 11.15와 같이 오른쪽 창에 끌어다 놓는다.

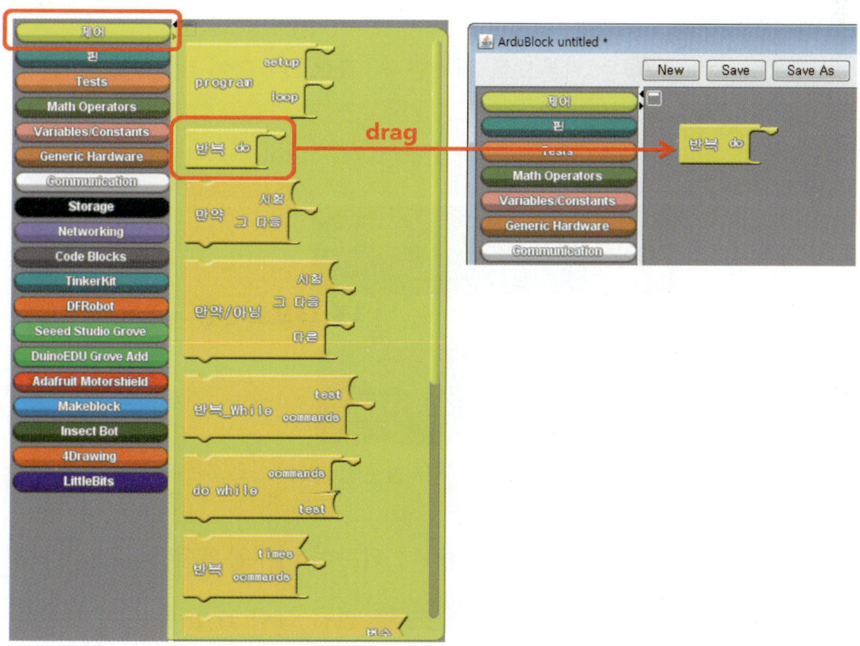

그림 11.15 **변수 블록명령**

② 아두이노 보드의 핀을 지정하기 위하여 아두블록의 왼쪽 창의 위에서 2번째에 있는 핀 를 마우스로 클릭하여 디지털 핀 설정 # 을 그림 11.15와 같이 오른쪽 창에 끌어다 놓으면, 기본으로 디지털 핀 설정 # 1 HIGH 설정되므로 핀 값 #을 클릭하여 1 을 13 으로 변경하고, 반복 do 의 틀 속에 끼워 넣는다.

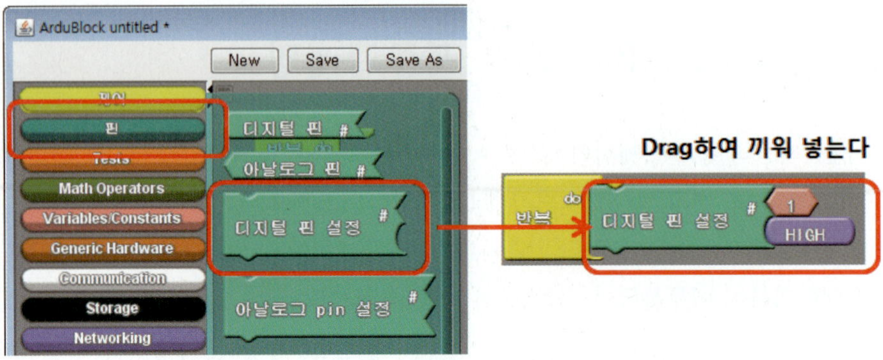

그림 11.16 **아두이노 보드의 디지털입출력 핀 설정**

③ 

은 기본으로 핀 1번과 "HIGH" 값이 설정되므로 핀 값을 클릭하여 "13" 으로 변경한다.

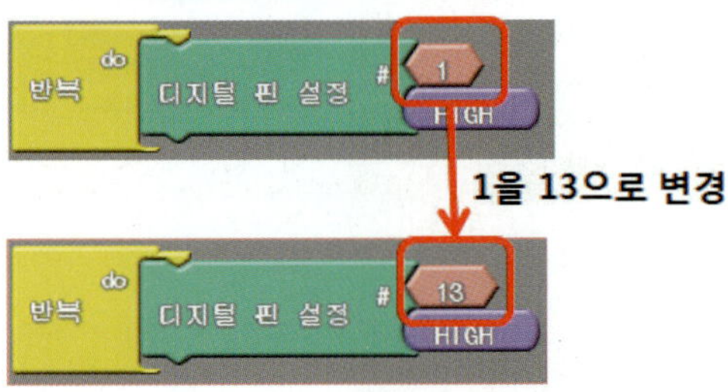

그림 11.17 **디지털 핀값 변경**

④ LED의 켜지고 꺼지는 시간의 지연을 지정하기 위하여 아두블록의 왼쪽 창 가장 위에 있는 

를 클릭하여 

를 그림 11.18과 같이 오른쪽 창에 끌어다 놓고 

의 틀 속의 

아래에 끼워 넣는다.

이 때 

는 기본으로 '1000' 이 설정되어 

가 되고 1초의 시간 지연을 가지게 된다.

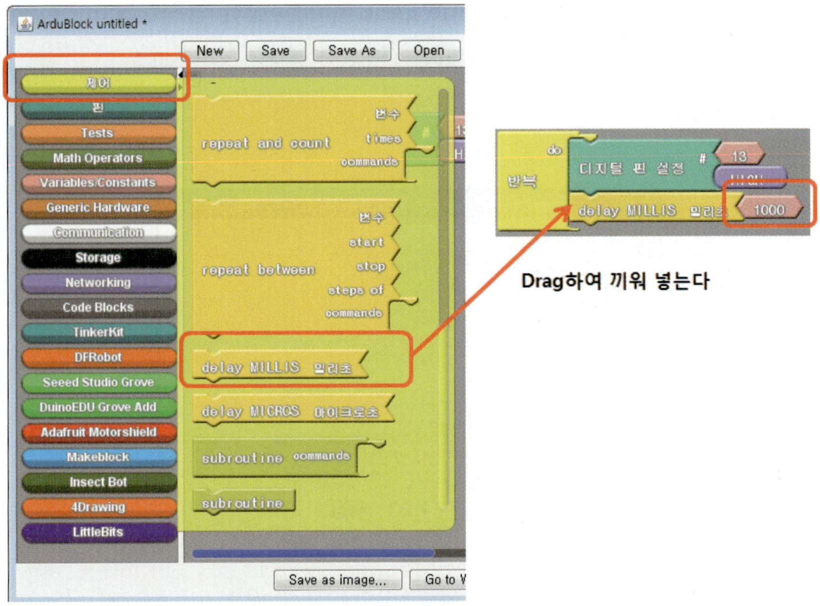

그림 11.18 **시간 지연 설정**

⑤ 

과 

을 추가로 작성하여 그림 11.19와 같이 

에 끼워 넣고 윗부분의 "Save"을 눌러 저장한다.

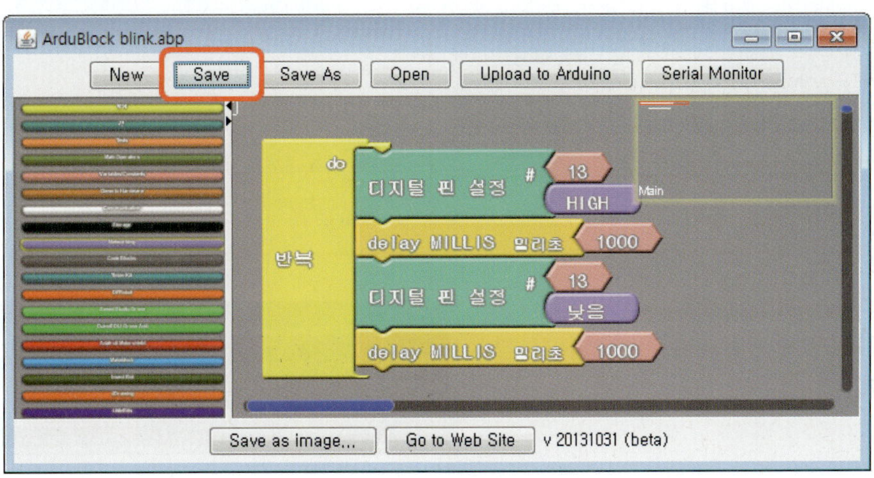

그림 11.19 **깜박임 동작 구현**

윗부분의 "Save"을 누르면, 그림 11.20과 같이 저장을 위한 창이 나타나고, 저장할 파일의 이름(예, blink_test)를 압력하면, 확장자로 .abp가 붙어 저장된다.
(예, blink_test.abp로 저장)

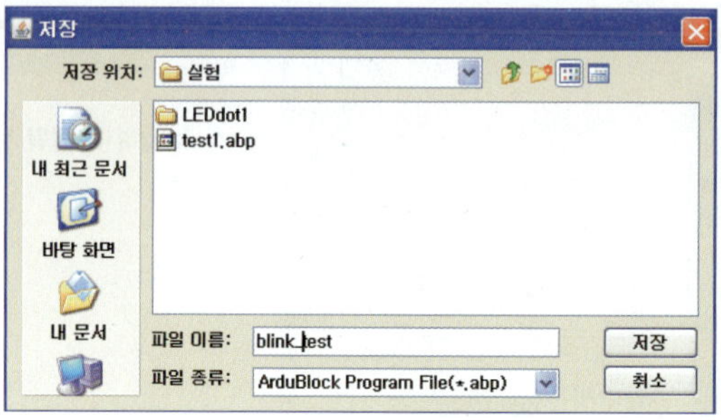

그림 11.20 저장

⑥ 아두이노 보드와 연결되어 있는 상태에서 그림 11.21과 같이 "Upload"를 누르면 블록의 로직들이 아두이노 스케치로 변환되고, 변환된 스케치가 컴파일 및 업로딩 된다.

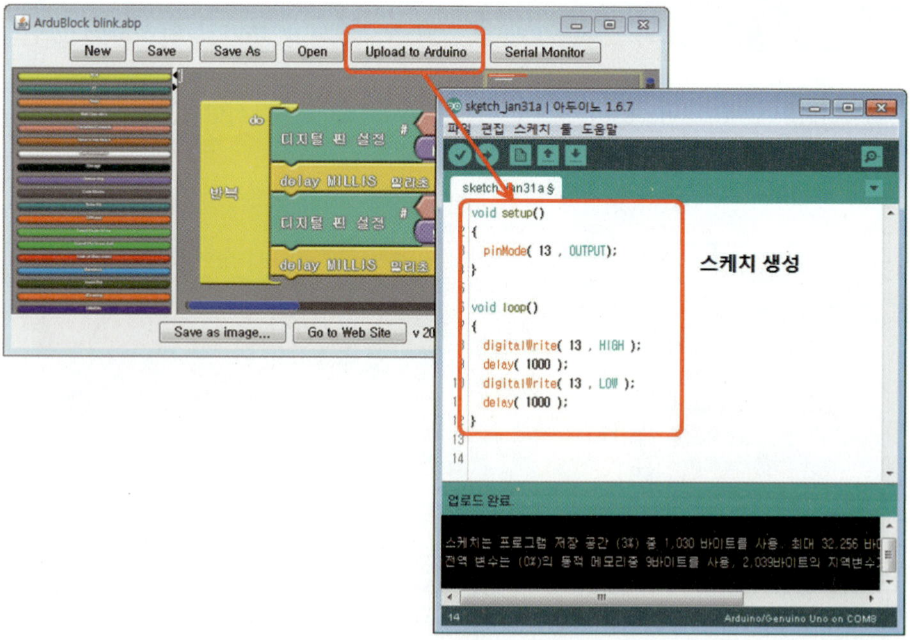

그림 11.21 Upload와 아두이노 스케치 생성

Chapter

12

S4A 예제 vs 아두블록 예제

Scratch for Arduino

S4A에서 작성한 블록 프로그램을 아두블록으로 바꾸어 아두이노 보드를 제어를 해본다. 이 장에서는 앞의 1~7장에서 스크래치를 이용하여 아두이노 보드를 제어하기 위하여 S4A에서 작성한 스크래치의 블록명령으로 만들어진 프로그램을 아두블록으로 만들어서 비교하여 놓았다.

1 반복과 디지털로 출력하기

S4A에서 아두이노 보드의 디지털입출력 핀을 사용하여 출력을 내보내는 방법을 배우기 위하여 만들었던 예제를 아두블록으로 만들어 본다.

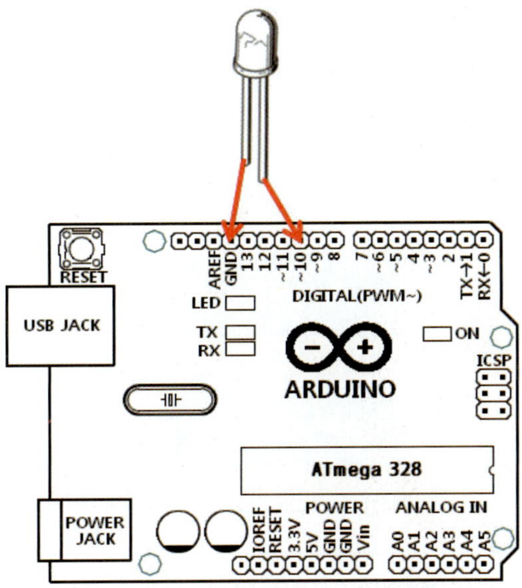

그림 12.1 아두이노 보드에 LED연결

스크래치에서 반복을 위한 블록명령 [무한 반복] 에 반복할 내용을 끼워 넣어 반복을 시키는 것처럼 아두블록에서도 [반복 do] 을 사용하여 반복을 수행한다.

S4A에서 아두이노 보드의 디지털입출력 핀에 LED를 연결하고 불을 켜고 끄기 위하여 [digital 10 on]과 [digital 10 off]을 사용하는 것처럼, 아두블록에서는 [디지털 핀 설정 # 10 높음]과 [디지털 핀 설정 # 10 낮음]을 사용하여 디지털입출력 핀을 지정하고 출력할 값을 결합하여 사용한다.

또한 시간지연을 위하여 아두블록에서 [1 초 기다리기]을 사용한다면, 아두블록에서는 [delay MILLIS 밀리초 1000]을 사용한다.

그림 12.2는 아두이노 보드의 디지털입출력 핀 10번에 연결된 LED를 1초 간격으로 켜고 끄는 프로그램을 각각 스크래치의 블록명령과 아두블록의 블록명령으로 구현한 것이다.

아두이노 보드의 디지털입출력 핀 10번에 연결된 LED를 1초 간격으로 켜고 끄는 프로그램	
스크래치 구현	
아두블록 구현	

그림 12.2 스크래치와 아두블록을 사용한 아두이노 보드의 출력 제어

그림 12.3은 아두이노 보드의 디지털입출력 핀 10과 13번에 연결된 LED를 0.5초 간격으로 번갈아가며 켜고 끄는 스크래치와 아두블록의 블록명령 프로그램이다.

구현하고자 하는 논리적 알고리즘의 순서에 따라 각 블록들을 직관적으로 배열하고 결합한다.

<table>
<tr><th colspan="2">아두이노 보드의 디지털입출력 핀 10과 13번에 연결된 LED를 0.5초 간격으로 번갈아 가며 켜고 끄는 프로그램</th></tr>
<tr><td>스크래치 구현</td><td>
</td></tr>
<tr><td>아두블록 구현</td><td>
</td></tr>
</table>

그림 12.3 스크래치와 아두블록을 사용한 아두이노 보드의 출력 제어

2 판단과 디지털 입력 받기

S4A에서 아두이노 보드의 디지털입출력 핀을 사용하여 디지털 입력을 받아들이기 위하여 만들었던 예제를 아두블록으로 만들어 본다.

그림 12.4 아두이노 보드와 브레드 보드를 사용하여 LED와 버튼 스위치 연결

	아두이노 보드	베이스 보드
연결선 연결	디지털입출력 핀 10번	JP1 커넥터(LED) 0번
연결선 연결	디지털입출력 핀 2번	JP2 커넥터(Test Switch) 0번

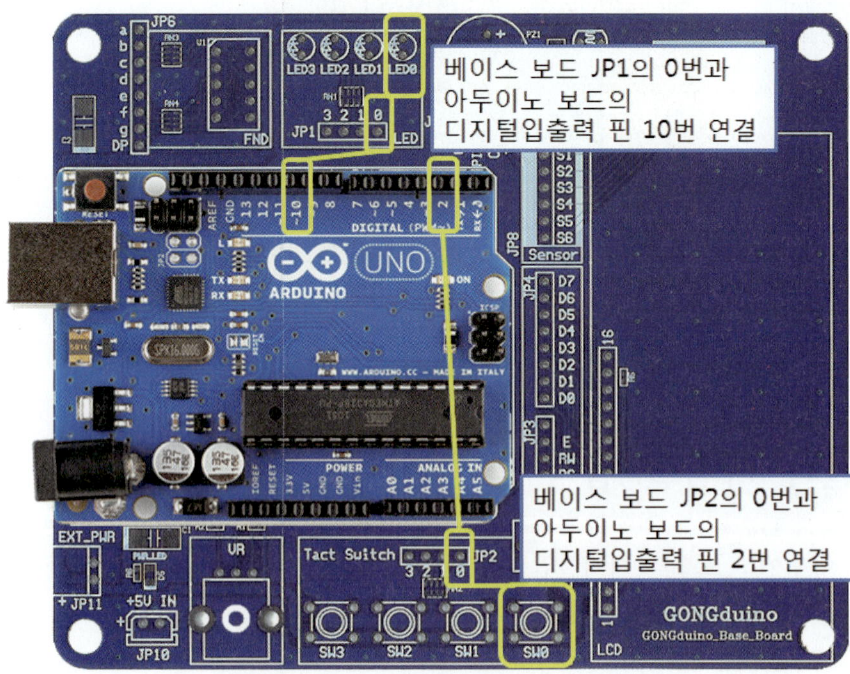

그림 12.5 아두이노 보드와 베이스 보드 연결

스크래치 뿐만 아니라 모든 프로그램의 입력 과정에는 입력이 일어났는지를 검사하는 판단 기능이 사용된다.

스크래치에서 아두이노 보드를 통한 디지털입력이 발생하였는지 아닌지에 따라 원하는 동작을 할 수 있도록 판단블록 

을 사용한다면, 아두블록에는 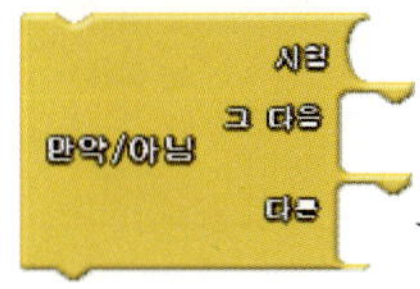

을 사용한다.

S4A에서 디지털입력을 받아들이기 위하여 아두이노 보드에 버튼 스위치를 연결하고 [sensor Digital2 pressed?]을 판단블록의 '만약 ~라면' 의 조건으로 사용하였지만, 아두블록에서는 [디지털 핀 # 2]을 사용하여 동일한 작업을 수행할 수 있다.

아두이노 보드의 디지털입출력 핀 2에 버튼 스위치를 연결하고 버튼 스위치가 눌려지면 아두이노 보드의 디지털입출력 핀 10번에 연결된 LED를 켜고 버튼 스위치가 눌려지지 않으면 꺼지는 프로그램	
스크래치 구현	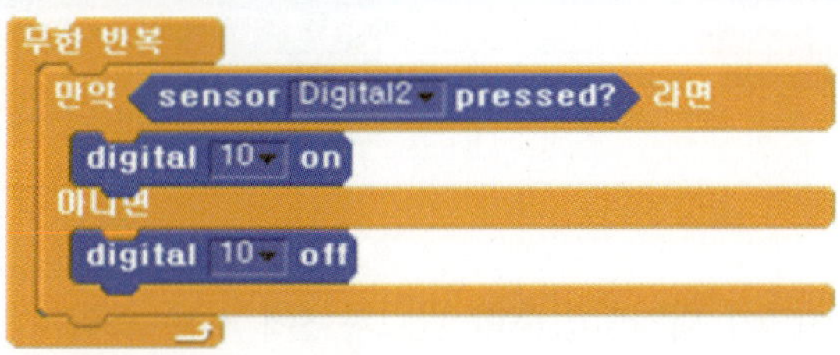
아두블록 구현	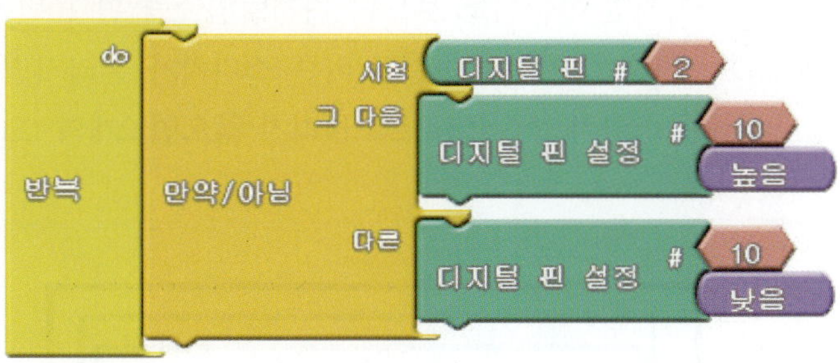

그림 12.6 **스크래치와 아두블록을 사용한 아두이노 보드의 입력 제어**

그림 12.6은 아두이노 보드의 디지털입출력 핀 2에 버튼 스위치를 연결하고 버튼 스위치가 눌려지면 아두이노 보드의 디지털입출력 핀 10번에 연결된 LED를 켜고 버튼 스위치가 눌려지지 않으면 꺼지는 프로그램이다.

판단문의 확장은 스크래치에서  을 2개를 결합하여 확장하듯이 아두블록에서도 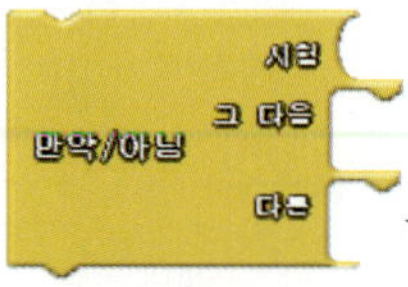 을 결합하여 확장할 수 있다.

판단 블록의 확장	
스크래치 구현	아두블록 구현
	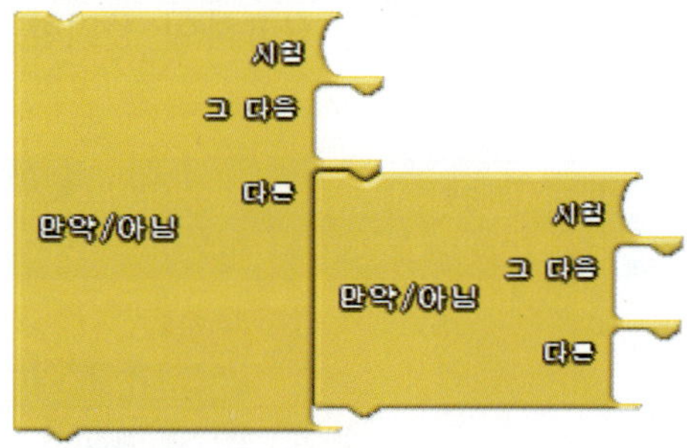

그림 12.7은 아두이노 보드의 디지털입출력 핀 2과 3에 버튼 스위치 2개를 연결하고 2번에 연결된 버튼 스위치가 눌려지면 아두이노 보드의 디지털입출력 핀 10번에 연결된 LED는 켜지고 13번에 연결된 LED는 꺼지며, 3번에 연결된 버튼 스위치가 눌려지면 2개의 LED가 반대로 켜지고 꺼지고, 2개의 버튼 스위치 중 어느 것도 눌리지 않으면 2개의 LED 모두 꺼지는 프로그램이다.

그림 12.7 아두이노 보드와 브레드 보드를 사용하여 LED와 버튼 스위치 연결

아두이노 보드의 디지털입출력 핀과 베이스 보드의 LED와 버튼 스위치를 연결한다.

	아두이노 보드	베이스 보드
연결선 연결	디지털입출력 핀 10번	JP1 커넥터(LED) 0번
연결선 연결	디지털입출력 핀 11번	JP1 커넥터(LED) 3번
연결선 연결	디지털입출력 핀 2번	JP2 커넥터(Test Switch) 0번
연결선 연결	디지털입출력 핀 3번	JP2 커넥터(Test Switch) 3번

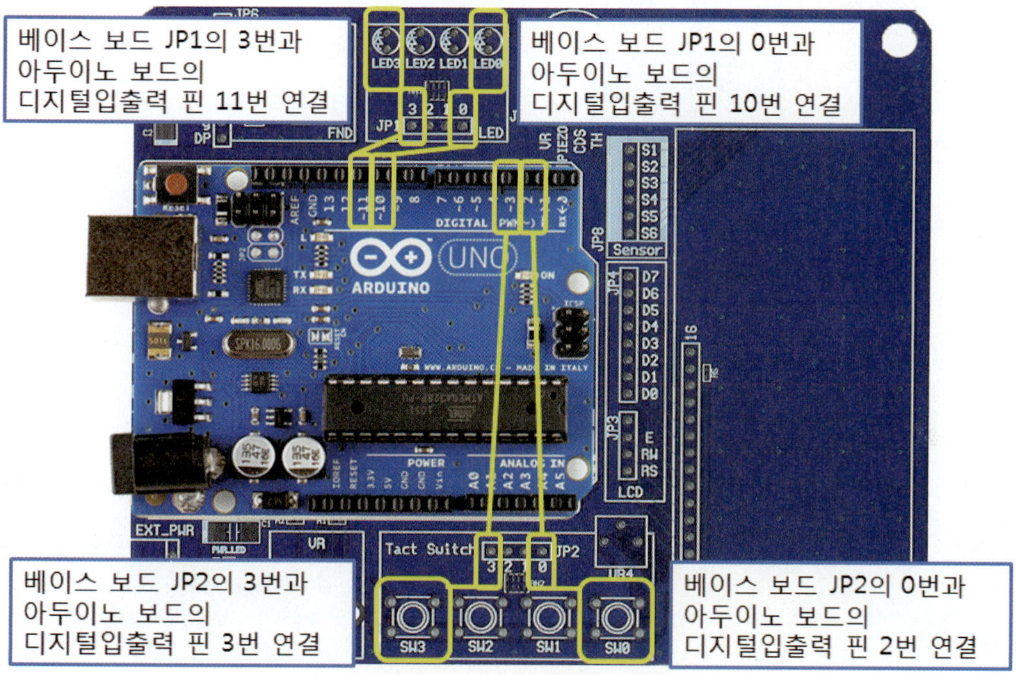

그림 12.8 아두이노 보드와 베이스 보드 연결

아두이노 보드의 디지털입출력 핀 2과 3에 버튼 스위치를 각각 연결하고, 디지털입출력 핀 10, 13번에 LED를 각각 연결하여 버튼 스위치에 따라 서로 다르게 켜지고 꺼지게 하는 프로그램	
스크래치 구현	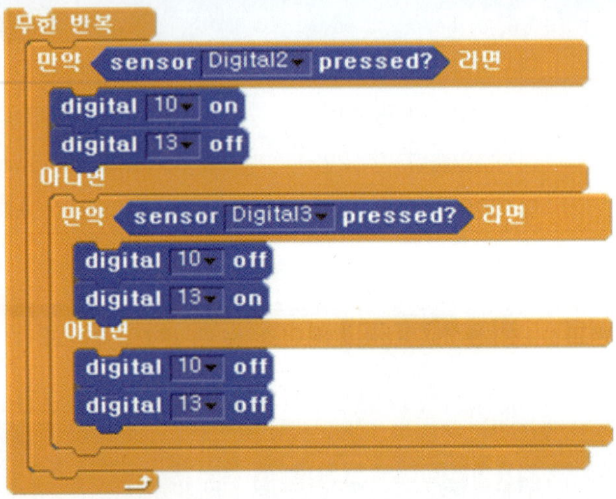
아두블록 구현	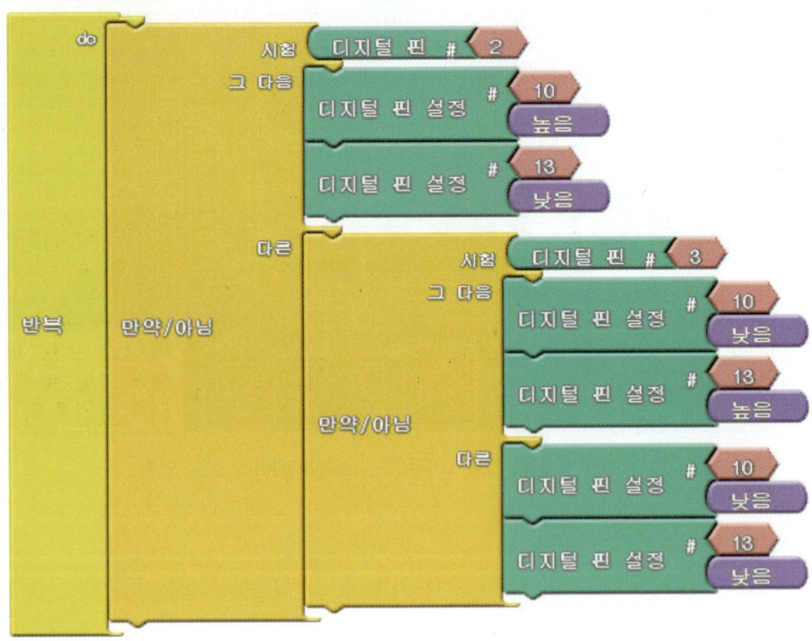

그림 12.9 스크래치와 아두블록을 사용한 판단블록의 확장

■

3 아날로그 입력 받기

S4A에서 아두이노 보드의 아날로그 입력 핀을 사용하여 아날로그 입력을 받아들이기 위하여 만들었던 예제를 아두블록으로 만들어 본다.

그림 12.10 아두이노 보드와 브레드 보드를 사용하여 LED와 가변저항 연결

그림 12.11 아두이노 보드와 브레드 보드를 사용하여 LED와 가변저항 연결

	아두이노 보드	베이스 보드
연결선 연결	디지털입출력 핀 10번	JP1 커넥터(LED) 0번
연결선 연결	아날로그 입력 핀 A0번	JP9 커넥터 VR

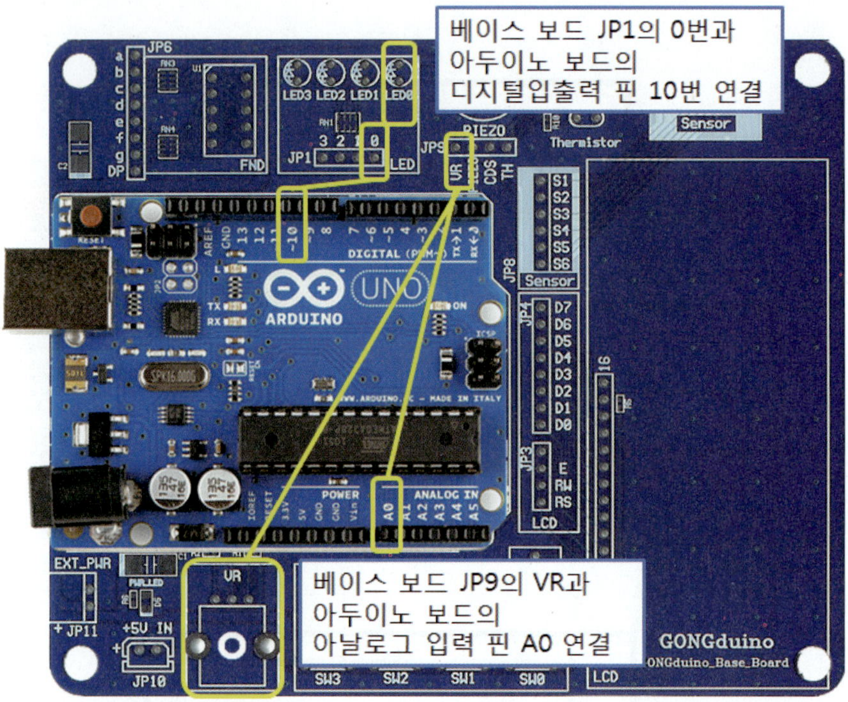

그림 12.12 아두이노 보드와 베이스 보드 연결

	아두이노 보드	베이스 보드
연결선 연결	디지털입출력 핀 10번	JP1 커넥터(LED) 0번
연결선 연결	아날로그 입력 핀 A0번	JP9 커넥터 CDS

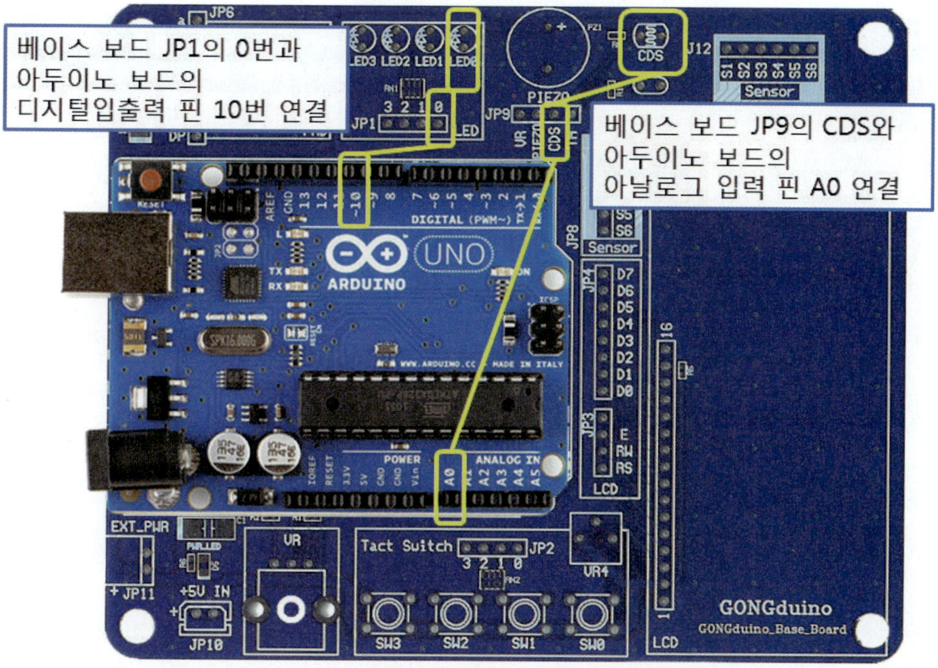

그림 12.13 아두이노 보드와 베이스 보드 연결

S4A는 아날로그 입력을 받아들이기 위하여 value of sensor Analog0 을 사용하였다면, 아두블록에서는 아날로그 핀 # 0 을 사용하여 동일한 작업을 수행할 수 있다.

그림 12.14는 아두이노 보드의 디지털입출력 핀 10에 LED를 연결하고 불이 켜지는 시간의 지연을 아두이노 보드의 아날로그 입력핀에 가변저항을 연결하여, 가변저항의 조절에 따라 LED의 켜지고 꺼지는 속도를 조정하는 스크래치와 아두블록 프로그램이다.

아두이노 보드의 디지털입출력 핀 10에 LED를 연결하고, 아날로그 입력핀 0번에 가변저항을 연결하여, 가변저항의 변화에 따라 LED의 켜지고 꺼지는 빠르기가 조절되는 프로그램	
스크래치 구현	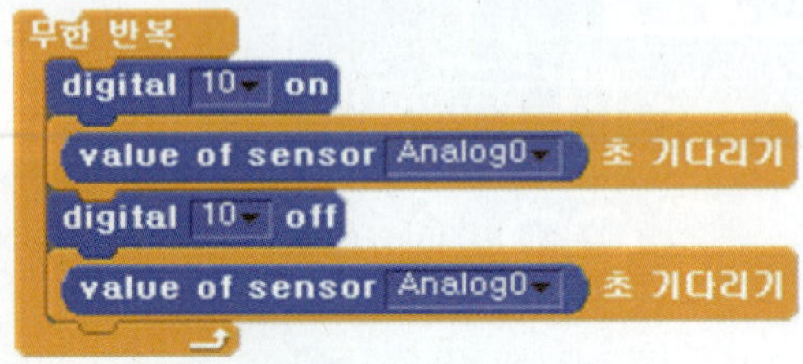
아두블록 구현	

그림 12.14 **스크래치와 아두블록을 사용한 아날로그 입력 받기**

4 입력의 연산과 비교

S4A에서 아두이노 보드를 통하여 입력되는 아날로그 값을 연산이나 비교를 통하여 사용하듯이 아두블록에서도 입력된 값을 연산하거나 비교하여 사용할 수 있다.

연산과 판단 블록	
스크래치 구현	아두블록 구현

	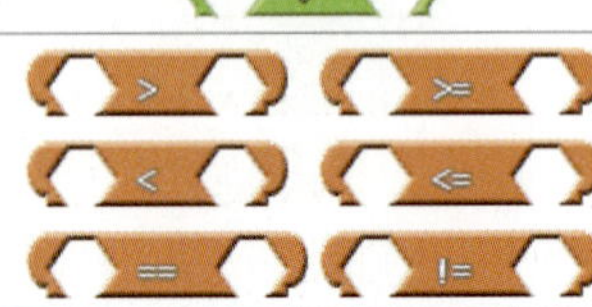

그림 12.15 **스크래치와 아두블록의 연산과 비교블록**

그림 12.16은 아두이노 보드의 아날로그 입력 핀에 가변저항 또는 빛이나 온도 센서와 같은 아날로그 센서를 연결하면 아두이노 보드에는 0~1023의 범위의 값으로 입력되므로, 입력된 아날로그 값을 512와 비교하여 작으면 LED의 불을 켜지게 하는 스크래치와 아두이노의 블록 프로그램이다.

또한 그림 12.17은 5장에서 설명했던 다음의 백분율의 공식을 적용하여 스크래치와 아두블록으로 구현한 것이다.

$$\text{퍼센트}(\%)\ \text{값} = \frac{\text{디지털 변환 값}}{1023} \times 100$$

그림 12.18은 아두이노 보드의 아날로그 입력핀 A0의 입력을 백분율로 변환하고 50% 미만이면, 아두이노 보드의 디지털입출력 핀 10번에 연결된 LED를 켜지게 하고, 50% 이상이면 꺼지게 하는 프로그램이다.

<table>
<tr><th colspan="2">아두이노 보드의 아날로그 입력핀 A0의 입력을 조건과 비교하여, 아두이노 보드의 디지털입출력 핀 10번에 연결된 LED를 켜고 꺼지게 하는 프로그램</th></tr>
<tr><td>스크래치 구현</td><td>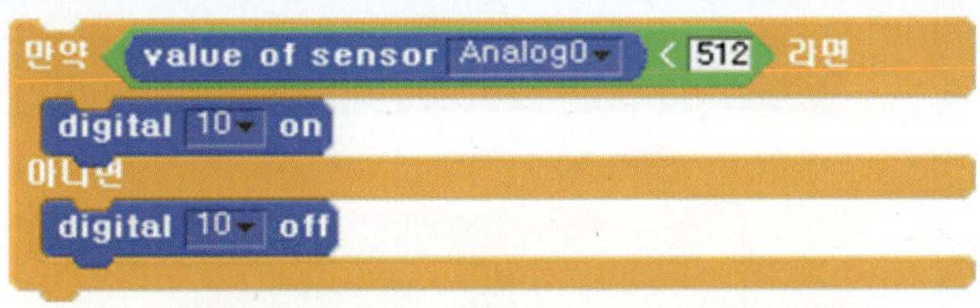
</td></tr>
<tr><td>아두블록 구현</td><td>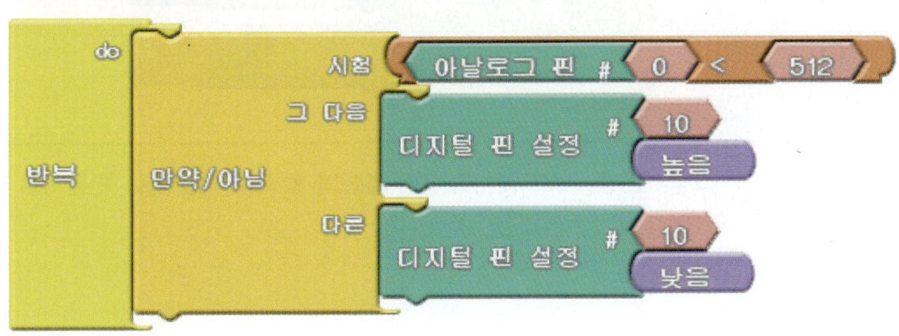
</td></tr>
</table>

그림 12.16 **스크래치와 아두블록의 연산과 비교블록**

(Analog0) / 1023 x 100	
스크래치 구현	
아두블록 구현	

그림 12.17 스크래치와 아두블록의 백분율 변환 예

아두이노 보드의 아날로그 입력핀 A0의 입력을 백분율로 변환하고 50% 미만이면, 아두이노 보드의 디지털입출력 핀 10번에 연결된 LED를 켜지게 하고, 50% 이상이면 꺼지게 하는 프로그램	
스크래치 구현	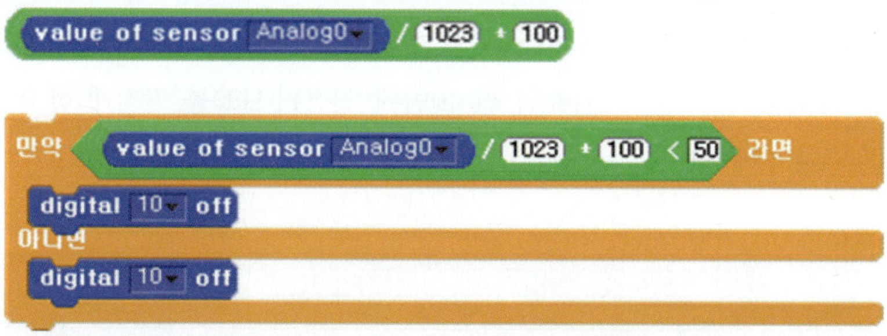
아두블록 구현	

그림 12.18 스크래치와 아두블록의 입력을 백분율로 변환하여 제어하는 예

■

5 변수의 사용

6장에서 S4A로 변수를 사용하여 어떤 값을 증가나 감소 등 값을 변화시키는 방법을 살펴보았다.

예를 들면, S4A에서 변수 k를 만들면 활용할 수 있는 [k 에 1 씩 누적하기], [k 에 0 저장]

등이 만들어지는 것을 보았다.

아두블록에서 변수를 만들어 사용하기 위한 방법은 Variables/Constants 에서 integer variable name 나 digital variable name 를 선택하고 k 와 같이 이름을 부여하면 된다.

초기값을 설정하기 위해서는 set integer variable 변수 integer variable name 값 0 를 사용하거나 set digital variable 변수 digital variable name 값 HIGH 를 사용한다.

그림 12.19는 실습 6-2에서 스크래치로 변수를 사용하여 LED의 밝기 조정하기는 프로그램과 스크래치에서 구현한 기능을 아두블록을 사용하여 구현한 것을 비교한 것이다.

변수와 PWM 핀을 사용하여 LED의 밝기가 점점 밝아졌다가 1초간 꺼진 후 다시 점점 밝아지는 동작이 반복되는 프로그램	
스크래치 구현	
아두블록 구현	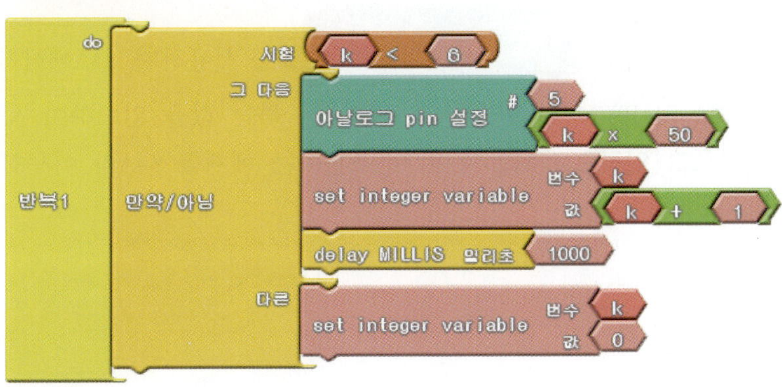

그림 12.19 **스크래치와 아두블록에서 변수를 활용한 예**

아두블럭은 아두이노 스케치에서 사용되는 for문의 구조를 제공하므로 다음과 같이 사용할 수도 있다.

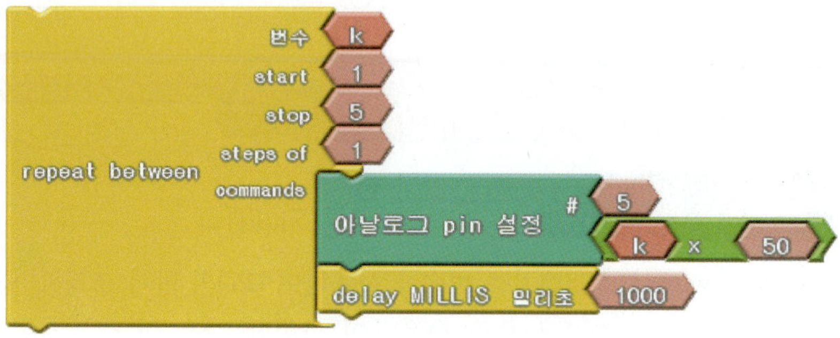

그림 12.20 아두블록에서 for문 구조

6 아날로그 출력

아두이노 보드의 빛의 밝기를 조절하거나 모터 등의 속도를 제어할 수 있도록 아날로그 신호 형태의 출력이 가능한 PWM(Pulse Width Modulation) 신호를 내보내는 기능을 스크래치를 이용하여 구현하는 방법을 6장에서 다루었다.

S4A에서는 블록명령  을 통하여 아두이노 보드의 PWM 출력핀 가운데 5, 6, 9번을 사용하여 PWM 신호를 내보낼 수 있었다.

아두블록에서는 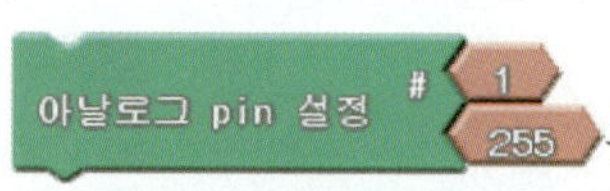 를 사용하며, S4A에서처럼 사용하고자 하는 아두이노 보드의 PWM 핀 번호와 출력하고자 하는 값을 입력하여 사용할 수 있다.

아날로그 입력으로 LED의 밝기 조정하는 예제를 S4A와 아두블록으로 만들어 본다.

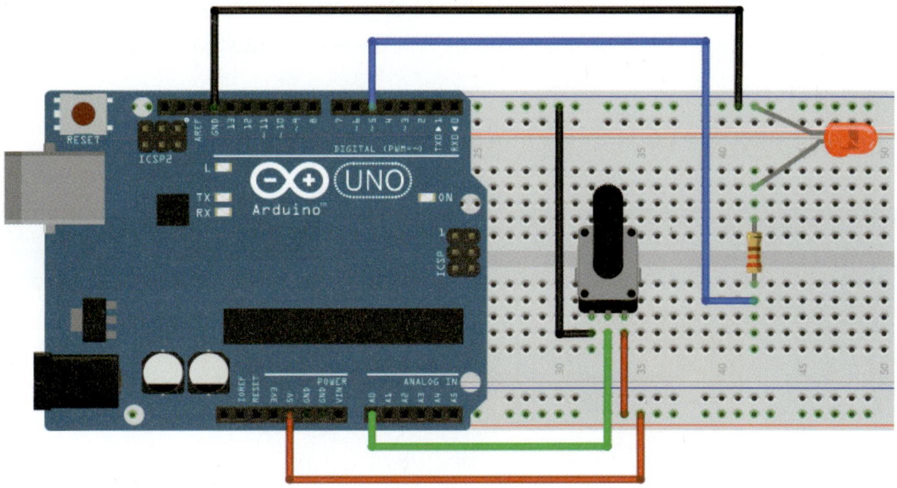

그림 12.21 아두이노 보드 PWM 출력핀과 브레드 보드를 사용하여 LED 연결

	아두이노 보드	베이스 보드
연결선 연결	디지털입출력 핀 5번	JP1 커넥터(LED) 0번
연결선 연결	아날로그 입력 핀 A0번	JP9 커넥터 VR

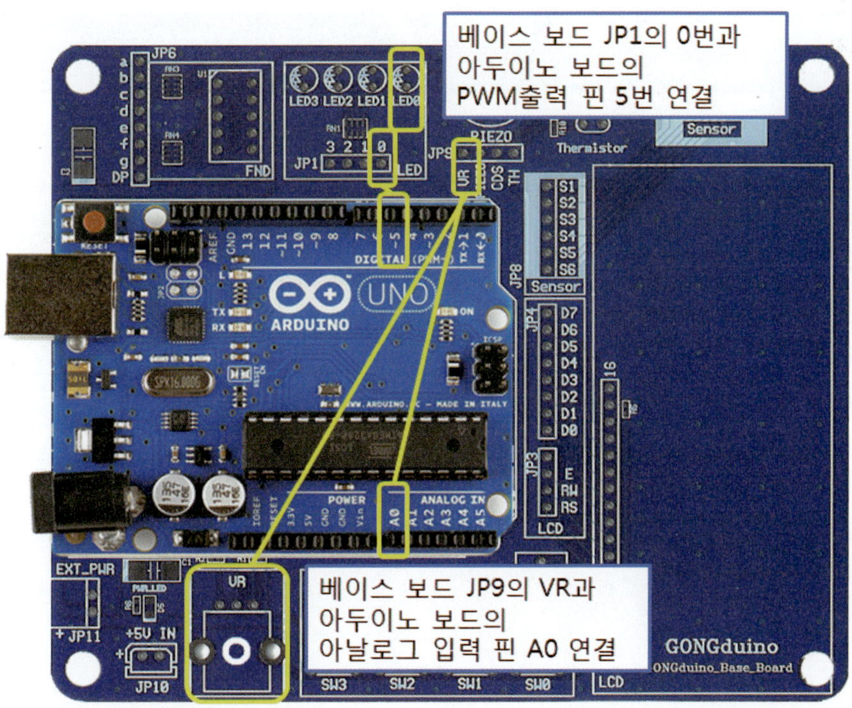

그림 12.22 아두이노 보드와 베이스 보드 연결

그림 12.23은 아두이노 보드의 PWM 핀 5에 LED를 연결하고, 아날로그 입력핀 A0에 가변저항을 연결하여 가변저항을 조정하면 LED의 밝기가 변하도록 만들어진 스크래치와 아두이노 블록 프로그램이다.

그림 12.24는 변수를 사용하지 않고 만들어진 블록 프로그램의 비교이다.

아두이노 보드의 PWM 핀 5에 LED를 연결하고, 아날로그 입력핀 A0dp 가변저항을 연결하여 된 LED를 켜고 버튼 스위치가 눌려지지 않으면 꺼지는 프로그램

스크래치 구현

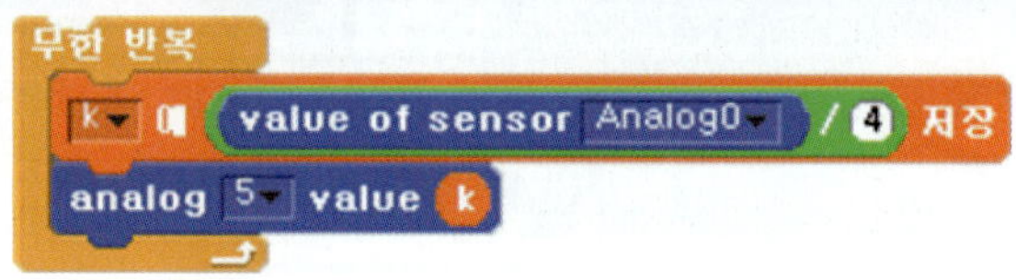

아두블록 구현

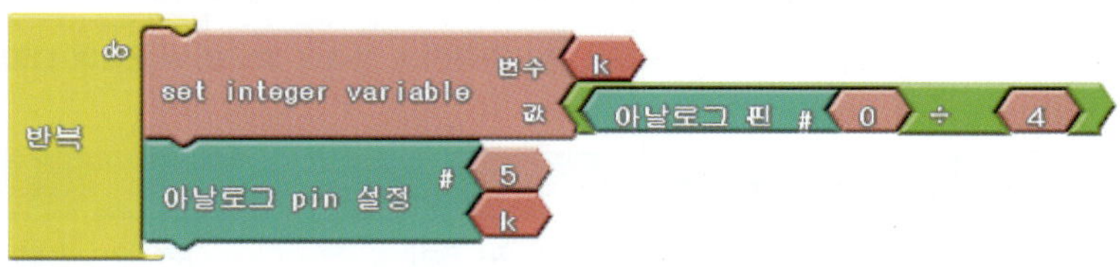

그림 12.23 스크래치와 아두블록에서 PWM 출력을 사용하는 예

아두이노 보드의 PWM 핀 5에 LED를 연결하고, 아날로그 입력핀 A0dp 가변저항을 연결하여 된 LED를 켜고 버튼 스위치가 눌려지지 않으면 꺼지는 프로그램

스크래치 구현

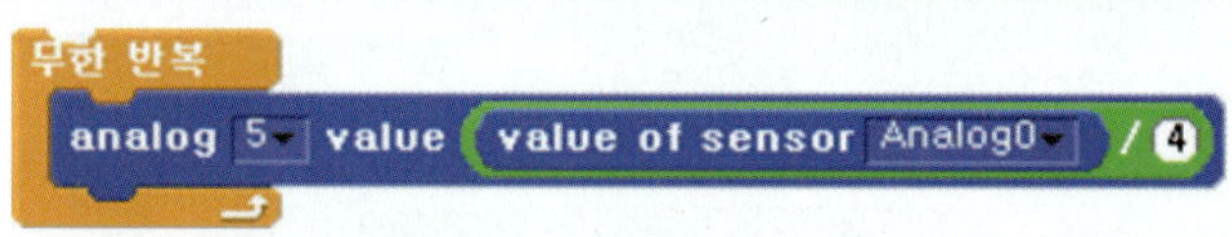

아두블록 구현

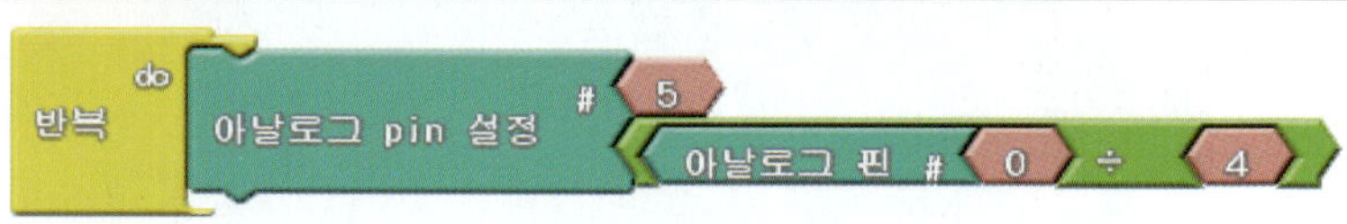

그림 12.24 그림 12.23의 변수를 사용하지 않은 예

■

7 피에조 사용

표준적인 S4A에서는 마이크로초(microsecond)의 개념을 사용할 수 없어서 피에조(piezo) 등을 통하여 소리가 나도록 만들려면 다소 복잡한 방법을 사용하여 S4A를 변형하거나 아날로그적인 방법으로 소리를 만드는 편법을 사용해야 한다.

예를 들면 7음계의 표준 '라(A)' 음은 440Hz라는 주파수로 되어 있는데 이것을 시간으로 환산하면 약 2273μ초의 주기를 가지기 때문이다.

간단하게 설명하면 표준 '라(A)' 음을 내기 위해서는 0에서 1로 변하는 신호를 약 2273μ초 시간 간격으로 440번 만들어 내야한다는 뜻이다.

스크래치에서는 마이크로초 시간지연을 만들 수 없지만 아두블록을 사용하면 다음과 같이 블록 프로그램을 만들 수 있다.

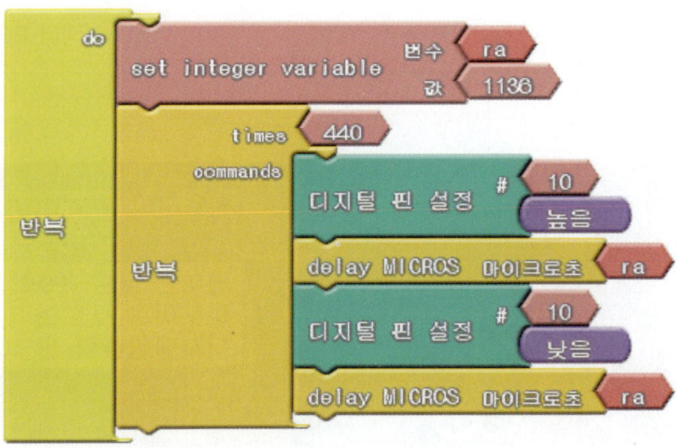

그림 12.25 아두블록으로 만든 표준 '라(A)' 음 소리 내기 프로그램

또한 아두블록에서는 아두이노 개발환경에 제공하는 tone 명령블록을 사용할 수 있어서 다음과 같이 더욱 쉽게 블록 프로그램을 만들 수 있다.

그림 12.26 아두블록에서 tone블록을 사용하여 만든 표준 '라(A)' 음 소리 내기 프로그램

그림 12.27 **아두이노 보드 디지털 출력핀 10번과 브레드 보드를 사용하여 피에조 연결**

	아두이노 보드	베이스 보드
연결선 연결	디지털입출력 핀 10번	JP9 커넥터 PIEZO

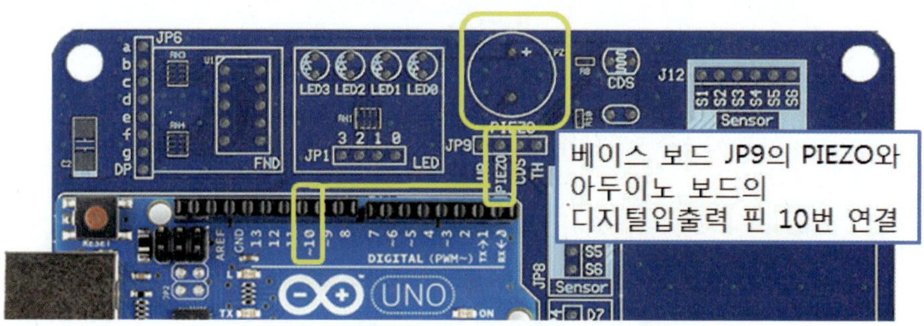

그림 12.28 **아두이노 보드와 베이스 보드 연결**

■

아두블록은 아두이노 개발환경에서 제공하는 거의 대부분의 아두이노 명령어를 블록명령으로 제공하고 있어서, 스크래치에 익숙한 사용자라면 C언어로 프로그램을 제작하지 않고 명령블록들을 사용하여 더욱 쉽게 프로그램을 만들 수 있다.

부록 A

아두이노 개발환경 설치하기

아두이노 개발환경을 설치하고
아두이노 보드를 사용하는 방법을 알아본다.

1 아두이노 개발환경(IDE)

아두이노를 사용하기 위해서는 PC에 아두이노 보드를 위한 개발환경(IDE)을 설치하여야 한다. 개발환경은 아두이노 보드에서 프로그램이 실행될 수 있도록 아두이노를 위한 스케치(sketch, 프로그램)을 작성하고, USB 케이블 등으로 연결된 아두이노 보드에 업로드하는 기능을 가지고 있으며, PC와 아두이노 보드를 연결해 주는 기능을 한다.

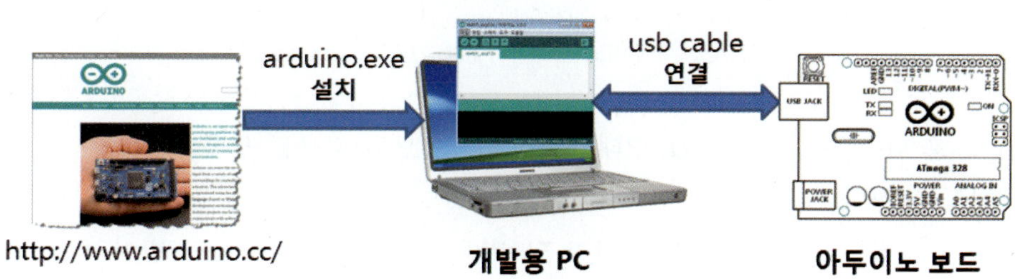

그림 A.1 개발 환경
(※출처 : 스마트폰으로 제어하는 아두이노, 복두출판사)

2 개발환경 설치

Arduino개발자 홈페이지(http://www.arduino.cc/en/Main/Software)에서 무료 제공하는 소프트웨어인 아두이노 개발환경을 다운로드 받을 수 있다.

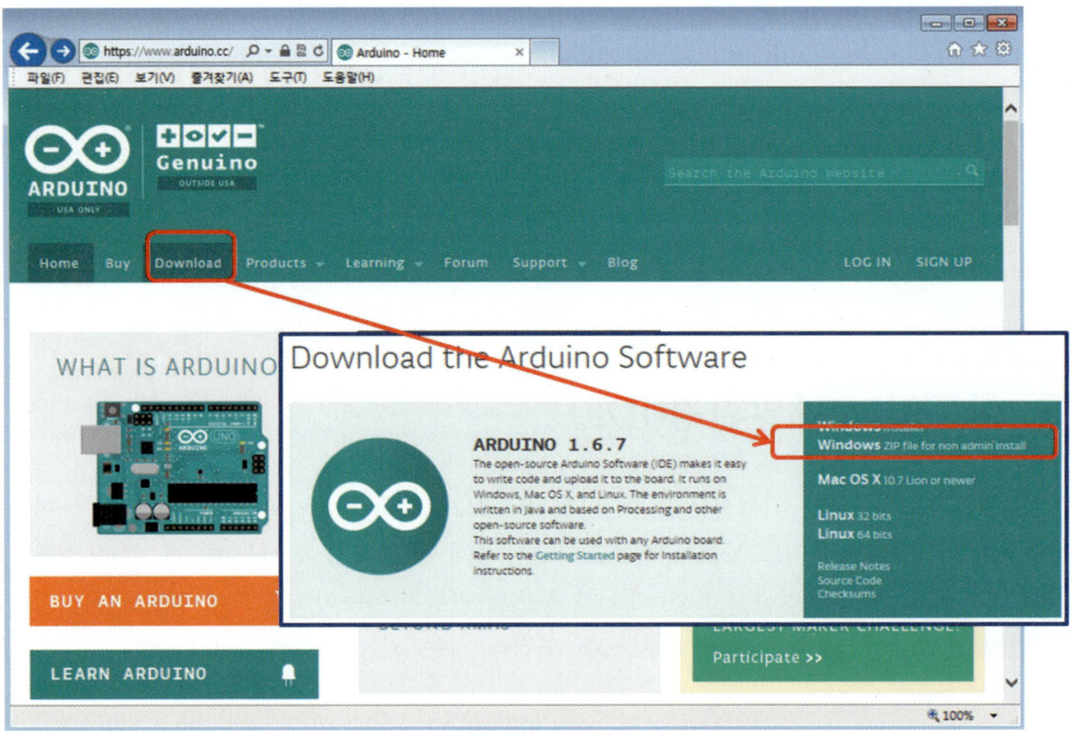

그림 A.2 아두이노 홈페이지 http://www.arduino.cc/

Windows용 다운로드 파일은 ZIP형태의 압축파일이므로 다운로드 후에 원하는 경로에 압축을 해제하도록 한다.

예를 들면 그림 A.2에서 'arduino-1.6.7-windows.zip' 를 다운로드 받아서 압축을 풀면 arduino-1.6.7 의 폴더가 생성이 되고 폴더 속에는 그림 A.3과 같이 다른 폴더들과 파일이 생겨난다.

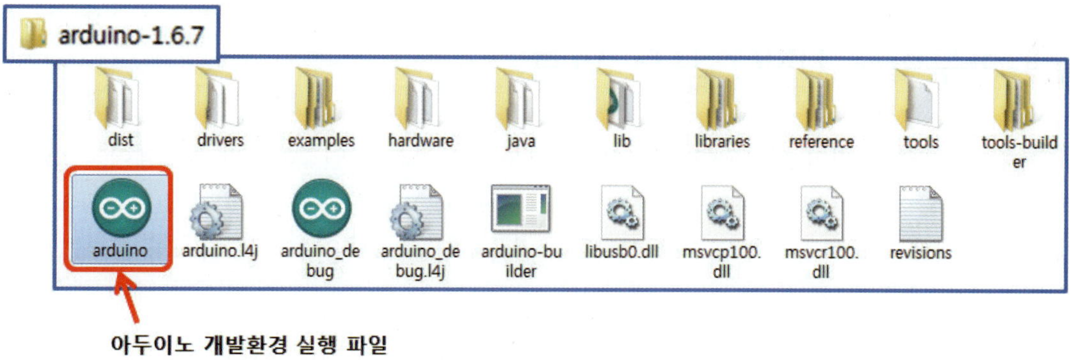

그림 A.3 아두이노 개발환경 설치

이 파일들 가운데 Arduino.exe 파일인  를 클릭하면 아두이노 개발환경이 실행되어 그림 A.4와 같은 기본 프로그램 창이 나타난다.

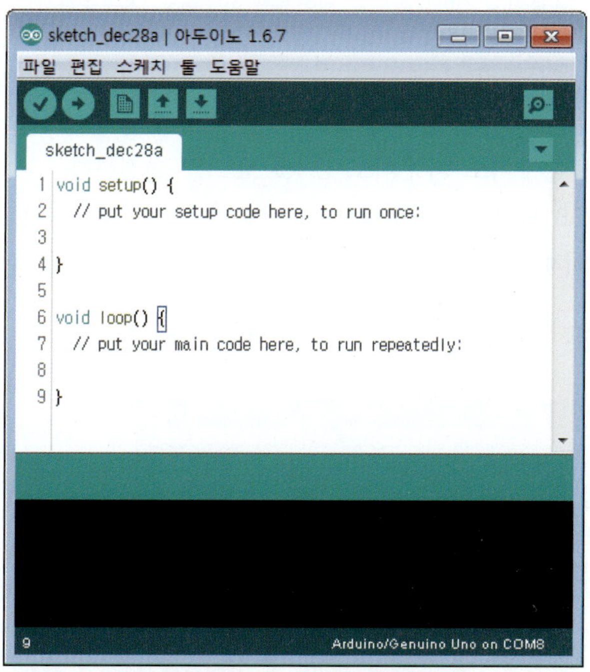

그림 A.4 아두이노 개발환경

3 아두이노 UNO 보드 연결

아두이노 개발환경이 설치되어 있는 PC에 아두이노 보드를 연결하려면 하드웨어적으로는 그림 A.5와 같이 USB 케이블을 사용하여 PC와 아두이노 보드를 연결하면되고 소프트웨어적으로는 아두이노 개발환경이 설치되어 있는 PC에 아두이노 보드용 USB 드라이버 프로그램을 설치하여야 한다.

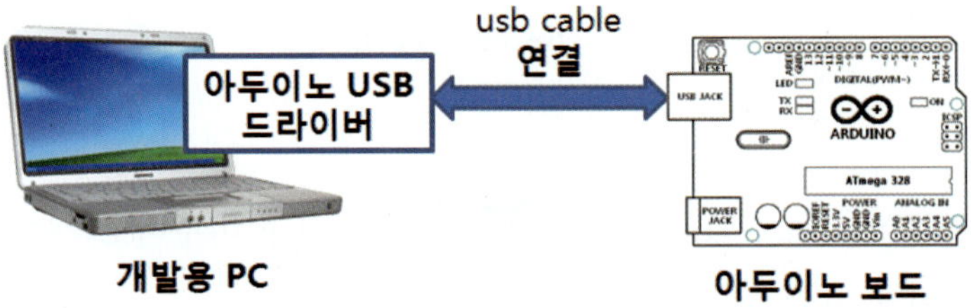

그림 A.5 개발용 PC와 아두이노 UNO 보드의 연결
(※출처 : 스마트폰으로 제어하는 아두이노, 복두출판사)

아두이노 보드용 USB 드라이버 설치는 일반적으로 다음의 순서에 따라 진행하면 된다.

① USB 케이블 PC와 아두이노 아두이노 UNO 보드를 연결한다.
② 아두이노 보드의 USB 드리아버 프로그램은 PC에 자동으로 설치되지 않으므로 장치 드라이버를 수동으로 설치해야 하므로 PC의 제어판에서 장치관리자를 실행시킨다.

다음과 같이 제어판-시스템 및 보안-장치관리자를 찾아 들어간다.

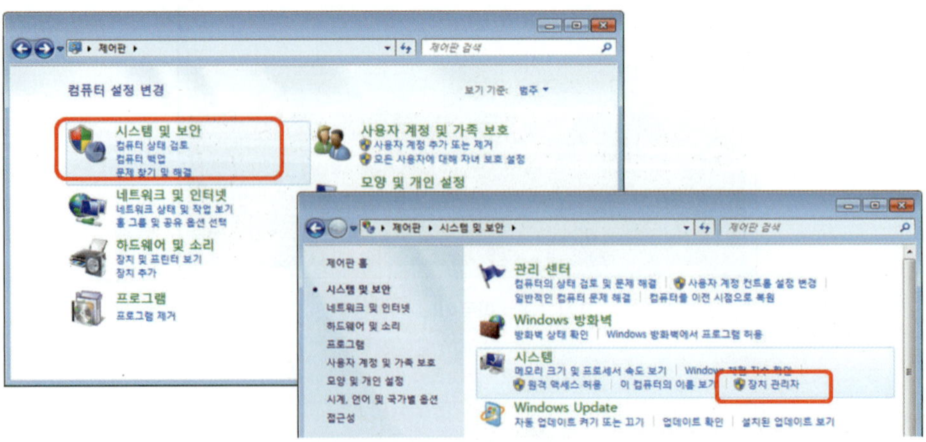

그림 A.6 장치관리자 실행

③ 장치 관리자에서 다음과 같이 '알 수 없는 장치' 가 보이면, 선택하여 마우스 오른쪽 버튼을 눌러 '드라이버 소프트웨어 업데이트' 를 선택하고, 개발용 PC에서 '드라이버 소프트웨어 찾아보기(R)' 를 선택한다.

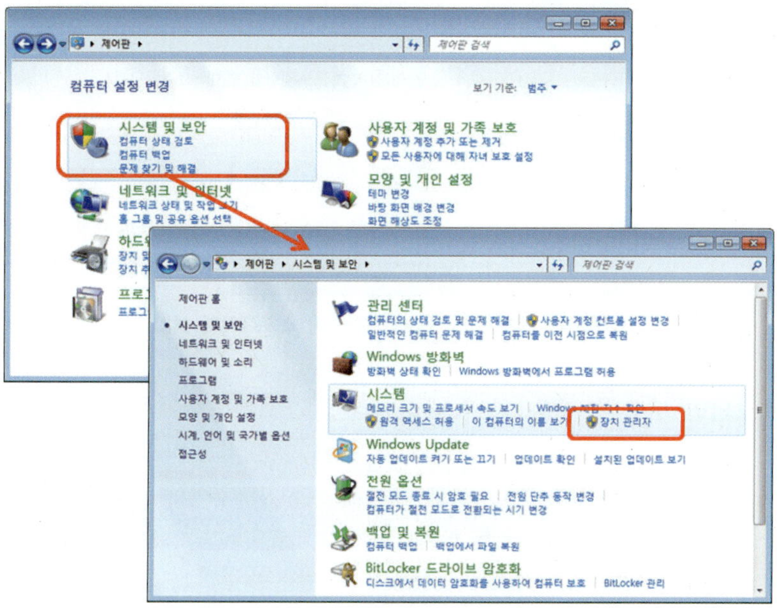

그림 A.7 **장치관리자 실행**

④ 아두이노 개발환경이 있는 폴 더 arduino-1.6.7 를 찾아서 그 밑에 있는 drivers 폴더를 그림 A.8과 선택하여 그림 A.9와 같이 설치한다.

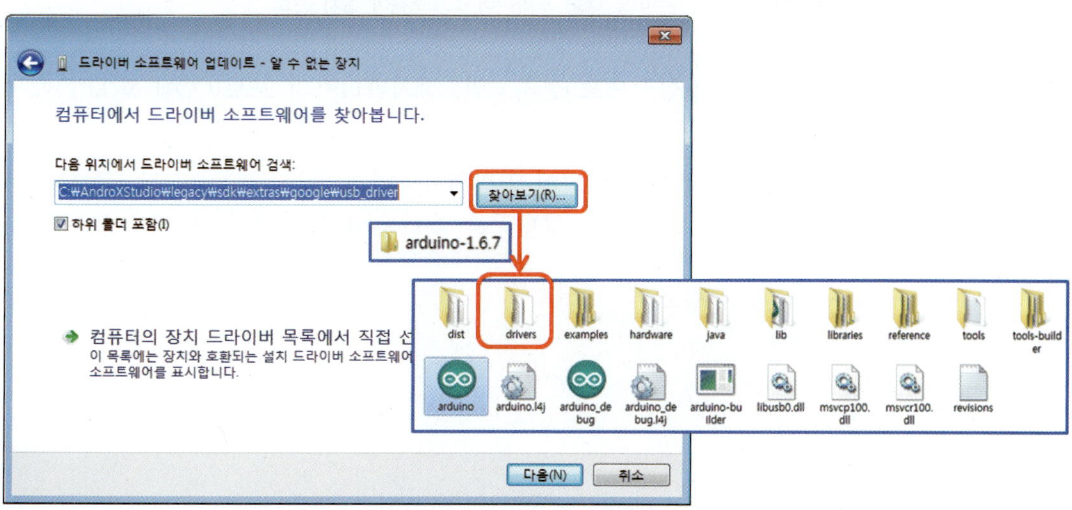

그림 A.8 **아두이노 USB 드라이버 소프트웨어 설치파일 폴더**

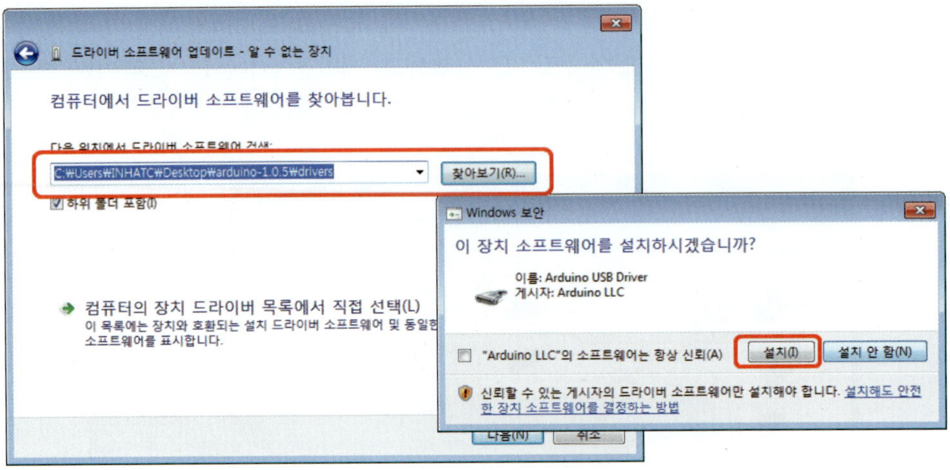

그림 A.9 **아두이노 USB 드라이버 소프트웨어 설치**

⑤ 설치가 완료되면 다음과 같은 창이 나타난다.

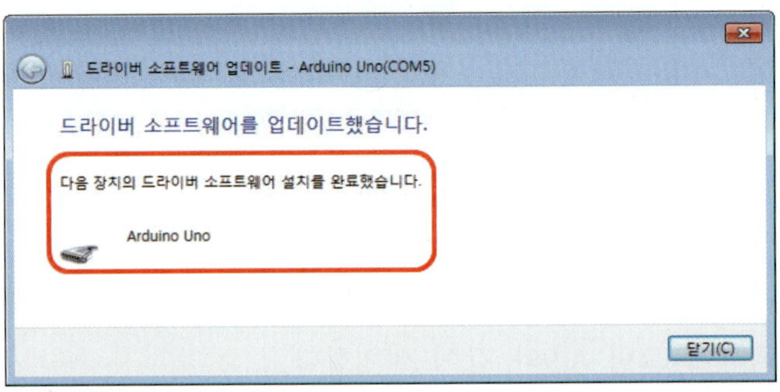

그림 A.10 **아두이노 USB 드라이버 소프트웨어 설치 완료**

⑥ 아두이노 USB 드라이버가 정상적으로 설치되면, 장치관리자의 포트(COM & LPT)에서 확인이 가능하다.
예를 들면 PC의 시리얼 포트 8번(COM5)에 연결되었다면 Arduino Uno(COM8)로 나타난다. 또한, 아두이노 개발환경에서 '툴-포트' 를 클릭하여 보면 확인이 가능하다.

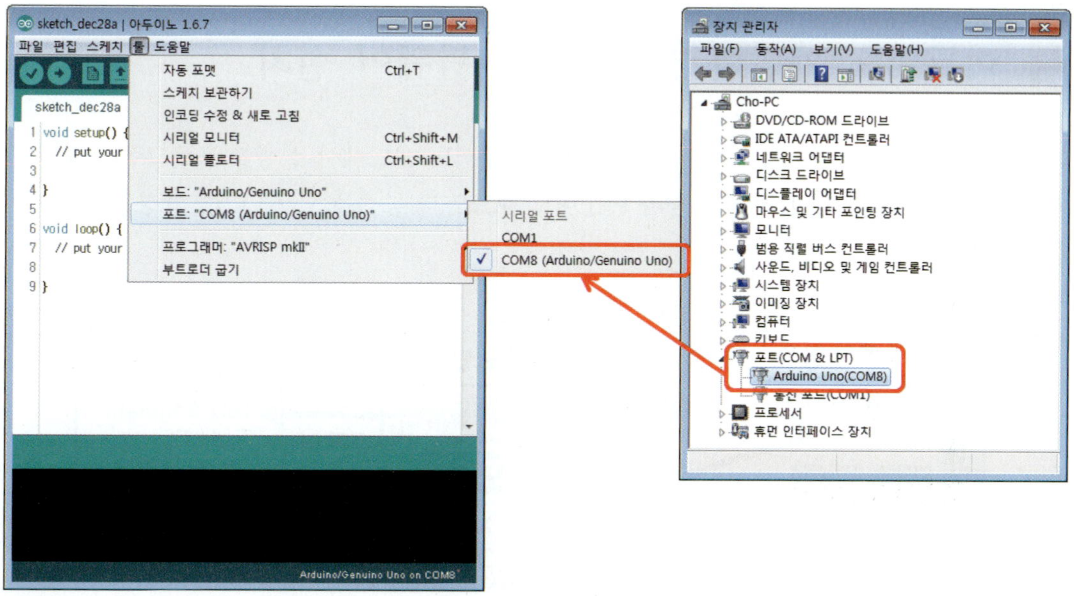

그림 A.11

아두이노 개발환경을 사용하기 위한 상단 툴바의 구성은 다음과 같다.

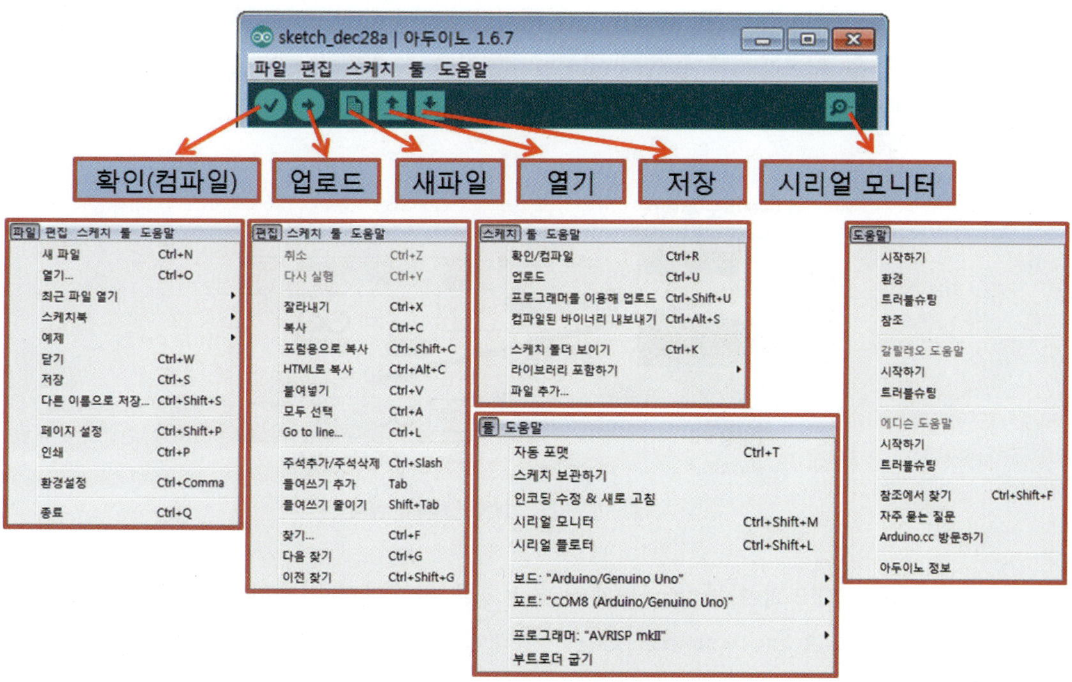

그림 A.12

4 아두이노 개발환경에서 S4A 펌웨어 설치

아두이노 개발환경(IDE)은 그림 A.13과 같이 아두이노 보드에서 실행할 프로그램(스케치)를 작성하고 컴파일과 업로드하는 기능과 아두이노 보드와의 통신을 할 수 있는 환경을 제공하여 준다.

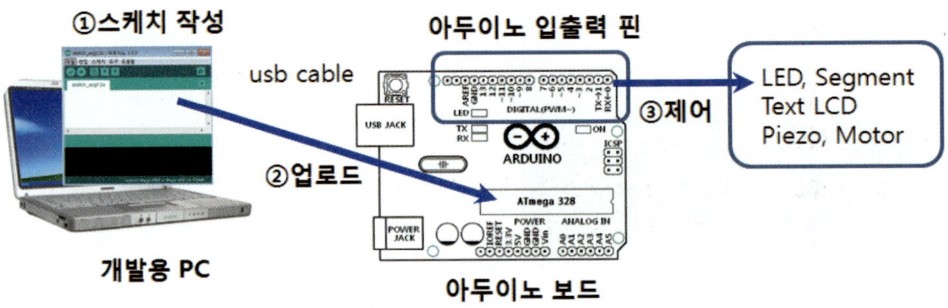

그림 A.13 개발환경과 업로드

(※출처 : 스마트폰으로 제어하는 아두이노, 복두출판사)

스크래치에서 아두이노 보드를 제어하기 위해서는 1장에서 설명한 것처럼 S4A에서 아두이노 보드의 기능들을 스크래치를 통하여 제어할 수 있도록 아두이노 보드에 스크래치를 위한 프로그램(스캐치)인 아두이노 펌웨어을 설치하여야 한다.

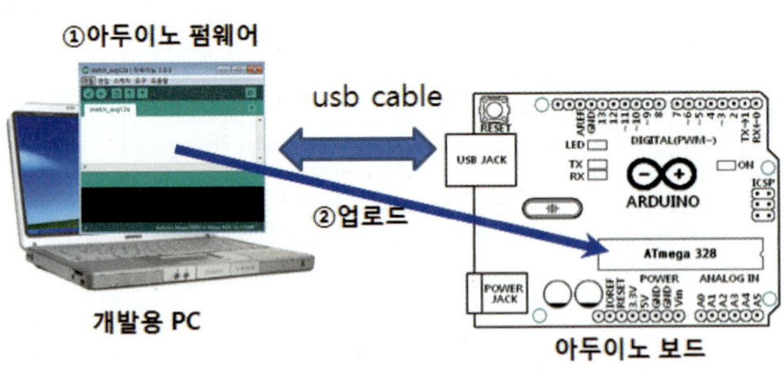

그림 A.14 아두이노 펌웨어 초기화 설치

1장의 실습 1-1 [STEP 2] 아두이노 펌웨어 초기화를 위하여 ⑤번에서 설명한 것처럼 [STEP 1]의 ② "Installing S4A into your computer" 아래에 있는 "Installing the Firmware into your Arduino" 에서 "Download our firmware from here" 를 클릭하여 아두이노의 펌웨어 스케치를 복사하여 그림 A.4의 아두이노 개발환경 스케치 창에 그림 A.15처럼 붙여 넣는다.

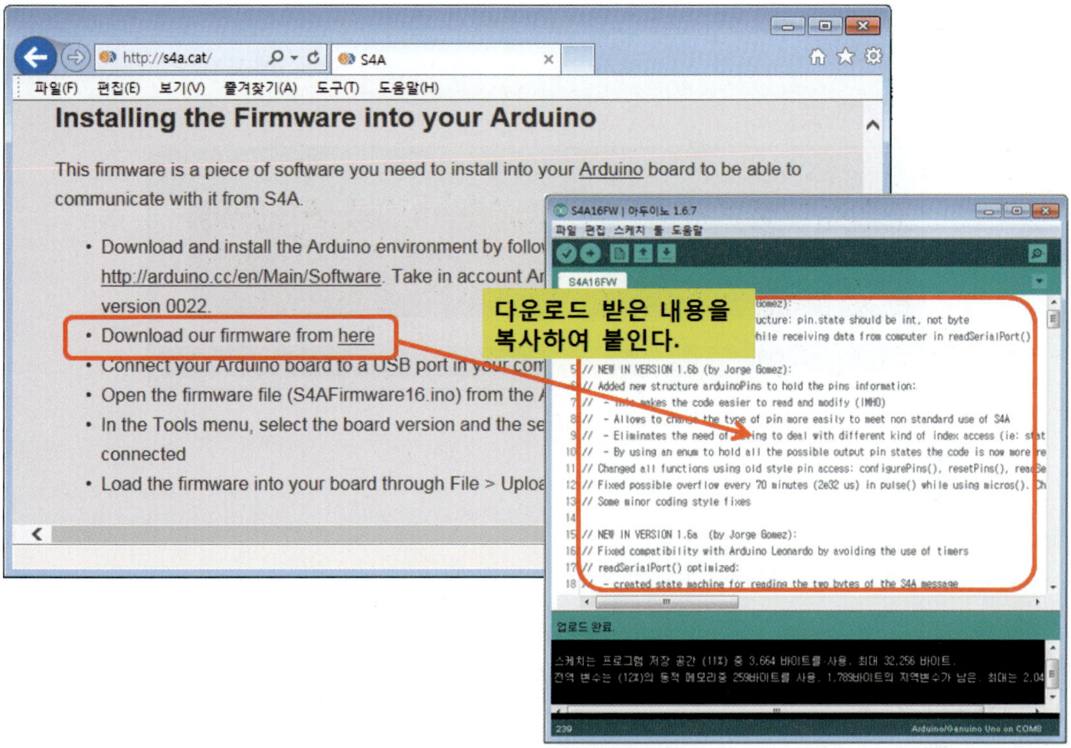

그림 A.15 아두이노 IDE

아두이노 IDE의 스케치 창의 툴바에서 펌웨어 업로드를 위하여 "툴 → 보드 → Arduino Uno" 와 "툴 → 시리얼 포트 → COM8(아두이노 보드가 연결된 시리얼 포트 지정)" 선택하고 아두이노 보드에 업로드 한다.

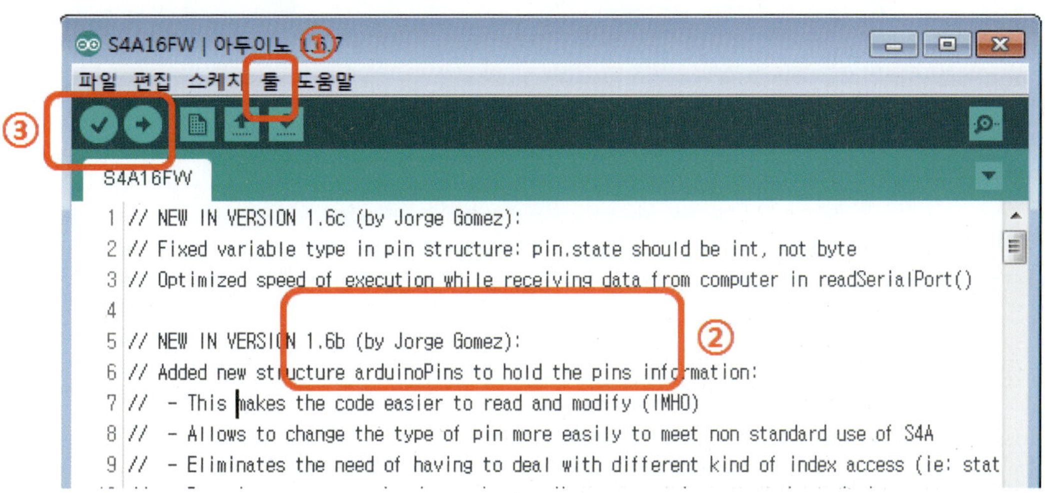

그림 A.16 아두이노 보드에 스크레치를 위한 펌웨어 설치

만일 스케치에 오류가 있거나 보드선택이 잘못되면 스케치창 아래 부분에 오류 메시지가 나타나며 정상적으로 컴파일과 업로드가 이루어지면 다음과 같은 메시지가 나타난다.

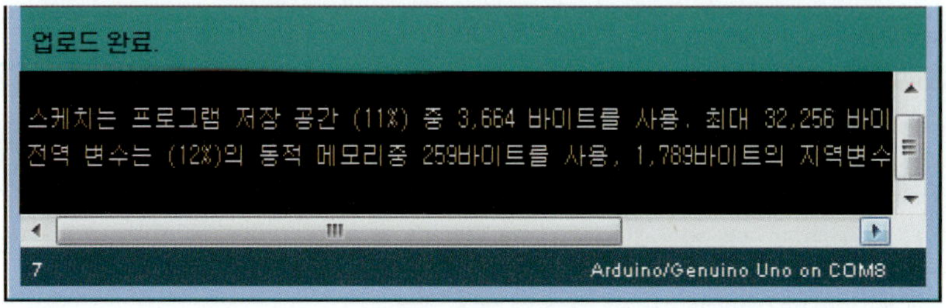

그림 A.17

부록 B

블루투스 모듈 연결

S4A에서 USB 케이블 없이 블루투스와 무선통신으로 아두이노 보드를 제어하기 위하여 블루투스 모듈을 설정하는 방법을 설명한다.

1 블루투스 모듈 설정

S4A에서 아두이노 보드를 사용하기 위하여 설치하는 S4A펌웨어는 기본적으로 시리얼 통신 속도가 38,400bps로 설정되어 있다. 그런데 아두이노 보드의 블루투스 모듈은 기본적으로 통신속도가 9600bps으로 설정되어 있으므로 블루투스 모듈을 38,400bps로 맞추어 설정해야 한다.

이것을 위하여 아두이노 보드에 블루투스 모듈을 연결한 상태에서 표 B.1과 같은 AT 명령어를 사용하여 설정을 변경한다.

표 B.1 블루투스 모듈 설정 명령

<table>
<tr><th>목적</th><th>명령어</th><th>사용 예시</th></tr>
<tr><td>연결 상태 확인</td><td>AT</td><td>AT</td></tr>
<tr><td>통신속도 설정</td><td>AT+BAUD "설정번호"</td><td><table>
<tr><th>설정명령</th><th>전송속도</th></tr>
<tr><td>AT+BAUD1</td><td>1,200bps</td></tr>
<tr><td>AT+BAUD2</td><td>2,400bps</td></tr>
<tr><td>AT+BAUD3</td><td>4,800bps</td></tr>
<tr><td>AT+BAUD4</td><td>9,600bps</td></tr>
<tr><td>AT+BAUD5</td><td>19,200bps</td></tr>
<tr><td>AT+BAUD6</td><td>38,400bps</td></tr>
<tr><td>AT+BAUD7</td><td>57,600bps</td></tr>
<tr><td>AT+BAUD8</td><td>115,200bps</td></tr>
</table></td></tr>
<tr><td>기기의 이름 설정</td><td>AT+NAME "이름"</td><td>AT+NAME= "MASTER"</td></tr>
<tr><td>블루투스 모드 설정
(MASTER모드/SLAVE모드)</td><td>AT+ROLE "설정번호"</td><td><table>
<tr><th>설정명령</th><th>전송속도</th></tr>
<tr><td>AT+ROLE=0</td><td>SLAVE 모드(default)</td></tr>
<tr><td>AT+ROLE=1</td><td>MASTER 모드</td></tr>
</table></td></tr>
</table>

첫 번째 과정으로, S4A가 설치된 PC와 블루투스 모듈이 연결되지 않은 아두이노 보드를 USB 케이블로 연결한다.

두 번째 단계로, PC에서 를 클릭하여 Arduino 개발환경을 실행시킨다.

블루투스 설정을 위한 AT 명령어를 쓰기 위해서는 아두이노 보드에 다른 프로그램이 설치되어 있어서는 안 되므로 스케치가 작성되어 있지 않은 그림 B.1과 같은 빈 아두이노 개발환경을 업로드 한다.

세 번째 단계로, 아두이노를 실행해서 아두이노와 아두이노 프로그램이 호환이 되게 하기 위해서 몇 가지 설정을 바꿔야 한다.

그림 B.2와 같이 아두이노 개발환경의 시리얼 모니터 창을 열고, 그림 B.3과 같이 설정을 변경한다.

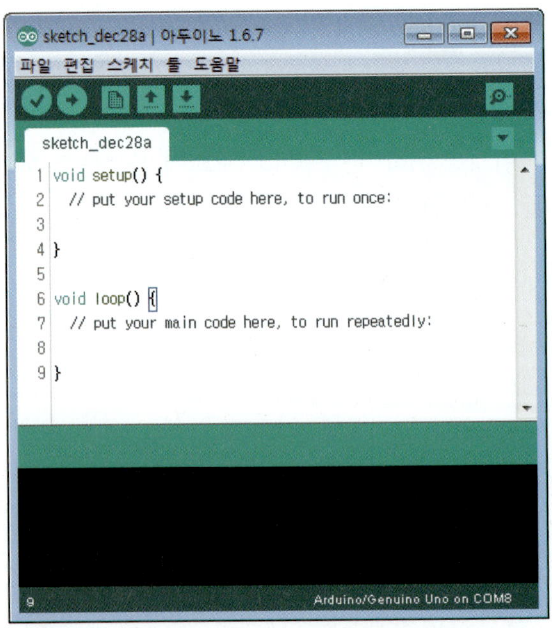

그림 B.1 스케치가 작성되지 않은 개발환경 초기실행 화면

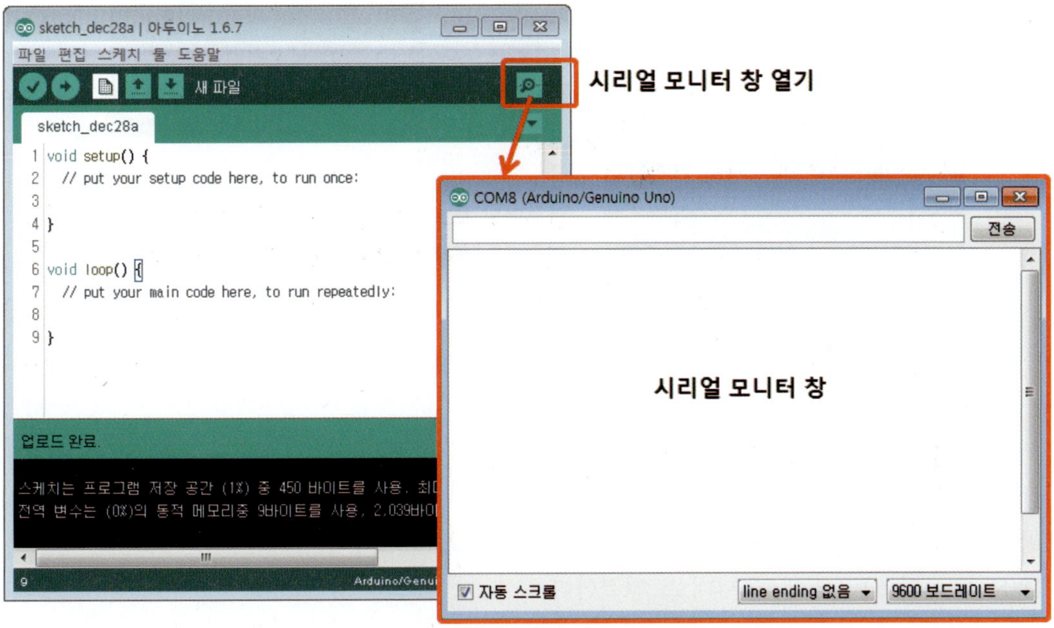

그림 B.2 시리얼 모니터 창 열기

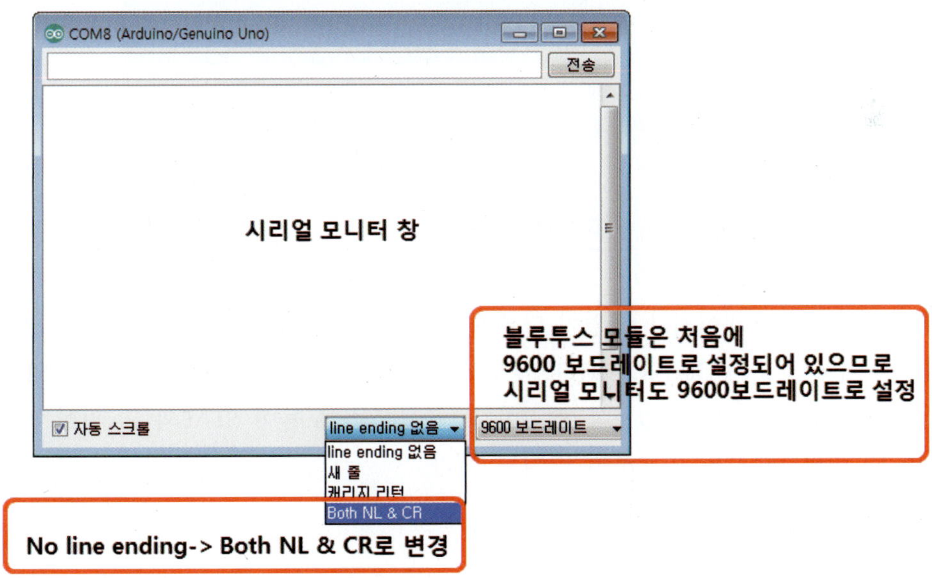

그림 B.3 시리얼 모니터 설정변경

네 번째 단계로, 아두이노 보드에 블루투스 모듈을 연결한다. 블루투스 모듈의 설정을 위하여 그림 B.4와 같이 아두이노 보드의 D0(RX)와 블루투스 모듈 RXD을 연결하고, 아두이노 보드 D1(TX)와 불루투스 모듈 TXD을 연결한다.

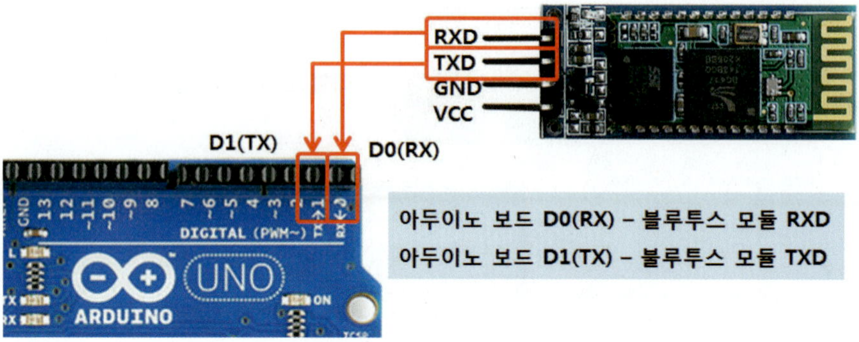

그림 B.4 아두이노 보드와 블루툿 모듈 연결(BT설정용)

실습용 베이스 보드를 활용하면 블루투스 모듈을 편리하게 연결할 수 있다. 블루투스 모듈의 핀을 그림 B.5와 같이 베이스 보드의 JP12(Sensor) 커넥터에 끼워 넣는다. 예를 들어 블루투스 모듈의 핀이 STATE, RXD, TXD, VCC, GND, EN 순으로 되어 있다면 베이스 보드의 커넥터 JP12(Sensor)의 S1~S6에 순서대로 연결한다.

표 B.2 베이스 보드를 사용한 블루투스 모듈 연결(BT설정)

아두이노 보드	베이스 보드 JP8(Sensor)	블루투스 모듈
D0(RX)	S2	RXD
D1(TX)	S3	TXD
VCC	S4	GND
GND	S5	VCC

만일 모듈의 핀이 4개이거나 배열이 다르게 되어 있다면 베이스 보드의 Sensor 커넥터를 통하여 아두이노 보드의 D0(RX), D1(TX), VCC, GND가 블루투스 모듈의 RXD, TXD, VCC, GND와 순서대로 연결될 수 있도록 연결한다. 블루트스 모듈이 STAE와 EN핀이 있는 6핀 구조라면 STAE와 EN핀은 연결하지 않아도 된다.

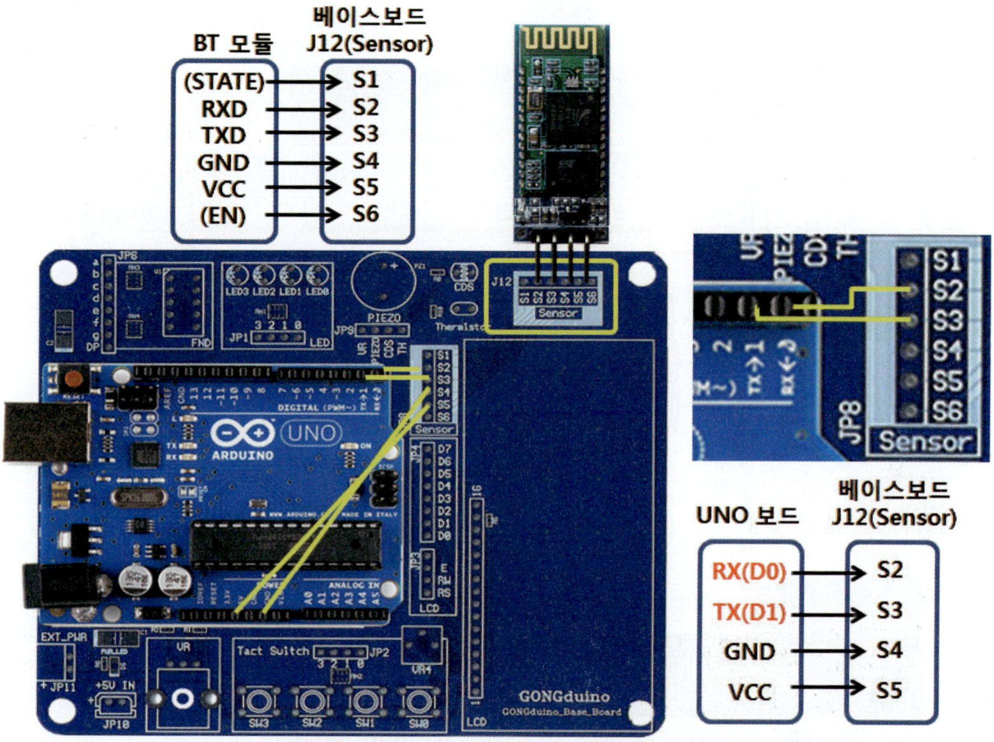

그림 B.5 베이스 보드를 사용한 아두이노 보드와 블루투스 모듈의 연결(BT설정)

이제 다섯 번째로 표 B.1의 AT명령어와 표 B.3를 참고하여 블루투스 모듈의 설정을 변경한다.

표 B.3 블루투스 모듈 초기 설정값

통신속도(BaudRate)	9600bps
Stop bit	None
Data bit	8
Parity bit	1
Pin Num(Password)	1234

1) 아두이노 개발환경을 실행시키고 그림과 C.6과 같이 시리얼모니터 창을 열어 "AT" 를 입력하여 OK라는 문구가 나타나면 연결이 정상적으로 이루어진 것이다.

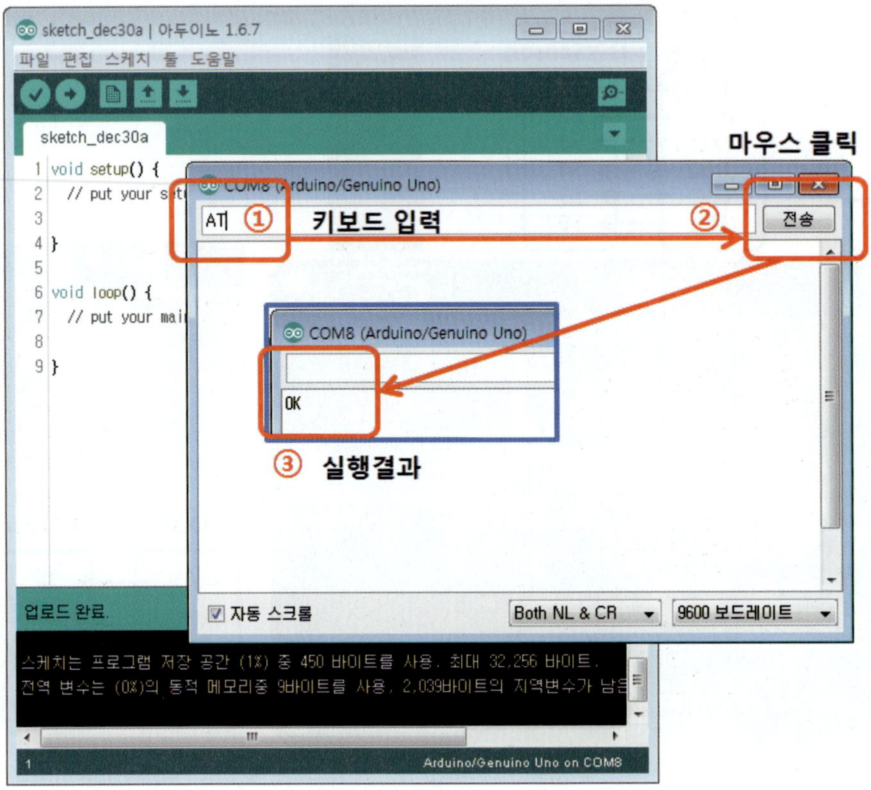

그림 B.6 AT명령 동작 확인

2) 블루투스 기기연결 등에서 다른 블루투스 장치와 구분이 편리하도록 블루투스 모듈의 이름을 지정한다. 이를 위하여 블루투스 모듈의 이름을 "S4A1"으로 설정하여 보자. 그림 B.7과 같이 시리얼모니터 창에 AT명령어와 NAME "원하는 이름"를 사용한다. AT+NAME "S4A1"라고 입력한다.

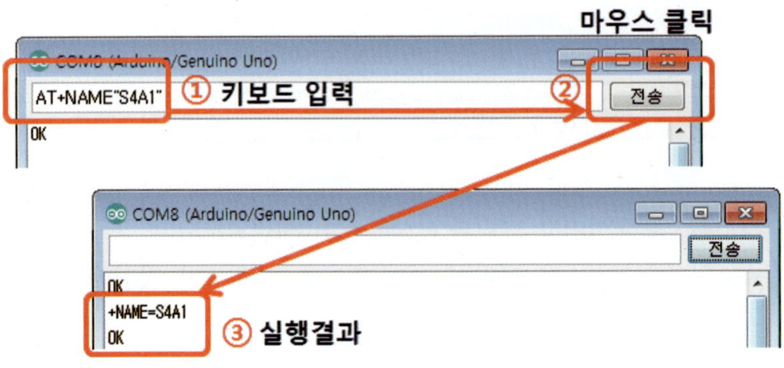

그림 B.7 블루투스 모듈의 이름 지정

3) 앞에서 설명한 것처럼 S4A에서 아두이노 보드를 사용하기 위하여 설치한 S4A펌웨어는 기본적으로 시리얼 통신속도가 38,400bps로 설정되어 있으므로 블루투스 모듈을 38,400bps로 맞추어 설정한다. 그림 B.7과 같이 시리얼모니터 창에 AT명령어와 통신속도를 38,400bps로 지정하는 BAUD6를 사용한다. AT+BAUD6로 설정한다.

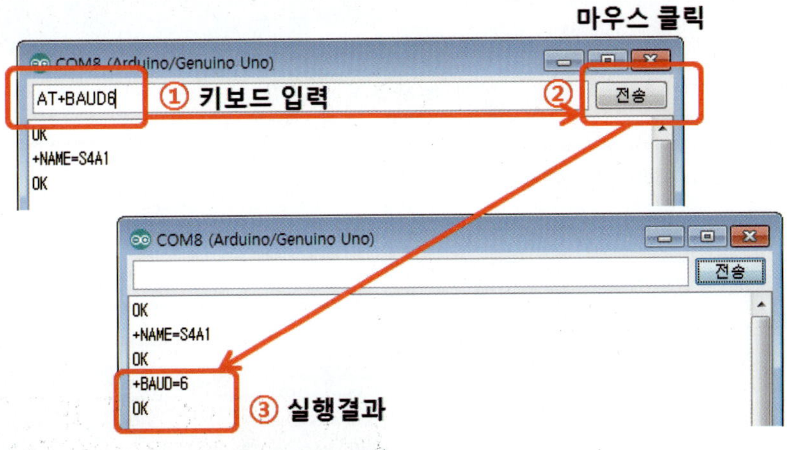

그림 B.8 블루투스 모듈의 전송속도 설정

마지막 여섯 번째 단계로 블루투스 설정이 끝났으면 PC에서 S4A로 아두이노 보드를 제어하기 위하여 그림 B.9와 같이 아두이노 보드에 S4A펌웨어를 다시 업로드 한다.

이때, S4A펌웨어를 다시 업로드하기 위해서는 첫 번째 과정과 같이 아두이노 보드는 반드시 블루투스 모듈이 연결되지 않은 상태이어야 한다. 만일 아두이노 보드에 블루투스 모듈이 연결된 상태로 S4A펌웨어 스케치를 업로드하면 정상적으로 아두이노 보드에 스케치가 설치되지 않는다.

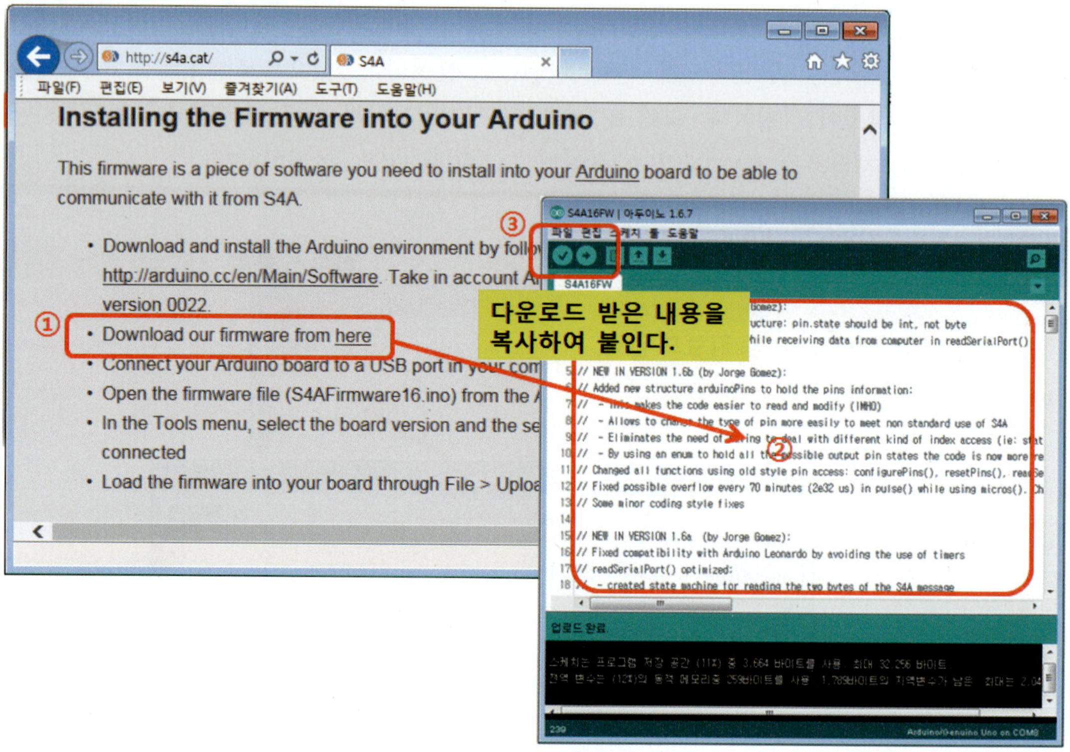

그림 B.9 S4A펌웨어 업로드

2 S4A에서 블루투스를 사용하기 위한 연결

아두이노 보드에 S4A펌웨어 업로드가 그림 B.9와 같이 완료되면 아두이노 보드에 블루투스 모듈을 다시 연결한다,

이때 주의할 것은 앞에서 블루투스 모듈을 설정할 때와 다르게 아두이노 보드의 RX(D0핀)와 블루투스 모듈의 TDX가 연결되고, 아두이노 보드의 TX(D1핀)와 블루투스 모듈의 RDX가 연결되도록 그림 B.10과 같이 연결해야 한다.

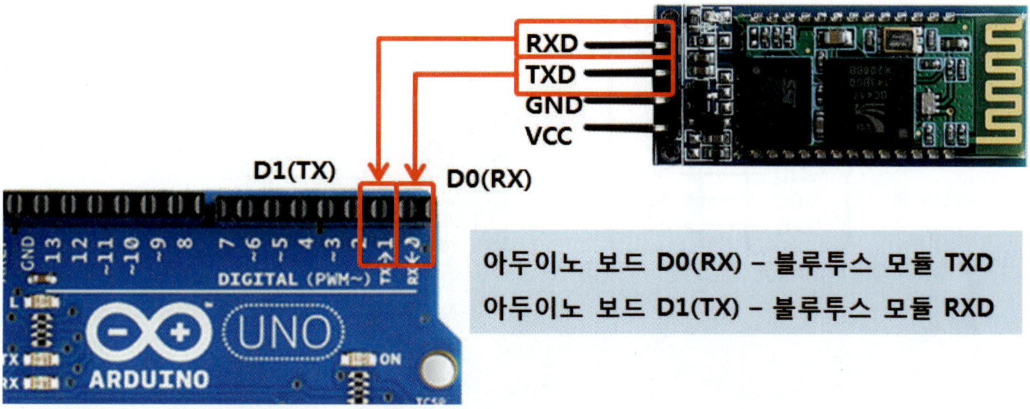

그림 B.10 S4A를 위한 아두이노 보드와 블루툿 모듈 연결

실습용 베이스 보드를 활용하여 연결한다면 블루투스 모듈의 핀을 그림 B.11과 같이 베이스 보드의 JP12(Sensor) 커넥터에 끼워 넣는다. 앞에서와 같이 블루투스 모듈의 핀이 STATE, RXD, TXD, VCC, GND, EN 순으로 되어 있다면 베이스 보드의 커넥터 JP12(Sensor)의 S1~S6에 순서대로 연결한다.

표 B.4 베이스 보드를 사용한 블루투스 모듈 연결(S4A 사용)

아두이노 보드	베이스 보드 JP8(Sensor)	블루투스 모듈
D1(TX)	S2	RXD
D0(RX)	S3	TXD
VCC	S4	GND
GND	S5	VCC

만일 모듈의 핀이 4개이거나 배열이 다르게 되어 있다면 베이스 보드의 Sensor 커넥터를 통하여 아두이노 보드의 D0(RX), D1(TX), VCC, GND가 블루투스 모듈의 TXD, RXD, VCC, GND와 순서대로 연결될 수 있도록 연결한다. 블루트스 모듈이 STAE와 EN핀이 있는 6핀 구조라면 STAE와 EN핀은 연결하지 않아도 된다.

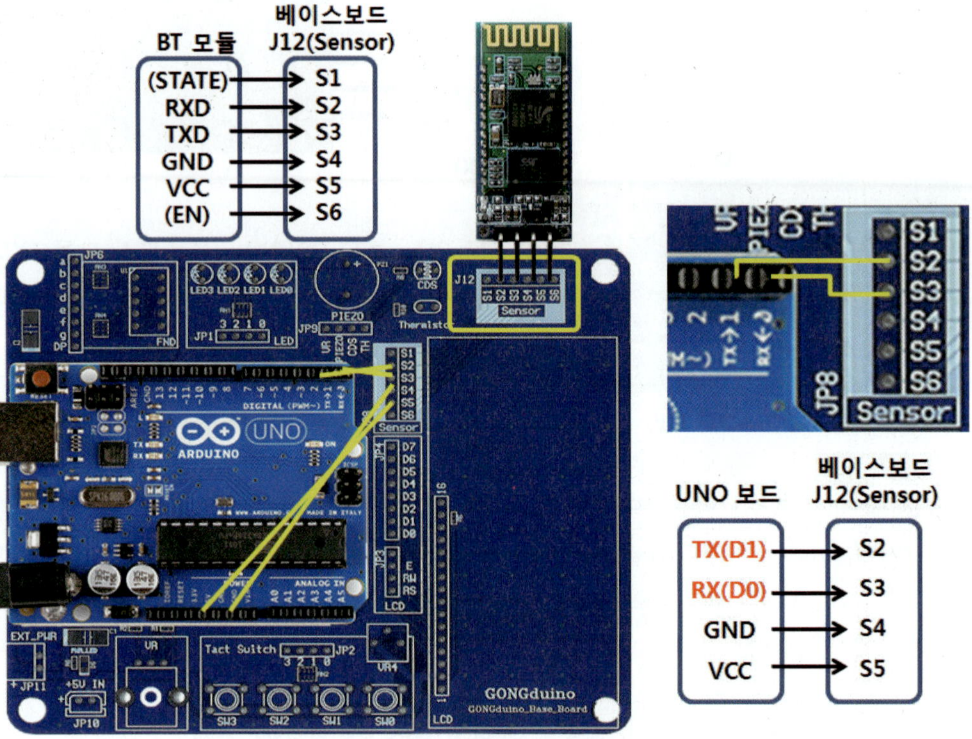

그림 B.11 베이스 보드를 사용한 아두이노 보드와 블루투스 모듈의 연결(S4A사용)

주의

블루투스 모듈을 설정할 때와 설정이 끝난 후 S4A에서 블루투스 통신을 사용하려고 할 때의 아두이노 보드의 RX/TX의 연결과 블루투스 모듈의 RXD/TXD연결이 서로 반대이다.

3 PC에 블루투스 동글 설치하기

3-1 블루투스 동글 설치

S4A가 설치된 PC에서 아두이노 보드에 설치된 블루투스 모듈을 연결하여 보자. 사용하는 PC가 블루투스 기능을 내장하고 있다면 바로 블루투스 기기 검색을 통하여 아두이노 보드의 블루투스를 찾아 연결하면 된다. 하지만 블루투스 기능이 제공되지 않는 PC라면 그림 B.12와 같은 USB형 블루투스 동글을 사용하면 쉽게 PC에 블루투스 기능을 부여할 수 있다.

그림 B.12 USB 블루투스 동글

먼저 PC의 USB 포트에 그림 B.12와 같은 USB 블루투스 동글을 끼워 넣는다. 대부분의 경우 새로운 장치가 연결되면 그림 B.13과 같이 PC의 모니터 아래의 작업표시줄의 표시줄에 나타나며 자동으로 인식과 드라이버 설치가 이루어진다.

그림 B.13 USB 블루투스 동글

만일 자동으로 설치가 이루지지 않을 경우 제어판의 장치관리자에서 수동으로 설치하여 준다.

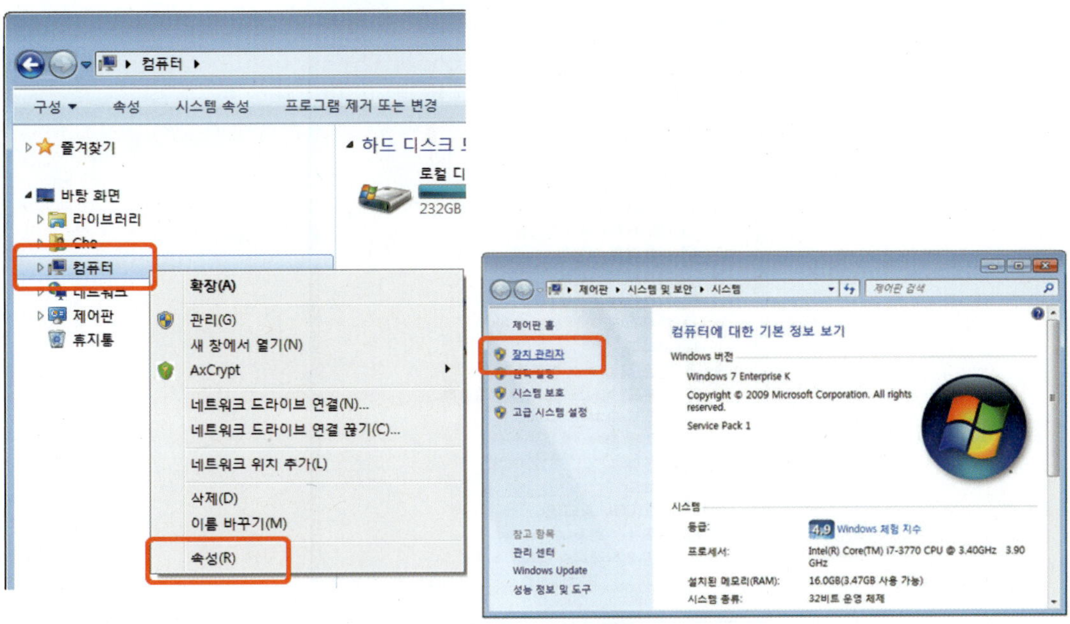

그림 B.14 장치관리자

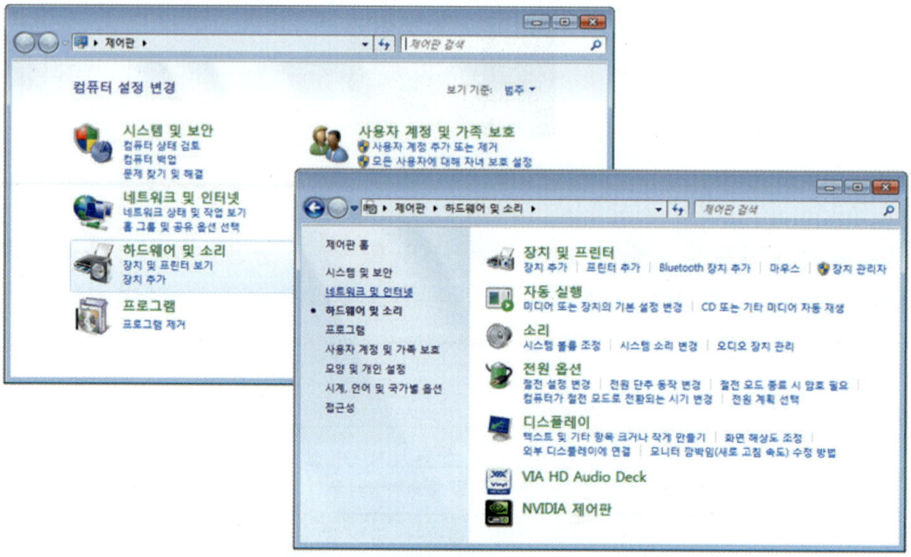

그림 B.15 **제어판 장치관리자에서 설치**

정상적으로 블루투스 동글의 설치가 이루어졌다면 장치관리자에서 그림 B.16과 같이 확인할 수 있다.

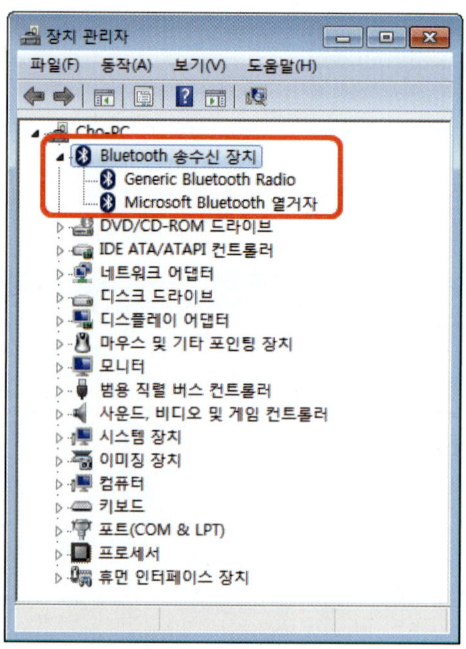

그림 B.16 **장치관리자 상태**

3-2 블루투스 연결(페어링)

이제 PC의 블루투스 동글과 아두이노 보드의 블루투스 모듈을 연결(페어링) 시켜보자.

S4A가 설치된 PC 모니터의 아래 작업표시줄에서 그림 B.17와 같이 블루투스 장치 추가를 선택한다.

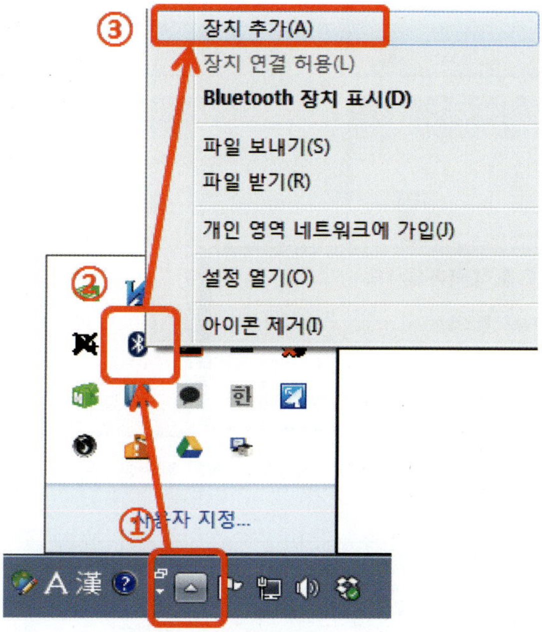

그림 B.17 블루투스 장치 추가

장치추가를 선택하여 그림 B.18과 같이 선택하고 장치연결 코드 '1234' 를 입력하면 PC의 블루투스 동글과 아두이노 보드의 블루투스 모듈이 페어링 된다.

'1234' 는 블루투스 모듈에 기본적으로 설정되어 있는 Pin Num(Password)이다. 앞에서 설명한 AT명령을 사용하여 변경할 수도 있다.

페어링이 완료되면 장치관리자에서 블루투스 페어링 상태를 그림 B.19와 같이 확인할 수 있다.

장치관리자의 포트부분을 보면, 아직 USB을 통해 연결되어 있는 아두이노 UNO 보드가 연결되어 있고, 블루투스를 통한 직렬 링크가 연결되어 있는 것을 볼 수 있다.

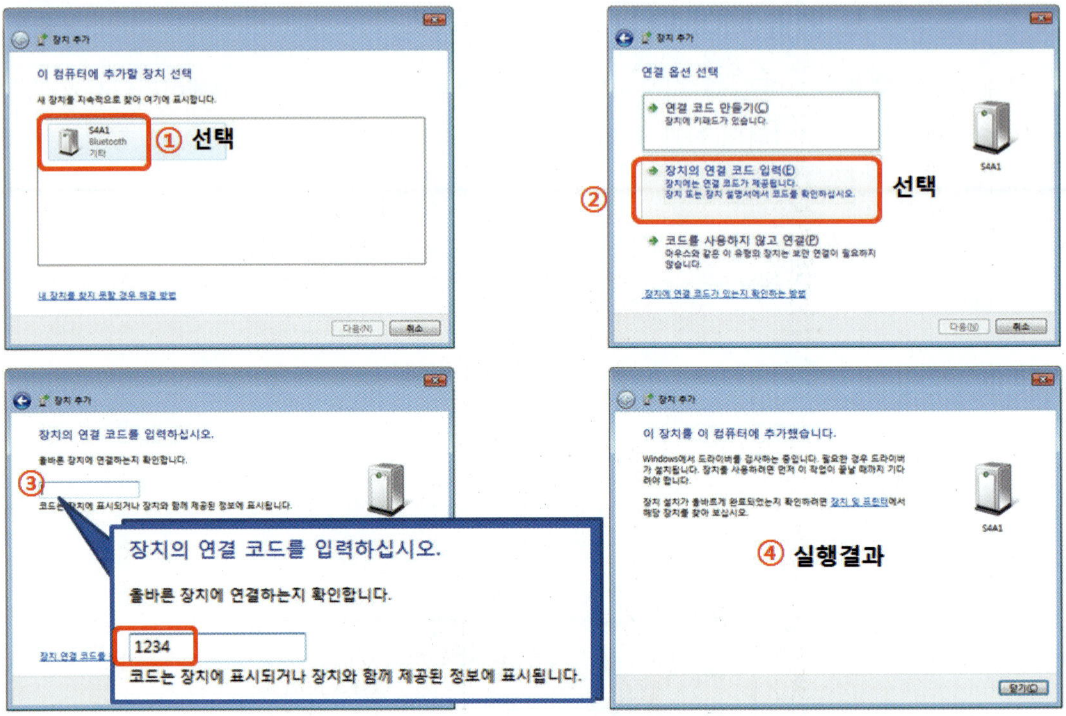

그림 B.18 블루투스 장치 페어링

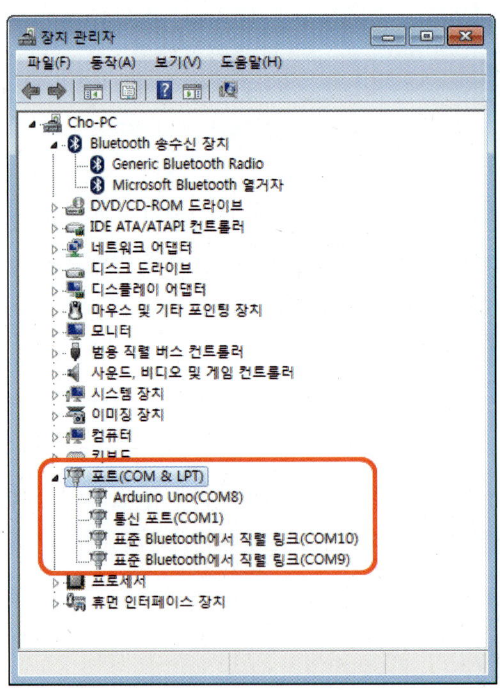

그림 B.19 블루투스 연결상태 확인

4 S4A에서 블루투스로 아두이노 보드와 연결하기

PC와 아두이노 보드가 USB게이블이 아닌 블루투스로 연결이 가능하므로 USB 케이블을 제거하고 별도의 전원을 아두이노 보드에 연결하여 보자.

그림 B.20은 1.5V 건전지 4개를 사용하여 6V를 만들어 아두이노 보드와 실습용 베이스 보드에 전원을 공급한 것이다.

그림 B.20 건전지로 전원을 연결한 아두이노 보드

PC에서 S4A를 실행시켜 블루투스 통신을 통하여 아두이노 보드가 제대로 연결이 되었는지 확인하여 보자.

USB 케이블이 아닌 외부 전원이 연결된 블루투스 모듈이 설치된 아두이노 보드를 PC에서 블루투스로 페어링한 후 S4A를 실행시킨다.

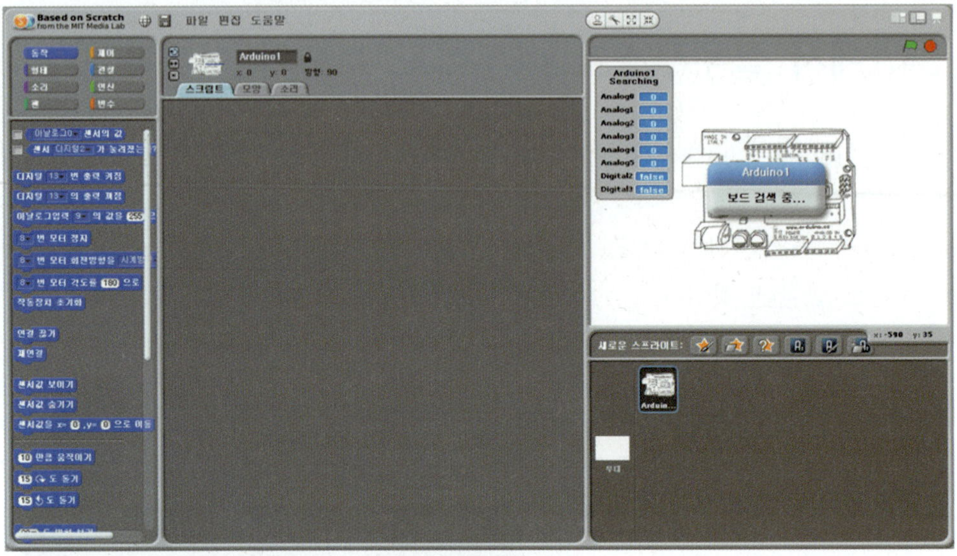

그림 B.21 S4A의 실행

1장에서 USB케이블을 사용하여 S4A와 아두이노 보드를 연결할 때처럼 보드를 검색하다가 연결에 성공하면 그림 B.22와 같이 센서 포트를 통한 입력값을 나타낸다.

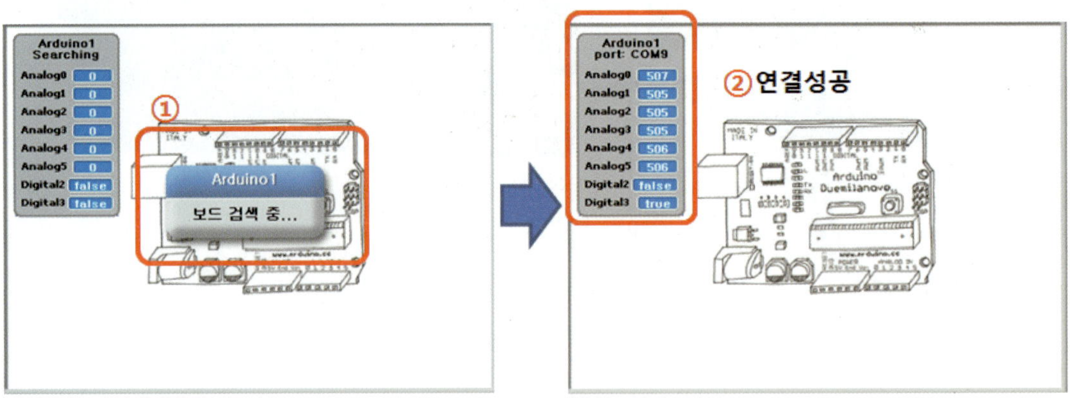

그림 B.22 아두이노 보드 연결 확인

아두이노 보드의 동작을 확인하기 위하여 1장에서 다루었던 가장 간단한 예제인 아두이노 보드의 디지털입출력 핀 13번에 연결된 LED를 1초 간격으로 깜빡이는 스케치를 그림 B.23과 같이 작성하여 실행시켜 본다.

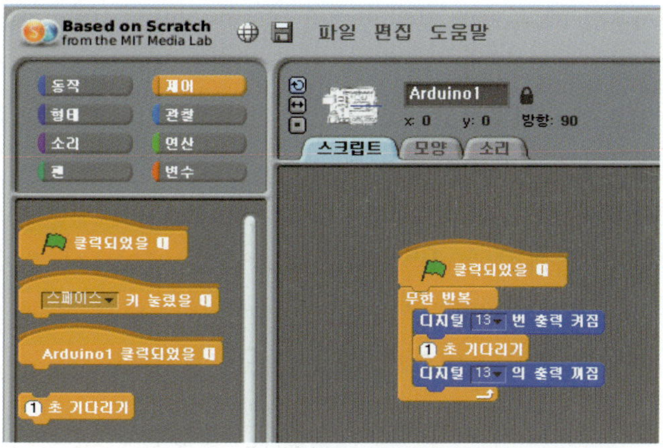

그림 B.23 **아두이노 보드의 동작 확인**

아두이노 보드의 LED가 1초 간격으로 깜박이면 PC의 S4A에서 블루투스 통신으로 아두이노 보드가 정상적으로 제어되고 있음을 확인할 수 있다.

5 S4A에서 블루투스 쉴드 사용하기

블루투스 모듈은 범용으로 가격이 저렴하지만 아두이노 보드에 연결하려면 별도 공간과 하드웨어적인 연결이 필요하다.

아두이노 보드는 블루투스 기능을 쉽게 사용할 수 있도록 전용 쉴드가 개발되어 있다. 아두이노 전용 블루투스 쉴드를 사용하면 별도의 선으로 연결하는 작업 없이 그림 B.24와 같이 적층형으로 끼워 넣으면 쉽게 사용할 수 있다.

그림 B.24 **아두이노 보드와 쉴드 설치**

블루투스 쉴드를 사용할 때 주의할 것은 앞에서 설명한 것처럼 S4A는 PC와 아두이노 보드의 통신을 위하여 아두이노 보드의 D0(RX)핀과 D1(TX)핀을 사용하여 시리얼 통신을 하도록 펌웨어가 구성되어 있으므로 사용하고자 하는 블루투스 쉴드가 아두이노 보드와 D0(RX)핀과 D1(TX)핀을 사용하는 것을 사용하여야 한다.

또한 블루투스 모듈에서 AT명령을 사용하여 통신속도 설정을 변경한 것처럼 사용하는 쉴드의 설정 소프트웨어를 사용하여 통신속도를 38,400bps로 설정하여 주어야 한다.

만일 다음과 같은 소프웨어 시리얼을 사용하는 방식이라면 S4A펌웨어를 이에 맞도록 수정해야하고 S4A에서도 사용에 제약이 따르게 되어 사용이 불편하다.

#include 〈SoftwareSerial.h〉 SoftwareSerial BTSerial(2, 3);	// 블루투스 모듈 접속

부록 C

아두이노 보드와 베이스 보드

아두이노 개발환경을 설치하고 아두이노 보드를 사용하는 방법을 알아본다.

아두이노 UNO보드

아두이노 모터쉴드

아두이노 실습용 베이스 보드

Naver Cafe
"GONGdoriworld"
GONGduino
GONGduino_Base_Board

아두이노와 블루투스를 활용한

스크래치 제어

1판 1쇄 2016년 2월 25일

저 자 조영호, 이진우, 조도현

발행인 송광헌
발행처 복두출판사
주 소 서울특별시 영등포구 경인로82길 3-4
센터플러스 807호
(우) 07371
전 화 02-2164-2580
FAX 02-2164-2584
등 록 1993. 11. 22. 제 10-902 호

정가 : 19,000원
ISBN : 979-11-5906-074-8 93560

한국과학기술출판협회 회원사